לידיה יונג | **תהיי טובה לעצמך**

Lidya Yung

Be Good to Yourself - The Yemima Method

עריכה לשונית: מיכל שפריר

הגהה: שחר בוגנים

עיצוב עטיפה: סטודיו דור כהן

עימוד: לי מימון

אוריון הוצאת ספרים

www.orion-books.co.il

03-5030822

ת"ד 5330 חולון 5815102

נדפס בישראל 2022

תהיי טובה לעצמך
שיטת ימימה

לידיה יונג

אוריון הוצאת ספרים

תוכן עניינים

חלק שלישי: בינתי - חשיבה הכרתית ברוח קבלית

"תמיד יש גלוי ומכוסה עד החלק שבו יש
עיקר האור, שם הוא טמון.
שייך לסתרי סתרים"

(ימימה זצ"ל)

הקדמה

זה קרה לאימא שלי בחודש התשיעי להריונה. היא חשה ברע, רע מאוד והובהלה לבית היולדות. הסתבר שחלתה באריסיפלס, מחלה זיהומית קשה שהייתה עלולה לפגוע בילוד, כלומר, בי.

מייד לאחר הלידה הקשה הופרדתי ממנה. במשך חודש ימים היא קיבלה טיפול תרופתי ולא הורשתה להתקרב אליי.

נותרתי לבד בבית החולים, אבי היה טרוד בענייני פרנסה ולא הסכים לקחת אותי הביתה, למרות האיומים למסור אותי לשירותי הרווחה. סבתי טיפלה בארבעת אחיי הקטנים, ורק לאחר זמן רב שבו החיים למסלולם ואולי לא שבו מעולם.

בשנת 2011, בחלום, דיבר אליי לפתע קול גברי: "לידיה קומי, משהו לא בסדר בשד שלך."

התעוררתי בבהלה ומיששתי ואכן היה גוש. חזרתי לישון, בתקווה שבבוקר אגלה שהכול היה רק חלום.

התבדיתי. אותו חלום הצביע על מציאות, העיר אותי ואִפשר לי להיוולד מחדש.

לא יכולתי להתעלם מכך, שרק שנה וחצי קודם התחלתי בלימודי חשיבה הכרתית בשיטת ימימה והחלטתי להיות טובה לעצמי.

האם זה מה שהציל אותי? אין לדעת.

ללימודי ימימה התחברתי בגלל רצף אירועים מורכבים ושאלות קיומיות. בפעם הראשונה בחיי אפשרתי לעצמי מרחב התבוננות להיכרות עם עולמי הפנימי האמיתי.

עד לאותו זמן, להבנתי, העולם הפנימי היה מקום שבו אפשר להסתתר ולהסתיר את מה שאני לא רוצה שאחרים ידעו. את מה שהפניתי כלפי חוץ בחרתי בקפידה על פי מה שראוי, מוערך ונכון בעיני האחרים. זה היה העיקר בעיניי.

***

אחרי חמש שנות לימוד, כשחלה הטבה ניכרת במצבי הנפשי-רגשי והגופני, התפניתי להעמיק בכתובים. הפעם הרשיתי לעצמי ללכת אחר נטיית הלב ולפתוח את הדלת לכוחות הרוחניים הנעלמים. בחרתי להפסיק להיאבק בעצמי, בליבי, במחשבותיי, באחרים, בנוכחות האלוהית בחיי.

חיזקתי את הבחירה להיות טובה לעצמי.

חשתי שיש בכתבי ימימה הרבה מעבר להבנות האישיות שלי מהחומרים שנלמדו במכון בו למדתי. ידעתי מעט מאוד על ימימה, הצדקת עצמה, שנפטרה עשר שנים קודם לכן. סיפרו לי שחייה האישיים לא היו קלים, בלשון המעטה, שהפכה כאב לעוצמה ולהשפעה של חסד, ריפוי ואהבה לעם ישראל.

היא עוררה את סקרנותי. רציתי ללכת בעקבותיה ולהתחבר למקורות שמהם ינקה. אף שלא הכרתי אותה אישית, חשתי

בנוכחותה והכוונתה הרוחנית כל העת. נרשמתי ללימודי פסיכולוגיה והצטרפתי לקבוצות לימודי קבלה וחסידות.

בזכות לימודים אלה התחדשה והתעצמה האהבה בחיי ופתחה הבנות נוספות בכתבי ימימה. בחלקים הרבים שמסרה טמון הרבה עומק רוחני, אך כדי להגיע אליו מעבר ל"הכנת הכלי" נדרש ידע נוסף מעולם התורה, הקבלה והחסידות, כמו גם מהפסיכולוגיה המודרנית.

גם הנוכחות הכמעט מוחשית של המוות מול נפלאות הקיום, פתחה דלתות נסתרות להוויה. חלק מההבנות הללו אבקש לחלוק איתך, כדי שגם בפנייך תהיה פתוחה הדרך להיות טובה לעצמך.

***

בספר זה שזורים ציטוטים בשפתה של ימימה והסברים המרחיבים את ההבנה שלהם. בחלקו הראשון אסביר מעט על שיטת ימימה ואפרט את רשימת הכלים ההכרתיים. יש לדעת: הלימוד של שיטת ימימה הוא אינטימי ומעודן, רוחני ומעשי כאחד. הוא מתקיים לאורך זמן, קצב והתקדמות אישיים. אנסה להסביר עליו מעט, להדגים וללקט את הניצוצות העולים מתוכו, לגעת ברוח הדברים ולהפגיש רוח ברוח.

בחלקו השני מצויות הרחבות על הכלים ההכרתיים והשימוש בהם בחיי היום יום. אני בטוחה שתמצאי בהם עצות טובות לחיים, ותוכלי ליישם אותם בעתיד הנראה לעין.

בחלקו השלישי של הספר אצביע על הקשר בין שיטת ימימה לבין הקבלה והחסידות. אסביר בפשטות על עץ החיים, שהוא מעין מערכת הספירות הקבליות, שהחסידים ראו השתקפות שלה בתוך האדם עצמו. לבסוף אציג מבנה שיצרתי, המחבר את עץ החיים הקבלי לתחומי הנפש על פי שיטת ימימה.

חלק ראשון
מהי שיטת ימימה?

מעט על ימימה

ימימה אביטל זצ"ל (1929-1999) הייתה אישה מודרנית ומשכילה, השתייכה לזרם היהודי אורתודוקסי. ימימה הייתה מורה רוחנית, חסידה חדשנית ופורצת דרך. יצרה שיטת לימוד וריפוי וקראה לה "חשיבה הכרתית". חלקי הלימוד שהעבירה הם בבחינת יצירה היולית העוסקת בנפש האדם.

זו לא שיטה מתודולוגית, אלא מתן כלים ועקרונות לימוד רוחניים, שהבנתם ויישומם מסייעים ליצירת איזון פנימי ומרחב התפתחות הכרתי־תודעתי. עם ההתקדמות בלימוד נוצרים מבנים תפיסתיים חדשים בשדה ההכרה. מבנים אלה מאפשרים גמישות, יציבות, פתיחות ושמחה לבבית מעצם הקיום. על ידי יישום הנלמד נוצר ריפוי נפשי־גופני ומתקבל שפע רוחני להמשך הצמיחה וההתפתחות.

ימימה זצ"ל שאבה את השראתה מחוכמת הקבלה. משפחתה הקרובה ותלמידיה סיפרו, כי ראתה את עצמה ככלי בלבד דרכו זרמה החוכמה האלוקית וממנו הלאה לכלל ישראל. בענוותה

היא לא שייכה דבר לעצמה וראתה ברבי שמעון בר יוחאי זצ"ל את הצדיק המלווה שלה. את משנתה העבירה בשפה מורכבת וייחודית.

"...השפה שלי, לא יכולה לשנות, זו שפה שהיא מורכבת. מבנה שורשי שנותן יציבות, שחרור, של אחדות פנימית, אי אפשר בשפה הרגילה. זה לא שייך לידיעות או לשיפור אלא לרוחניות הבונה."

לתפיסתה, אין ללמוד מחוכמת הקבלה בתחילת לימוד החשיבה ההכרתית.

"...הפנימיות של התורה זה סודות תיקון הנפש וסודות הנשמה. ופנימיות הפנימיות של התורה זה סתרי סתרים זו נשמת התורה, זו הקבלה ולא הולכים להתחיל בזה. זו השטות של הלא מבינים, הם רצים ללמוד קבלה כשאין להם יסוד אז זה לא טוב."

ראשית, יש להכין את הכלי (החלק הרוחני שבנו) לקבלת האור המתיישב, כלומר, לעשות עבודה מתקנת בנפש. זה מסע פנימי להיכרות אינטימית שלנו את עצמנו ואת עולמנו, לימוד של שפה חדשה וכלים חדשים, שיסייעו לנו לבנות את קומתנו הרוחנית. כדי לעבור את המסע ולהשיג את מטרותיו עלינו להישאר ממוקדים, לא להתערבב עם חומרים נוספים, מוארים ונאורים ככל שיהיו. רק לאחר מכן יתרחש החיבור מעצמו למקורות, איש ואישה על פי דרכם.

הכתוב מתמקד לרוב באישה, אך הוא מיועד לכל אדם באשר הוא. הציטוטים כולם מכתבי ימימה המקוריים ללא עיבוד או עריכה.

עוד אומר, כי את ידיעותיי רכשתי ממוריי המכובדים, ולמעשה גם הם הוסיפו פרשנות והבנה אישית לחומרים המורכבים וכדברי ימימה זצ"ל - **"הכול מאיתו יתברך."**

אחת ההבנות האישיות והמשמעותיות שלי מתחילת לימודי ימימה הייתה לדעת, שאף על פי שאני נושאת סבך נפשי-רגשי ושעשיתי שגיאות בחיי, יש בי גם טוב - מהות. היא חלק ממני, חלק חשוב בפנימיותי, שמתקיים בו-זמנית עם הסבך והיא העיקר לקיום שלי.

בזמני השפל חשבתי, שאדם הוא טוב או רע, שהחיים טובים לאחד ורעים לאחר, לפי אמות מידה קשוחות במיוחד. בימים שחוויתי את החיים דרך העומס, לא חשבתי שנשאר משהו טוב בתוכי, או שאני ראויה לטוב, או שמשהו טוב יגיע לחיי, בסופו של דבר.

לעיתים הרגשתי שלא עמדתי בציפיות.

לא הייתי ילדה מספיק טובה, אישה מספיק טובה, אימא מספיק טובה, בעלת קריירה מספיק מצליחה, שנכנעתי לחולשות הגוף ושהרע שחוויתי בכל מיני צורות היה באשמתי.

אף שהיה בי טוב, סביבי ובסביבתי - לא ראיתי אותו.

ימימה לימדה אותי לגלות את המהות הטובה שלי ולהתחבר לטוב, להבין שהוא מתקיים גם בזמן שעומס נפשי-רגשי משתלט על המערכת האישית.

המון שקט נתן לי הגילוי הזה.

ראיית הטוב לא קשורה לתואר, לאדם מסוים או לעמידה בסטנדרטים נוקשים.

הכרת הטוב היא המהות הפועמת ומתקיימת כל רגע ורגע, ואני למדתי צעד אחר צעד להתחבר אליה, להתחזק ממנה ולאהוב את עצמי ואת חיי.

כל פעם שזיהיתי עומס, שמציף אותי ודוחק אותי לפינה, הפעלתי התקרבות לעצמי, להיות רחומה יותר וסולחת ולהמתין להבנה מהמהות שתעלה ותתגלה מתוכי. הרבה צל הסרתי מעל ליבי הדואב. בכל פעם שהייתי טובה לעצמי הכנסתי אור ושמחה לחיי.

ימימה זצ"ל הייתה לי כאם רוחנית, אוהבת ומנחמת שהייתה חסרה לי, ולימדה אותי להצמיח את היכולת הזאת מתוכי.

אני מקווה מעומק ליבי שאוכל להעניק מהטוב הזה לכל מי שיקרא את הספר.

חשיבה הכרתית - חשיבות ההכרה

על אף הרצון לראות את עצמנו כאנשים בוגרים, המסוגלים לקבל החלטות עצמאיות ומושכלות בכל זמן, עלינו להודות שלא תמיד כך הם פני הדברים. לכל הבנה, החלטה או פעולה יש השפעות חיצוניות, כמו תרבות, חברה, מצב שלום או מלחמה; השפעות פנימיות, כמו דחפים, תחושות, זיכרונות, אמונות או השפעות של כוחות נסתרים, כמו התת מודע, חלומות, השראות או נבואות (לא בהכרח במובן המיסטי של המילה, אלא כדוגמת המשפט "איזהו חכם הרואה את הנולד"). כל אלה הם כוחות המשפיעים על ההוויה הקיומית ויש להם נוכחות בחוויה היום יומית שלנו.

לאדם יש כוח אדיר, הוא יכול להיות מודע להשפעות הללו ולהתנהל מולן לתועלתו ולמימוש הפוטנציאל האין סופי הטמון בו - זה כוח ההכרה.

אבות הפסיכולוגיה המודרנית התמקדו בחקר הלא מודע, הדחפים והקונפליקטים. חלקם הדגים את השפעות הסביבה על הפרט, אחרים יצרו את תפיסת הילד הפנימי והשפעתו על האדם הבוגר. ממצאיהם קיבלו מקום כה רב, עד כי היה נדמה שהאדם אינו אלא תוצר של מה שנותר מהשתלטות הכוחות הללו. הגישות המאוחרות יצרו את ההשלמה.

המקובלים ראו בכוחות השליליים כחיצוניים, שנדבקו בנשמת האדם ובכוחות החיוביים כהשתקפות הנאצל העליון.

החסידים ראו בדמויות המקראיות ובסיפור המקראי שיקוף של

הכוחות הללו. הדבקות בצדיק, המהווה צינור לקבלת השפע האלוקי עם עבודת המידות לזיכוך הנפש וקיום מצוות התורה וההלכה, הייתה דרכם הרוחנית והמעשית.

ההכרה הבוגרת היא היכולת הגבוהה ביותר של האדם. יש בו פוטנציאלים, כלומר, כוחות חיוביים וכוחות שליליים, שעוברים מהעלם לגלוי ולהפך. האדם נושא את כולם ומממש את חלקם. יש לו קול פנימי המבטא את עולמו הפנימי, ודיבור חיצוני המבטא רוב הזמן את התממשות הקול הפנימי בעולם החיצוני. לאדם יש חוכמה, בינה ודעת הבונים את ההנהגה הפנימית. פיתוח ההכרה מאפשר לו לממש את הפוטנציאלים. אף על פי שמדובר בכוחות מושכלים, יש בהם שילוב של אינטליגנציה רגשית ופיזית - תודעת הכול.

ההכרה היא המנגנון המנהיג את ההוויה הקיומית, ואנחנו מרחיבים ומעמיקים אותה דרך החוויה האישית.

אירועים וחוויות יוצאים מן הכלל מותירים רושם ונחקקים בשדה ההכרה. ימימה קראה להם רישומים. ההכרה מתפתחת מול האחר, מול החוץ. רישומי ילדות משפיעים על התפתחות ההכרה באופן משמעותי, כיוון שזה הזמן שבו היא נבנית. מאחר שילד עד גיל בגרות תלוי לחלוטין באחרים המשמעותיים לו ובסביבתו, השפעתם עליו תהיה מרחיקת לכת.

ההכרה מאפשרת לנו לנוע מתחתית הבור עד רום השמיים. בכל מקום שנמצא ביטוי מרהיב של יכולתו של האדם, נמצא גם השראה מתוך רישום שנרשם והשפיע שפע של טוב והפוך. ההפוך יוצר הפרה בקיום האישי, עד למצב שבו האדם ימצא עצמו לעיתים פועל נגד עצמו או נגד אחרים. לפעמים התחושה היא שאני לא אני - ניכור, ריחוק.

הדרך להשבת הסדר הנכון היא לחבור להכרה, כדי להשיב למערכת האישית את כוחה ואת איזונה. החשיבה ההכרתית היא

דרך להתחבר לציר הפנימי, שנושא את כוח ההכרה. כוח ההכרה בונה ונבנה מכוחו של הלב.

"הילדה הפנימית" היא מטאפורה, היא פוזיציה נפשית של המקומות החלשים והפגיעים שלנו. כשנכיר את המקומות הללו נפנה להכרה, כדי להשיב אותנו לראות ולעשות טוב מתוך קבלה של מקומנו היחסי המשתנה, לפי מדרגתנו הרוחנית העכשווית ומתוך הבנה שהכול בתנועה מכוח החיים ומשתנה תמידית. בתוך אין־סוף אפשרויות, אין־סוף מצבים, אין־סוף השתקפויות ואין־סוף דקויות יש אחד והוא אני וגם את/ה וגם אתן/ם. הוא אין־סוף פרטים וכולם כלולים באחד.

***

אחת מחברותיי סיפרה לי, שהייתה בהרצאה מעניינת של מרצה מפורסם ובעל שם בתחום הקבלה והרוח. היא הבחינה בכך, שבכמה הזדמנויות כשנשאל שאלה בנושא מסוים, תשובתו הייתה "נגיע לזה אחר כך". לאכזבתה הוא לא חזר להתייחס לשאלות שנשאלו. "לא ציפיתי," כך אמרה, "שאדם ברמה שלו ישכח שאלות שנשאלו, מה גם שהבטיח להתייחס ולא עשה זאת. ממש חיכיתי לשמוע את התשובות. זה העסיק את מחשבתי ואפילו הפריע לי ליהנות מההרצאה."

בהרצאת המבוא שנשאה ימימה בפני לומדים מתחילים לפני שלושים שנה, היא התייחסה לתופעה ההיא, ולמעשה דרכה הציגה את הבסיס לתפיסתה הייחודית ואת הלימוד הרוחני שיצרה. כך אמרה: **"נוכחות קשובה, מקבלת, מתקרבת, לא מתנגדת. אם את מתנגדת לעצמך, נאבקת בזמן לימוד, את לא קשובה לעצמך, את לא נוכחת ואם אינך נוכחת אינך חווה ואם אינך חווה אינך מקשיבה ואם אינך מקשיבה אינך מבינה את החומר, וכמו כן בזמן מפגש אינך מבינה את הפונה אלייך. [...] בזמן לימוד יש מרכיב התנגדות, יומרנות, כל המרכיבים של העומס פעילים ואינם מאפשרים להבין את הפונה, להבין את ליבו.**

במצב רגיל מערבבים את העומס בתוך קשר בין שניים בתחום הרגשי החברי. חלק זה ניתן להתערבות הכרתית, להבנה הרוחנית המשרתת את הקרקע מעבודתך, עשייתך, משרתת את ליבך באיזה קשר פעיל."

ימימה הסבירה, שהתגובה שלנו לחומר הלימוד הרוחני קשור קשר הדוק למבנה הפנימי שלנו. היכולת שלנו לחוש הנאה, לחוות, להיות בנוכחות מלאה, ודאי להתחבר ולתקשר עם האחר קשורה למידת הקשב שלנו, לאיכות הקשב וזה קשור קשר ישיר למצב הנפשי-רגשי ולמרכיבי יסוד נוספים, כמו אמון, ביטחון ופתיחות.

תנועה נפשית, שמייצרת התנגדות, דחייה או מאבק פנימי/ חיצוני, קשורה לעומס נפשי-רגשי והמפתח לשינוי טמון בקשב ובהתפתחות ההכרה.

דעתנו מוסחת בגלל העומס הנמצא ומשתלט על המערכת. אנו לא יכולים לקלוט את סביבתנו בבהירות, לא כל שכן את ליבו של האחר, את מהותו, את עומק כוונותיו.

נשים לא מעטות שהכרתי, כאישה וכמורה לחשיבה הכרתית, מצאו עצמן פועלות בתוך מסלול חיים שבו העצב והאכזבה נכחו יותר משמחה וברכה. פער גדול ניכר בין מטרות החיים המרכזיות שהשיגו, כמו רכישת השכלה, עיסוק מקצועי והקמת משפחה לבין הקשיים שחוו בתוך מערכות היחסים שלהן, בזוגיות, בהורות ובעיקר בקשר שלהן עם עצמן. אותם קשיים שחוו תוך מילוי תפקידי החיים פגמו באיכות חייהן.

כאשר המקום האישי מושג במאמץ ועל ידי מאבקים פנימיים וחיצוניים, מצטבר לחץ במערכת האישית ונוצרות חסימות בתנועת הזרימה של כוח החיים. הלחץ הזה השפיע על מצבן הנפשי, הבריאותי, התפקודי, התפיסתי ועל קיומן האישי.

ודאי יש סיבות רבות לכך. המשמעותיות ביותר המקבלות

התייחסות בשיטת ימימה הן ההשפעות של רישומי הילדות ומסע הנשמה בתוך עולם התיקון.

ימימה זצ"ל הציעה שיטת לימוד המתבססת על אהבה וחסידות, שמעשירה מחד ומטפלת מאידך בקשיים שנחוו בעבר, הכרוכים בהווה. השיטה מציעה חיבור חדש ומתוקן למקום של צמיחה, אמון, התפתחות והנהגה עצמית. השיטה פרקטית, צומחת מתוך הבנה עמוקה את נפש האדם, את פנימיות התורה, את הקשרים הבין אישיים דרך יצירת מרחב להתבוננות.

זו פרקטיקה של הרוח, של חיבור בין הגלוי לנסתר, בין השכל לרגש, בין גוף לנפש, בין בורא לנברא. ימימה זצ"ל הציפה בעיה, הציעה דרך ונתנה כלים ליישום התהליך.

בפשטות הדברים ימימה לימדה אותנו להיות אנשים טובים. טובים לעצמנו וטובים לאחרים. היא ראתה בכל אדם מעין כלי, שבכוחו להתמלא באור שמקורו בהמשכת אור אין־סוף לעולם הזה - עולם העשייה, וכן ביצירת שינוי וטרנספורמציה שתכליתם שלום דרך ראיית הטוב, הכרת היש, ניקוי המיותר, קשב נקי, פתיחות, נתינה מדייקת, חום לב, התקרבות ואהבה שיוצרים העלאה של אור חוזר כלפי שמיים.

"יש לגלות את האור מתחת לכל חסר, כי נבנינו באור," אמרה.

כדי לקבל שפע ולאפשר את הזרימה התקינה של כל צינורות השפע יש לכייל את הכלי. תחילת התהליך הוא ברצון לשינוי המצב הקיים והמשכו בהכרת הטוב הפשוט וניקוי המיותר, השגת איזון בין המרכיבים השונים במערכת האישית והשבת השמחה. הדרך לעשות זאת היא באמצעות הקשבה והתבוננות לתוך ממד פנימי ועמוק של עולמנו הרוחני, ברובד החשיבה, ההכרה ובשדה הנפשי־רגשי. התבוננות היא ראייה הכרתית השוזרת מחשבה בהירה ורגש חם שמסכים להצטרף ללא שיפוטיות יתרה.

אחד העקרונות המנחים בלימוד הוא: הבנה-יישום-תוצאה. ללא הבנה אין יישום, ללא יישום אין תוצאה, ללא תוצאות אין משוב או צמיחה והתקדמות: **"התוצאה תלמד אותך אם דייקת,"** כל תוצאה. אין לנו אחיזה בתוצאה אלא רק ביישום הכלים.

ימימה לימדה קהלים מעורבים במעוזי החילוניות. היא לא דיברה על מוסר ולא השתמשה במושגים של שכר ועונש. בשיטת הלימוד שהורידה לעולם, לא מצאתי הפניה, התניה או הכרח בקיום מצווה זו או אחרת לשם הגעה לשמחה ולראיית הטוב מלבד "ואהבת לרעך כמוך". בכך הייתה נאמנה לשיטתה ונמנעה מלנקוט עמדה שיפוטית. ימימה חיברה את האדם למהותו היהודית ממקום של אהבה.

"...כל אחד ואחת, שיעסקו בלימוד, בקבלת החלקים, בהבנתם ויישומם, זוכה לחיבור היחיד והמיוחד רק לו, לפי רצונו ויכולתו ולפי מידת הדיוק שלו שהוא יחסי, משתנה ומתפתח ככל שמגביהים בלימוד. תחילה מקבלים בחלקים, גם חלקי חלקים, אחר כך מבינים את אחדות החלקים, את המאחד, את השלם."

על שלושה דברים הלימוד עומד

על שלושה דברים הלימוד עומד: על העומס, על המהות ועל הדיוק היחסי:

עומס הוא הפרה של הקיום האישי (נקרא בלימוד גם עיכוב, חסימה, מיותר).

מהות היא מימוש הפוטנציאל החיובי והקיומי (נקרא בלימוד גם טוב, יש, התקרבות).

דיוק (יחסי) הוא התיקון, המסע, תהליך ההתפתחות ההכרתי.

על העומס

"הנזק של העומס, נזק משנים, מילדות, פעל ורשם חלקים ממנו במערכת האישית והחליש אותם. [...] כל עומס מחליש, סוגר את הלב וחוסם בפני הבנה מרחבית הנחוצה להבנת הקיום האישי ולהשגת היציבות. [...] האם העומס הוא את? לא. העומס אומנם נמצא רשום בכול, אך הוא לא את."

עומס כשמו כן הוא, כל מה שיוצר באדם תחושה של הכבדה, קושי והפרעה בתפקוד היום יומי. לעומס יש תפקיד והוא להתריע על מצב לא תקין במערכת האישית, בדיוק כפי שכאב פיזי מתריע על פגיעה פיזית ולכן הוא חיוני למערכת. עומס קשור למנגנוני ההגנה ואיזון הנפש, כמו השלכה והדחקה.

לדוגמה: *אני כועסת על הבן המתבגר שלי, כי הוא מאחר כל בוקר לבית הספר. אני כועסת על בן הזוג שלי שלא מוכן להתערב בעניין ואני כועסת על עצמי על שאני לא מצליחה לייצר פעולה שתסייע לכולנו להתמודד עם הבעיה. מדובר בתגובה טבעית למצב מאתגר.*

כעס שיש בו ערבוב עם נושאים, שאינם קשורים לבעיה באופן ישיר, כמו פרשנויות וזיכרונות מאירועים אחרים מייצר עומס במערכת האישית ומרחיק אותי ממציאת פתרון יעיל לבעיה.

בהמשך לדוגמה: *הבן שלי מאחר ואני כועסת, כי הוא לא מקשיב לי, מתעלם מכל מה שאני מנסה להסביר, מתעלם ממני, נסגר, נאטם, מתרחק - דוחה אותי. החשש שלי הוא, שההתנהגות הזו תגרור הידרדרות, שאולי כבר ניכרת בהישגיו הלימודיים, ומכאן אולי ינשור מהמגמה הנחשבת שרשמנו אותו אליה במאמץ רב ואולי אף מבית הספר, כפי שקרה לאחי כשהיה בגילו.*

חוסר היכולת שלי להשפיע וחוסר הרצון של בן זוגי להתערב, גורמים תסכול וכעס. ייתכן ותעלה בי תחושה של חוסר

אכפתיות, שאני לבד מול הילד, שלא אכפת לבן זוגי ממני או מהילד אז אני אסגר ואתרחק ממנו או אתפרץ ואאשים אותו בהתמשכות הבעיה.

אולי אזכר בי כילדה, שהוריי נהגו בי בקשיחות רבה ואני אף פעם לא העזתי להמרות את פיהם. הקשיחות והעונשים שקיבלתי גרמו לי צער רב, ולכן לא ארצה שילדי יחוש לחץ או הקפדה יתרה שכזו. היום, בכל מקום שנדרשת הפעלה של סמכות הורית, אני "מתקפלת", נזכרת בכאב מאז ונרתעת. מעצם ההיזכרות בחוויה הילדית, אני עומדת מול ילדי כילדה שחשה מצוקה, מה שלא מאפשר לי לפעול כהורה בוגר ושקול.

כל איחור שלו בכל בוקר מעורר את המקום הרגיש וגורם לי מצוקה, כיווץ בלב. לעיתים אתפרץ כתגובה ללחץ שאני נמצאת בו, אבל אחר כך אצטער על כך ותחושת חוסר האונים תוריד את ערכי בעיניי. אני אתבייש בעצמי על כך שאני לא מצליחה להיות ההורה שרציתי, ההורים שרציתי שנהיה. במקום זה יש ריחוק, כעסים, תסכול ומריבות.

כאשר אנחנו פותחים את הבוקר בצורה הזו, כל היום שלנו מושפע מזה וככל שזה נמשך, כולם נפגעים.

עומס רב מיותר לקיום, והשאיפה שיהיה במידה, כלומר, במגמת צמצום נוכחותו, משכו ועוצמתו. לא תמיד אדם מודע לכך שהוא בעומס. לעיתים ההרגל לחיות תחת לחצים, פחדים, מאבקים נדמה כהכרח המציאות. רבות הסיבות להיווצרות העומס, חלקן גלויות וקשורות לאירועים שניתן להצביע עליהן כגורם מסייע וחלקן נעוצות עמוק מתחת לסף ההכרה, קשורות לחוויות ראשוניות במקומות שאין לנו מהן זיכרון מוחשי, לעיתים מתוך נטייה פסיכולוגית, אישיותית. אדם שחווה עומס רב, למעשה, מתרחק ממהותו.

העומס הוא תוצאה של יציאת מרכיבי נפש מאיזון, והביטוי של זה בחוויה היום יומית. העומס הוא גם ערבוב שדות נפש זמניים ומצבים שעליהם ארחיב בהמשך.

"ערבוב שדות מאפשרים ריב, הפרדת שדות מאפשר שקט."

> **בהמשך לדוגמה:** *מהמקום הילדי הפגוע והמרצה נפגע מרכיב הביטחון. כאשר במציאות משתקפת החוויה הילדית הזו - מול הילד כשהוא מאחר ואני נלחצת - מרכיב הביטחון שלי בחסר ומידת היסוס שלי ביתר. למעשה אני מהססת להפעיל סמכות הורית מכל החששות שצויינו. כאן יש מרכיב מסוים אחד, שנוכל לזהות בקלות והוא הביטחון בחסר, אך הוא קשור וגורר הפרה גם בשאר המרכיבים הקרובים אליו, כמו הימנעות, סגירות, ריחוק.*

עומס נמצא בשדה החשיבה, בשדה ההכרה ובשדה הנפשי-רגשי. הוא יבוא לביטוי בהתנהגות שלנו, הלכה למעשה, וגם במערכות היחסים שלנו.

עומס ברגש: כיווץ בלב, לחץ, רגשות אשמה והאשמה, כעס, ייסורי מצפון, חרדה, דאגה, דחייה, עצבות, בושה, תסכול, פחדים, רגשי נחיתות, תחושת החמצה.

עומס במחשבה: מחשבות טורדניות, בלבול, מחשבות מתרוצצות ומחשבות נושאות תוכן שלילי ופוגע. הן קשורות לרגש שהעלה העומס במרכיבים הרגשיים.

עומס בהכרה: מערך האמונות המגבילות והתפיסות האשלייתיות שלנו, הפרשנות והייחוס שאנו עושים כלפי עצמנו, כלפי האחר וכלפי החיים עצמם - פגיעה בעצמי.

עומס בהתנהגות: דריכה במקום, ריצוי, ויתור יתר, הימנעות, הסתגרות, מריבות, סכסוכים, אלימות, ניכור.

עומס, כאמור, קשור במידה רבה לחלק הילדי שבנו. זו פוזיציה נפשית ולא בהכרח זיכרון מוחשי, ולכן נאמר שמרכיבי העומס רשומים מילדות, אך גם התנועה הנפשית הנלווית לעומס ומדמה תחושה ילדית של ביטחון בחסר, תלות באחר, חוסר אונים, לחץ, חולשה, תגובתיות לא נשלטת. מצבים אלה יוצרים דפוסים מיותרים ומרחיקים את האדם ממהותו.

ימימה זצ"ל אימצה בשיטתה את הגישות הפסיכולוגיות, המראות את הקשר בין החוויה הילדית לבין התפתחות האדם הבוגר לטובה ו/או בהפרה. בחומרים שמסרה היא לא הרחיקה לכת למקום של גלגול נשמות.

על המהות

מהות היא החלק החיוני, החיובי והטוב שיש בנו ובבריאה כולה. המהות היא היכולת לראות טוב, לחיות חיים נורמטיביים, יציבים, מאוזנים המאפשרים לאדם למצות את הפוטנציאל החיובי הגלום בתוכו. לחבר חיבורים, להתפתח, להתעלות, לפתח בתוכנו מרחבי הכרה ומודעות גבוהים ועמוקים, להתממש, לגדול, לאהוב, ליצור קשרים חברתיים, זוגיות פורה, להשפיע בעולם. גם לטעות, לשגות וללמוד מתוך ההתנסויות כולן.

אנשים לא תמיד יודעים שיש להם מהות, והגילוי שיש בהם חלק אמיתי שהוא טוב ומהותי זאת מהפכה תודעתית. גם באחר יש, אפילו אם הוא נראה לנו לעיתים לא טוב, תמיד יש לו מהות. הכרה שמתפתחת ממהות מאפשרת ללומדת להתחבר מהנקודה הפנימית המהותית שבתוכה לנקודה הפנימית המהותית שבאחר. זה חיבור בתדר לבבי חם ומאפשר. בכל נקודת חיבור של הלומדת עם מהותה הפנימית יש תחושה של גאולה אישית, של שחרור, של התרחבות הנשימה והנשמה.

"...דרך הלימוד, מתוך התקרבות למהות המחשבה, דרך חלקים מהותיים נלמדים, החלק הטוב שבמחשבה מתחזק. אותה התקרבות מאפשרת הפרדה בין המיותר לבין הטוב שבמחשבה. אם קודם הייתה דחייה והיית מהססת וכועסת, ההתקרבות מנקה את המחשבה..."

מהות ברגש, בלב: התרחבות הלב, חום לבבי, שמחה, אופטימיות, אהבה, תשוקה, חדווה, חמלה, אמפתיה, רחמים, לב בינתי.

מהות במחשבה: כל מחשבה שיש בה תוכן חיובי, הקשור לרגש ולהבנה שלנו את מצבנו ואת מצבו של האחר. מחשבה טובה, נחה, בהירה, שקטה, מתומצתת, גמישה, אסופה.

מהות הכרתית: ראיית הטוב בי ובאחר, הוקרה והודיה על היש המתקיים, ביטחון ואמון, פתיחות, התפתחות אישית, הבנה אישית מקרבת, קבלה, חיבור לחום הלב, עוררות הרצון לתיקון. את נוכחת על מקומך, מחוברת לציר הכוח הפנימי שלך.

מהות התנהגותית: התקרבות, תיקון הקשר עם עצמי ועם האחר, לימוד, התבוננות, הקשבה נקייה, אדיבות, נתינה מדייקת, פיתוח ומימוש עצמי, הנכחה מעשית של ההבנות המתפתחות. בלימוד נאמר, כי המהות מאפשרת מנוחת החלקים - להניח, לנוח, נח על מקומו ללא מאבק. אדם במקום מהותי גם אם יימצא בפעילות אינטנסיבית, היא תהיה בשמחה, בסיפוק, במלאות ולא הפוך. אפשר להרגיש את מנוחת החלקים בגוף, בבריאות, בחוסן, בנינוחות.

המהות היא יצירת שלום פנימי, היא מאפשרת ריפוי אנרגטי וממתינה להבנה של האדם שיחזור לעצמו ויצליח לנקות את המיותר, כדי שתוכל לתפוס את מקומה במקום החלקים שנכנסו למֵצַר.

בהמשך לדוגמה הקודמת: כאשר אני לא מול הסיטואציה שמלחיצה אותי - האיחורים היומיים - אני מזכירה לעצמי כמה טוב יש בילדי, כמה הוא נבון, חברותי. אף על פי שהוא מתקשה

בלוחות זמנים, יש בו הרבה סקרנות ורצון ללמוד, לדעת דברים על העולם ואני מודה על כל הטוב הזה.

כשהיה קטן יכולתי לעזור קצת יותר. גם עכשיו אני יכולה להבין שיש לו קושי במקום הזה שלא קשור אליי ולמה שהסברתי או לא הסברתי. יש בו כל כך הרבה נקודות אור וטוב. הוא לא עושה את זה בכוונה או נגדי וגם אם כן, אז זה כי הוא בגיל שמבקש לעצב את אישיותו כבוגר, שמתפתח ומחשיב את רצונותיו ונותן להם קדימות. אני יכולה לראות בזה ברכה, זה הסדר הנכון והטבעי של ההתפתחות.

זה שאחי נשר מבית הספר לא אומר דבר על הילד שלי. יש לו הרבה חלקים שבהם הוא פורח ומצליח, גם בלימודים. יש לו נטייה להעמיק בלימודי עיצוב או שפות וזה נפלא שיש לו את הייחודיות שלו. אני מחזיקה בליבי את האמונה בטוב שבו ושעוד צפוי לו. שיגדל ויתחזק וימצא את דרכו, כפי שגם אני מצאתי את דרכי. אני לא אקשיח את ליבי ואחמול גם על עצמי. יש לי כוונה טובה להשפיע טוב עליו, עליי ועל ביתי.

אני לא הילדה הקטנה שנזכרת, אני אישה בוגרת, חכמה ולומדת. דווקא הנטייה שלו והאפשור שלי ממחישים שאני כן מייצרת מרחב התפתחות עבורו ואין זו חולשה כלל. זו התקרבות אליו, לפי דרכו ויכולותיו.

בן זוגי לא מתערב, הוא רואה אחרת את הדברים, הוא ודאי אוהב אותו ואותי ודואג, אך נקודת מבטו שונה ואני אכבד זאת ואנסה להקשיב למה שיש לו לומר, הרי שנינו לומדים את תפקידנו ההורי. זה מקום שצומח עם הזמן ולכל אחד מאיתנו יש לב טוב, שכל ישר ורצון אמיתי לחיות יחד בשלום ובאהבה.

המהות מבינה, שברוחניות לא ממהרים, יש קצב פנימי לכל דבר וצריך לכבד אותו. אדם צומח להיות אדם בשלבים ואין מדלגים

על שלבים. להכרה זה קל להבין, ללב לוקח יותר זמן להשתחרר מהמצוקה ולכן נדרשת המתנה וסבלנות.

על הדיוק היחסי

"...כשמדייקת והנה אינך מפריזה ואינך מחסירה והנה הדיוק הזה מחזיר שקט לליבך ושמחה שדייקת."

הדיוק הוא התיקון. דיוק קשור לעשייה מתקנת ממהות. כשאני מדייקת, אני בוחרת לפעול מתוך מקום שמכבד את הקיום האישי שלי ושל האחר. זו תנועה עדינה וכשם שהדיוק לכשעצמו דורש התמקדות, ערות, בהירות ועדינות, כך גם הפעולה הנעשית בנפש. כאשר עומס עולה במערכת האישית, יש לנו אפשרות לפעול באופן תגובתי, הישרדותי, השלכתי ואימפולסיבי, כלומר, תגובה מתוך העומס או להתחבר למהות שלנו ולפעול משם על ידי זיהוי העומס כמתקיים, המתנה, הכרה בחלק המיותר שהוא נושא, ועשייה מדייקת כלשהי במקום הזה. משהו אחד קטן ומותאם שבא ממהות, מהחלק הטוב שבי. אפשר רק בהבנה, בפרשנות, במענה, בעשייה. זה בעצם הלכה למעשה - יישום הנלמד בזמן אינטראקציה עם ניתן חיצוני או פנימי, שאני מתבקשת לפעול מולו.

המלאכה המתקנת היא למצוא את הדיוק בחיי היום יום, האם אני פועלת בהחסרה או בהפרזה שמייצרים עומס, ואם כן לנקות את המיותר, לדייק, לחזור "להיות על מקומי" שקטה, שמחה.

בהמשך לדוגמה: *מההבנות האישיות שלי בעקבות הלימוד וההתבוננות, אני קובעת רצון לתיקון, לדבוק בטוב ולהשכין שלום אמת בביתי. אני מנסה למצוא דרכים כיצד להפחית את עוצמת ההתנגדות והמאבקים שנוצרים סביב ההתנהלות של הבן שלי בבקרים וכל מה שנלווה לזה. כשם שהמריבות סביב העניין נושאות אופי ותוכן אישיים, כך גם הדרך להתפייסות תהיה מותאמת לנפשות הפועלות. אין דרך אחת.*

- אני יכולה לתחם את ההתערבות שלי בעניין זה ולקבוע תחום זמן של חודשיים שבהם אני לא מעירה דבר על הנושא ושומרת על זה. אם אני חשה כעבור יום או יומיים שקשה לי, אני מקבלת את הקושי שלי בהבנה, נושמת, ממתינה, עושה כל דבר כדי להפחית את מידת הלחץ שעולה בתוכי. אפשר שאצא מוקדם יותר לעבודה, אקח מידת רוחק מהמקום הזה. ייתכן שבמהלך התקופה אקבל טלפונים מבית הספר, אני יכולה להקדים וליידע את המחנכת על המהלך, כדי לאפשר תחום של זמן ומרחב לשינוי שיצמח מתוך הילד.

- אני יכולה לקבוע רצון להתקרבות לבן זוגי. הכול תלוי במידת הריחוק שנוצרה בינינו על רקע המחלוקת. כל קִרבה בינינו תדשן את שדה אהבתנו. גם פה אני יכולה לשתף את בן זוגי בבחירה שלי לא להתערב לפרק זמן ומתוך רצון להוריד את מפלס המתח שנוצר בינינו. הבחירה שלי בשמירה על הקשר שלנו תקרב בינינו. לפעמים זה ייקח זמן, כפי שאסביר בהמשך, יש לכבד את הקצב של האחר לקבל שינוי.

- אפשר שאמצא תחום עניין משותף לי ולילדי שיחזק את הקשר בינינו. משהו שקשור לשנינו. זה לא חייב להיות ערכי או נושא תוכן חינוכי, ההתקרבות היא מעצם קיומו של הדבר. התקרבות לבבית.

- בעבודת תיקון הכרתית אזהה בכל בוקר את המקום המופר, שיתעורר לנוכח בני שעדיין נם לו במיטתו, למרות השעה המאוחרת ואתבונן במה שמתעורר בתוכי. אלמד לאט ליישם את הכלים שלמדתי, למשל, לזהות את המיותר (כעס, לחץ, ערבוב בין הילדה לבין האם), לנשום נשימה מודעת שמשחררת את הלחץ הפנימי ולהמתין להבנה שתבוא מתוך בחירה בעיקר שאני קבעתי - להתקרב לבני, לבן זוגי ולשמור על בריאות הנפש שלי. הזיהוי והבחירה בטוב ובהסכמת הלב יעשו אט אט את שלהם.

- אשא תפילה אישית לשלום ביתי.

אם יש אלף דרכים לקלקל, יש לפחות אלף דרכים לתקן. אף פעם לא מאוחר להשכין שלום, להתקרב, לאהוב.

הדוגמה שנתתי ממחישה מעט מהמורכבות בחוויות החיים, מתוכה משתקפות לפחות ארבע מערכות יחסים הקשורות וסמוכות זו לזו: הקשר שלי עם ילדי, הקשר שלי עם בן זוגי, הקשר שלי עם הוריי והקשר שלי עם עצמי. כל דיוק שאעשה באחת המערכות הללו ישפיע את השפעתו הטובה על כולן, כפי שההפרה תשפיע זו על זו. הדיוק הוא אותו שינוי קטן שמגיע מתוך המהות שלי.

לא משנה באיזו נקודת זמן או מצב אני נמצאת בחיי, תמיד אוכל להתחיל משם לבנות את ציר הכוח שלי. להתקרב, להתחזק, לייקר את היקר לי, להשפיע טוב במעגלי החיים, גם במקומות קשים שבהם כל מה שנדרש הוא להכיר בכך שאין לי שליטה או אחריות על הכול ולשחרר אחיזה במיותר.

"משזכינו לראות את כוחו העצום של העומס, שערו בנפשכם את כוחו של האור."

הדיוק מורכב מרצון ומיכולת. בכל מצב נתון ומול כל פעולה מעורבים שני הפרמטרים האלה, שקובעים את מידת היישום של הנלמד ואת האופן שלו. האחד הוא הרצון הפנימי, האישי, המשקף את מידת המוטיבציה וההנעה הפנימית, אך גם קשור לבחירה אישית חופשית או מאולצת. השני הוא היכולת לפעול (יכולת אמיתית או מדומיינת), שעלולה להיות מוטה עקב הערכה אישית נמוכה והחסרות אחרות. באיזו מידה אני מעריכה שיש לי יכולת לבצע מהלך כזה או אחר.

כל רעיון הלימוד, ההבנה וההתפתחות ההכרתית בנויים כתהליך. התהליך דינמי ומשתנה, ההבנות, ההשגות וההתקדמות הן ביחסיות. בכל זמן אנחנו מבינות את החלק היחסי בהתרחשות, בפנימיות, בעצמנו, בלימוד והוא משתנה כל הזמן.

"הכול נלמד ביחסי התמידי, מפני שהצמיחה יש לה חוקיות. אין צמיחה שהיא קופצת על שלבים. ברגע שאת דואגת לאסוף חלקים, להכין בסיס מורכב וחזק, הצמיחה יכולה להתאפשר בקלות, בלי לבזבז הרבה זמן..."

כשם שבבריאה יש צמיחה, שבאה בסדר מסוים, תהליכי ויש לה קצב משלה וסדר פנימי נסתר ומתקיים, אותו דבר בנפש האדם. לצמיחה רוחנית, הכרתית, אישית יש קצב וסדר נכון.

מהו הסדר הנכון? שימת הטוב לפני ההפוך - המהות כעיקר והעומס כמשני ומיותר.

ניקוי העומס הוא השלב הראשון בתהליך, שמירה על הקיום האישי הוא הבסיס לכול והתעלות הנפש לדרגת נשמה שיש בה זרימה, שמחה והודיה הם ההישג הרוחני הגבוה של התהליך.

"קיום ללא עומס הוא אינו הקיום הפנימי העמוק, זאת אומרת המאפשר הכרת קיום החיים. הקיום ללא עומס זה כבר הטבה במערכת, התקרבות יפה, אבל הוא אינו בקיום עמוק זה, קיום שבו יש את הצמיחה היציבה לתמיד. [...] קיום שבו את מתקיימת ונחה ממאבק בכלל, זאת אומרת, שיש לנו את השלבים כאן. [...] יש את ההתקרבות הראשונה שחשובה ללא עומס, לאחר מכן, כביכול, הניקוי עומד ואז התקרבות לקיום ולאחר מכן ההתקרבות העמוקה המלאת חיים, פתיחות וזרימה."

נשיאת הפכים

יש שתי תנועות מרכזיות בנפש האדם, שנקראות מנוגדות־הפוכות־משלימות. הן באות לידי ביטוי באופנים שונים, אתייחס לכמה מהן:

קבלה - דחייה.
התקרבות - התרחקות.
הסכמה - התנגדות.
כוחות מצמיחים - כוחות מעכבים.

שתי התנועות פועלות בכיוונים הפוכים, חלקן נמצאות על ציר כמו קבלה-דחייה, התקרבות-התרחקות, יש ביניהן יחסיות, אך הן אינן דיכוטומיות או זו נגד זו.

מדובר בכוחות שונים, שהפעולה שלהם במהותה מנוגדת, אך לכל אחד מהכוחות/תנועות הנפש, יש נחיצות והכרח, כדי לשמור על תפקוד אופטימלי ומסתגל של האדם - אחדות הניגודים.

בשגרת החיים, מה שאני מזהה כטוב עבורי, אני מקבלת ומה שאני חושבת/מרגישה שפוגע בי ולא טוב לי - אני דוחה.

נשמע הגיוני ופשוט, הכי טבעי שאפשר: אם כואב אני מתרחקת, אם נעים אני מתקרבת. הישרדותי, שומר עליי.

אך ברור שנפש האדם מורכבת הרבה יותר ונשגבת מאין כמוה.

לפעמים הטוב והרע מתערבבים ביניהם ואנחנו מתבלבלות, לכן ההבנה כי קיומן של תנועות מנוגדות בנפש הן מצב טבעי. ההבנה מאפשרת לנו לצאת מהמקום השיפוטי של טוב ורע. היכולת שלנו לשאת את קיומם של מצבים הופכיים, כביטוי לשלמות הקיומית היא שמשפיעה על היחס שלנו כלפי עצמנו וכלפי הסובב אותנו.

אני יכולה להיות בו-זמנית אימא אוהבת לילדיי, אך גם להתקשות במילוי תפקידי ההורי. לבקש בליבי להתרחק מהם או אם הם נושאים קושי תפקודי כזה או אחר - להתבייש בהם. זו סתירה. סתירה זו גורמת לי לדחות את עצמי, את מחשבותיי ותחושותיי הפנימיות. להתבייש בעצמי, כלומר, ללכת נגד עצמי.

ימימה כיוונה אותנו לעשות הפוך - לקבל את עצמנו על כל קשת הרגשות ולא לדחות. להתקרב ולא לברוח, כי המקומות הללו, הסתירות הפנימיות, מספרים לנו משהו עמוק על עצמנו. אלה מקומות צרים, שמבקשים התייחסות וריפוי. הם חלקים של אותה מערכת, של המערכת האישית שלנו. לאחר תהליך בירור

מעודן ומתמשך, דווקא התקרבות למקומות הללו תאפשר לנו את השחרור והשמחה שביישוב הסתירה הפנימית.

זאת בבחינת סוד הענג/נגע הקבלי - שני כוחות של אותה תצורה, אותו שורש, האחד מחייה והשני מכלה וביניהם היכולת שלנו להפוך מזה לזה. בהפיכת נגע לעונג, לדעת שיש בכוחנו לעשות זאת, זה התיקון, דרך התקרבות וקבלה עצמית. התנועה יכולה לבוא גם בדרך הפוכה, זה הקלקול, למשל מערכת אינטימית שנפרצת.

האחר ואני

כשמדברים על מערכות יחסים בין אנשים, תמיד יש אחר שעומד מולי. יש אחרים משמעותיים יותר, כמו הורים, ילדים ובנות/בני הזוג ויש, כמובן, חברים, עמיתים ושאר האנשים. רק באינטראקציה עם האחר מתפתחת האישיות התקינה. האחר משמעותי לקיום האישי ומשפיע עליו בדרכים רבות. אף על פי שאנחנו תופסים את עצמנו כיחידים, הלכה למעשה, אנחנו הרבה יותר קשורים זה לזה משנדמה לנו. ימימה חידדה את הקשר הזה ובעיקר את החיבורים ואת ההשלכות שיש ממערכת יחסים אחת לאחרת.

להלן מספר עקרונות רוחניים עיקריים, שעולים מההשתקפויות הללו:

- האחר הוא כמוני;
- האחר משקף לי את מרכיבי פנימיותי;
- יש לכבד את המרחב שלי ושל האחר;
- כשאני דוחה את האחר אני דוחה גם את עצמי;
- התקרבות שלי לאחר מאפשרת את התקרבות האחר אליי;
- ביני לבין האחר נברא עולם.

דווקא האדם שמעורר בנו התנגדויות הוא זה שמסייע לנו, בסופו של דבר, להביא ריפוי לרישומי הנפש. משהו בו, בהווייתו, במה

שהוא מייצג, מעורר בנו חלק שממנו אנחנו מנסים לברוח, להסתיר או להשיג. לכן במקום של תיקון יש שמחה והודיה גם על הקושי שאותו אדם עורר. ההבנה שהוא לא המקור לקושי, אלא השליח שמסייע לי להשתחרר ממצרי, הפוך מאשמה וקורבן - שמחה על התיקון ואז מלאכתי קלה.

"לא במקרה פוגשים מי שפוגשים ולא במקרה משליכים עליו מה שמשליכים, הוא מעורר את התיקון שלנו ואנו מעוררים את התיקון שלו."

התיקון

בלימוד מתמקדים במערכות יחסים. תיקון הקשר עם עצמי, תיקון הקשר מול הורה, תיקון הקשר הזוגי, תיקון הקשר מול ילד וכו'.

בתחילת תהליך הלימוד נמצא פערים גדולים בין הרצוי לבין המצוי. פערים אלה משקפים מצב תפיסתי, מעין הערכה עצמית פנימית.

> **לדוגמה:** מצב בו שנים אני נושאת סבך פנימי, מסתירה ומדחיקה אותו כמו דחייה עצמית וחסר של חום אימהי. למרות הנזק המתמשך אני לא מעזה או מצליחה לפרוץ את החסימה שהוא יצר בתוכי. כדי לשנות אני זקוקה לכלים שיאפשרו לי להתמודד עם הסבך והשלכותיו. לימוד ויישום הכלים ההכרתיים הם התיקון - המסע אל עצמי, להשיב כוחות נפש ולהאיר לי דרך לגלות בעצמי את הכוחות המתקיימים בי, המאפשרים לי לבחור בטוב עבורי ואף לקבל בהבנה את היכולת היחסית שלי לפעול. ההתחזקות תביא איתה הבנות נוספות כיצד להנהיג את חיי ממהות ולפעול דרכה.

התיקון הוא תהליך פנימי, אישי, תפיסתי, רגשי ותודעתי המשפיע על מרחב הקיום. דרך צפייה בחלקי הלימוד והכרת החלקים המקשרים אותם לעולם הפנימי של הלומדת, ניתן ליישמו. מה

מבקש לבוא לידי ביטוי, מה מבקש להשתנות באמת. התיקון מייצר התעוררות, ההתעוררות מביאה הבנות חדשות.

"התקרבות לחומר הניתן תתאפשר, אם יש נוכחות צופה. צופה על חלק ומנסה להכיר מה יש בו, מה מלמד והקשר אל עצמך. מה משקף המלמד על ההשלמה וכאן פועל רצונך, הרגש כלפי הקיום שלך. האם תמשיכי להאבק כדי להצדיק את קיומך או שתתעוררי מכל מה שמחסירה ומפריזה? צריכה להיות התעוררות כדי להבין."

לכל מרכיב יש את משקלו, מידת איזונו ודיוקו כלפי עצמו וביחס למרכיב המשלים העומד מולו. לכל אדם יש את המידה הטובה עבורו, לכל אדם יש את המשקל המאפשר מצב איזון המדויק עבורו. בכל מצב ומצב, מול אחר או מול עצמי, מרכיבים משנים את מידתם והרגש הנלווה אליהם במשקלו בהתאמה.

מדוע המשקל יחסי? כי בכל פעם שנעריך את המידות, יתקבלו תוצאות שונות. תחילה יהיו תנודות חזקות וטלטלות בנפש, בגלל חוסר יציבותה של מערכת שיצאה מאיזון, אך ככל שמתקדם תהליך הלימוד/תיקון, תתייצב המדידה ויתרחש תהליך של צמצום הפער בין הרצוי לבין המצוי. בדרך כלל כאשר מרכיב אחד מצטמצם, המרכיב המשלים מתפשט והפוך.

השינוי וההשפעה של משקל המרכיב הם גם מערכתית, כי הרי נאמר שמדובר במערכת אחת. כשם שהעומס, שמתחיל מנקודה אחת, נכרך וגורר החסרות והפרזות במרכיבי המערכת בכללותם, כך גם בתיקון - שיפור במרכיב אחד ישפיע לטובה על יתר המרכיבים.

לכוח הטוב והמיטיב המתפשט במערכת המתקנת ימימה קראה אור והוא כהשתקפות אור הבורא יתברך באור הלב. מי שפועלת לעשייה מתקנת ולהתקרבות לאמת הפנימית באורה, מקבלת סיוע משמיים. ימימה כינתה את זה "סיעתא דשמיא". זה אותו ממד

רוחני גבוה, שהאמונה בקיומו פותחת מקורות לשפע שאין השכל יכול להשיג. זה הכוח המצמיח והמרפא, המחייה, שמסיר עיכובים, משחרר חסימות ופותח מעברים לזרימת כוח החיים במערכת האישית המתקנת, מבלי שתבחין מתי וכיצד, רק ברצונה לשוב ולדבוק בטוב.

התיקון נמשך כל החיים. השתכללות מתמדת.

"...רעיון התיקון ישנו כל החיים, לא מפסיקים לתקן. תמיד יש מה לתקן, זוויות מזוויות שונות, כי ככל שההכרה מתרחבת היא תגלה את מה לתקן. היא לא תאפשר לנושא אותה לשגות ואם שגה המערכת נעצרת לתקן עד שתשמע את מנגינתה. המערכת בתוך ניקיונה, טהרתה, בזמן שאורה בהד, היא שומעת את מנגינתה, זמרתה עד שירת הודיה. זה הזמר של המערכת..."

אורות וכלים

ימימה זצ"ל הורידה כלים והדרכות רוחניות באמצעות חלקי הלימוד השונים שדרכם ניתן ללמוד על פנימיות הנפש, חלקי האישיות השונים ועל מורכבות המציאות, ואיתם לעשות את מלאכת התיקון. כל יישום של כלי הכרתי יש בו כדי להגדיל את האור הפנימי, לפתוח חסימות ולהקטין את הצל שמטיל העומס על הלב.

שלושה מרחבי נפש מאפשרים נקודות התבוננות בתהליך הפנימי:
דחייה/מרחיק - התקרבות/מקרב
התנגדות/כיווץ - הסכמה/שחרור
מאבק/רעש - קבלה/שקט

מצד אחד, כוחות חוסמים זוללי אנרגיה נפשית ופועלים נגד העצמי והאחר, מפזרים. מצד שני, כוחות החיים והחיות, שמעצימים את האנרגיה הפנימית ופועלים בהרמוניה ובזרימה עם חלקי האישיות בכל רבדי ההוויה, אוספים.

לכל כלי הכרתי יש את האור שהוא נושא, את הברכה, את פוטנציאל הריפוי וההתפתחות. בכל פעם שאני חווה עומס נפשי־רגשי ומשתמשת באחד או יותר מהכלים ההכרתיים, אני מחברת את המערכת האישית שלי לכוח החיים שבה, למהות, לבחירה בטוב. כל הבנה נושאת דיוק היא הישג אישי רוחני ומצמיח והוא קרוב אלינו - בכוחנו לעשותו בכל רגע, בכל יום.

אציג מספר כלים הכרתיים מרכזיים שעליהם ארחיב בהמשך.

הכלים ההכרתיים

כלי ההתקרבות - עומס ומהות ומה שביניהם. ההבנה שיש בי ובאחר גם עומס וגם מהות בו־זמנית. הבחנה אישית מהן הפרזות והחסרות, עליות וירידות של הנפש. התחלת התיקון תהיה בהתקרבות לעצמי, להבנה וקבלה ששני החלקים הללו מתקיימים בתוכי. אני לא דוחה את חלקיי החסרים, החלשים.

התקרבות לעצמי/לאחר - בנתינה מחום ליבי כלפי עצמי וכלפי האחר בחמלה, סובלנות, גמישות, אמון, בעין טובה, ברצון להיטיב, ביצירת מרחב התפתחות, בקבלה את עצמי כאדם שלם עם החולשות והחוזקות.

כלי ההבנה - הבנה היא פעולה מוחית, שבה יש קליטה, עיבוד וחיבור לעולמות התוכן הפנימיים שלנו מתוך רגש חם כלפי הקיום. לכלי ההבנה ארבעה חלקים עיקריים:

1. **זיהוי העומס על מאפייניו** - התנגדות, דחייה, מאבק (סטרס) - מאפשר עליה לציר הראש והפעלת המהות ושאר הכלים ההכרתיים, שכל על רגש.
2. **קליטתו כקיים** - הסכמה לקבל ולשייך את העומס אליי ולקיחת אחריות לתיקון.

3. תיחום - "אני בעומס נפשי־רגשי ויש בי גם מהות טובה - אדייק"
- עצירת התפשטות העומס במערכת. שיוך לאירוע ספציפי
לשם הימנעות מהכללה והטיה. תיחום התרחשות בזמן עכשווי,
תיחום של זמן עבר-הווה-עתיד. כמו בתא חי, הדופן או קרום
התא ששומר על הקיים ומאפשר כניסה ויציאה של חומרים. אין
חסימה, יש תיחום לשם חיות.

4. הפרדה - בין עומס ובין מהות, בין הילדה ובין הלומדת, בין שדה
הנפש שלי ובין שדה הנפש של האחר, בין עבר, הווה ועתיד,
בין עיקרי לבין משני, בין טוב למיותר ועוד. לדוגמה: התנועה
הנפשית של הילדה ⟵ לקיחה, תובענות. התנועה הנפשית של
הלומדת ⟵ גמישות, השפעה.

הכרת הטוב - לראות את הדברים הטובים שיש בהכול. ראשית
בעצמי, להכיר בכך שיש בי טוב, בליבי, לראות את הטוב המתקיים
בחיי בכל רגע. הטוב שקיבלתי מהוריי, הטוב באחר ולהוקיר תודה.
הטוב בקיום, בקבוצת השייכות.

הכרת המיותר - לזהות בהתרחשות מהו החלק העולה לתיקוני ובא
להתפתחותי. מהו החלק המיותר לקיומי, פוגע ומחליש אותי ואת
סביבתי ולקבוע רצון להיפרד ממנו.

ניקוי המיותר - בתהליך תיקון ועיבוד הסיטואציה, תוך כדי או
לאחר התרחשותה, מבחינים מהו החלק הנושא אופי שלילי
שמרחיק ומזין את המאבק. מתוך הבנה שהוא מיותר ואינו נחוץ
מתחמים אותו ומבררים את הרצון להפרדה ולצמצום ההשפעה
שלו במערכת, בעיקר בהפניית שיח פנימי חיובי, והגדרת כל שיח
שלילי שנוסף כעומס משני ומתמשך.

ניקוי תפיסות אשלייתיות - העומס הוא אני, אושרם של אחרים
תלוי בי, מודל הסופרוומן. פערים גדולים בין רצוי ובין מצוי ותסכול
מפער שנתפס כבלתי ניתן לגישור, המוביל להיחלשות הרצון

העצמי וההנעה הפנימית. זיהוי וניקוי התניות שמחלישות, כמו גאווה יתרה, יוהרה והתיימרות. התפיסה (האשלייתית) שיש לי אחיזה בתוצאה.

כלי ההמתנה - לאחר זיהוי העומס הנפשי־רגשי, עוצרת וממתינה, מפעילה את כלי ההמתנה, כדי שלא לפעול בצורה אוטומטית, אלא כדי לעלות לציר הראש ולהפעיל את הכלים ההכרתיים. יוצר הפרדה בין השדה הנפשי־רגשי העמוס לשדה המחשבה וההכרה, ומאפשר עצירת התפשטות העומס על המערכת. נשימות, חיבור מהותי למצוי. כלי ההמתנה מאפשר הפעלה של שיקול דעת במערכת שיש בה פיזור וחוסר יציבות, מאפשר פתיחת קשב ונוכחות.

כלי מידת הרוחק - יצירת הפרדה בין המתרחש הפנימי בזמן עומס, שיוצר סערה רגשית לבין המתרחש החיצוני, כדי לאפשר ראייה רחבה יותר של הסיטואציה. לא להתערבב עם העומס של האחר או להגיב אליו, ולא לפעול מתוך העומס הנפשי־רגשי שלי. אפשרי ורצוי שייעשה בשדה ההכרה, אך גם בפועל אם קשה מאוד רק בהכרה, אפשר ללכת לחדר אחר כדי להירגע ואז לשוב. זה להבדיל מריחוק או התרחקות, שומר על קשר.

צפייה - מתוך מידת הרוחק ניתן לצפות על המתרחש הפנימי ועל המתרחש החיצוני מתוך חיבור לפנימיותי. לבחון אם אני במקום שמגיב למיותר או במקום מהותי, ללמוד מה חסר ומה מבקש השלמה.

קשב - בחינת הקשב כפרמטר למצבי הנפשי־רגשי, האם הקשב חסום או פתוח, ביקורתי ומתנגד או נח ומאפשר התקרבות? האם הקשב מחפש פתרון? האם הוא נינוח ונקי מרעשי העומס?

כלי הבחירה - לכל אחת מאיתנו בכל זמן יש אפשרות לבחור את דרכה לפעול בעולם. לבחור בטוב, לדבוק בטוב, לבחור איך להגיב,

להתחבר, לבחור בענווה. ברגע שבחרת גם אם בין שתי אפשרויות לא טובות, תזכי בהארה מעצם הבחירה. הבחירה מחזקת את תחושת הביטחון והחופש.

הלב ככלי - חיבור לכוחו של הלב בפתיחותו, נתינתו וחומו ליצירת מרחב פנימי - בכוחו להתמיר אנרגיה שלילית לחיובית, לקרב ולחזק.

המחשבה ככלי - חיבור לכוחה של המחשבה - מחשבה מקרבת, מחזקת ומתגברת על מחשבה שלילית שמרחיקה ומחלישה.

בינה - מחשבה בהירה שזורה ברגש חם, מאפשרת תיקון הקשר ההורי השורשי העמוק ביותר.

דיוק יחסי - עשייה מתוך חיבור לעצמי, לאמת הפנימית שבי דרך התקרבות וקבלה עצמית של החלקים המתקיימים בי והבנה שהכול נעשה באופן יחסי, כתהליך דינמי שמתפתח ומשתנה בכל רגע.

פינוי מקום - לייצר חלל רוחני בתוכי, כדי שאוכל להכניס את האחר, את הטוב, את הברכה. במרחבים בשדה ההכרה שבהם נפתח קשב נקי, תהיה מתינות בתגובה. שם ייפרש שדה לקלוט את זרעי ההבנות החדשות מהלימוד.

היזון חוזר - הזנה של הטוב מהאור החוזר של מעשייך וגם ממפגש עם האחר שמשקף את החסר ⟵ שליח לעורר אותך לתיקונך.

קבלה ככלי - מאפשר תחילת תהליך של תיקון וצמיחה, ההפוך מדחייה. הסכמת הלב לקבל אותי ואת המציאות שבה אני חיה כפי שהיא, במורכבותה, כחלק ממסע החיים בעולם התיקון.

קבלת הניתן - לקבל ללא מאבק את האחר ואת אירועי החיים, כדי לאפשר תנועה והסתגלות אופטימליים. לקבל אותם כמתקיימים, לא בהכרח להסכים לתוכנם.

קבלה עצמית - לקבל את עצמי ללא שיפוטיות, בחמלה ובאהבה על חלקיי העמוסים והמהותיים כאחד.

שמחת הקיום - שמחה שאת ניזונה ממנה, היא מקיימת אותך ואינה תלויה בדבר. שמחה טהורה הנובעת מעצם הקיום. ליבת הלימוד.

חלק שני
ארבעה עיקרים

א. הכול מחובר

בחשיבה הכרתית אנחנו לומדות להכיר את עצמנו, את הפנימיות
שלנו. לומדות להכיר את החלקים הרוחניים שלנו, את אלה שאי
אפשר להחזיק ביד, אבל אפשר דרכם להשפיע על המציאות
הקונקרטית, כשיש לנו הבנה טובה יותר את המהלכים הפנימיים
שלנו, הרגשיים. הבנה של המחשבות שלנו, איך אנחנו תופסות את
הניתן ואיך הוא משפיע על המציאות. איך אני יכולה מתוך שינוי
פנימי לשנות מציאות חיצונית, כי יש ממשקים, כמו חיבורים בין
גוף לנפש, בין אדם לאדם. ההפרדות שאנחנו חוות במציאות הן לא
הפרדות "אמיתיות".

כשאני חווה את עצמי כישות נפרדת, זה נכון שאני זאת אני ואת
זאת את, ואתה זה אתה - זה נכון. יש לי מחשבות שאני לא יכולה
לגעת בהן, אבל יש לי גוף שאני כן יכולה לגעת בו, כלומר, יש בנו
כל מיני ממדים, אבל במורכבות הכוללת או בסך הכול אין באמת
הפרדות. הכול מחובר. הכול אחד. הראייה הנפרדת היא ראייה
חלקית של המציאות. כשאני בתחושה או בפוזיציה של נפרדות -
אני-אתה, גוף-נפש, חי-צומח-דומם, כל ההפרדות האלה הן נכונות

בשביל הבנת הקיום, איזושהי העמקה בשביל למידה, אבל הלכה למעשה יש ממשקים והכול מחובר, אחדות החלקים.

למה זה חשוב לי לדעת?

משום שיש קשר בין איך אני תופסת את המציאות לבין המציאות שאני חווה. יש קשר הדוק. זאת הבנה שמתקיימת בממד הרוחני ומשפיעה על הממד הגשמי. בפועל אם אני נמצאת במקום שלא טוב לי - זאת החוויה, שמושפעת בהכרח מאיך אני תופסת את המקום הזה, מה היחס שלי כלפי הדבר עצמו, עם מה אני באה אל הדבר הזה. ממערך אמונות, ידע, חינוך, תרבות, ניסיון אישי, זיכרונות והקשרים - זאת ההוויה.

בתוך ההוויה יש את החוויה האישית.

אם זה מקום עבודה שלי - כיצד אני חווה אותו?

כשטוב לי, אז טוב לי! הטוב מושפע ממהלכים פנימיים. כשלא טוב לי, ודאי הוא מושפע ממהלכים פנימיים. זה גם משפיע על מצב הגוף הפיזי, על כל ההוויה, כלומר, יש ממשק ויש השפעה.

כשאני רוצה לייצר שינוי בתוך מציאות החיים שלי, איזה שינויים אני רוצה לעשות בדרך כלל?

מה שטוב אני רוצה לשמר, להגדיל, לפתח, להוסיף עליו ולחזק.

מה שלא טוב אני רוצה לשחרר, מה שלא מתאים לי, לא קל לי, לא נעים לי.

חיזוק הטוב המהותי מונע מחוזקה של המערכת האישית. יש בה מוטיבציה חיובית היוצרת הנעה, יצירתיות, צמיחה, הרחבת מעגלי ההשפעה, מימוש וסיפוק. זוהי השתנות לטובה.

הרצון לשנות את הלא טוב מגיע, בדרך כלל, במקומות שמאתגרים אותי. כלומר, במקומות שמפעילים אצלי חלקים שקשורים

לאנרגיה פנימית שלילית, מורידים את הנפש, מחלישים. כשאני נמצאת במקום שלא טוב לי, אולי לא מספיק טוב, אני רוצה לשנות.

כל ההתחלות קשות?

אם היו לי התנסויות טובות בילדות וקיבלתי את המקום שלי, השמעתי את הקול שלי. הקיום שלי היה שמור. תשומת הלב ניתנה לי, החום, ההקשבה. אם קיבלו אותי גם כששגיתי, אהבו אותי, טיפחו אותי, חינכו אותי לטובה, אז זה מה שאני נושאת.

זה לא קורה במאת האחוזים, אני לא רוצה לצייר מצב אידיאלי, הוא מתקיים בחלקיות.

למה?

מי שהיא אימא יודעת, שגם אם אני רוצה לעשות הכי טוב שאני יכולה - להיות האימא הכי טובה, הכי נותנת, הכי מכילה ומאפשרת, אין זה מצב אידיאלי שמתקיים במציאות. לכל אחת יש את היכולות והמסוגלויות שלה וגם את "העניינים" שלה. לא תמיד אהיה בפניות של מאה אחוזים לצרכים של הילד, וכמובן זה לא סביר. כשאני חווה מציאות כזו, אני ארגיש שאני מחסירה ממנו לא משום שאני מחסירה באמת. כאימא לילד ראשון, אני מבינה מהר מאוד שאין לי מושג מה זאת אימהות גם אם קראתי המון המון ספרים ועשיתי הרבה הכנות.

כאם למתבגר, כאם למספר ילדים, אני צומחת להיות נושאת תפקיד בחיי. יש לכך דרך, זה תהליך. ימימה כינתה זאת "**צמיחה של מקום**". אנחנו יודעות, אבל לא תמיד מסכימות לזה. רוצות להיות הכי הכי, מאפס למאה, מעכשיו לעכשיו.

בפועל יש דברים שאני נתקלת בהם ומתעורר בי קושי. אם חוויתי ילדות בחסר, למשל, כשאעמוד מול קושי של ילדי, אראה השתקפות של הקושי שלי ואני עלולה לערבב בין החוויות. זאת

אומרת, נוסף קושי על קושי. דרך החוויה האימהית שלי מול ילדי יתעוררו רישומי חסר בתוכי. אולי אהיה לחוצה יותר בגלל זה, כי ארצה להיות הפוך ממה שחוויתי כילדה, ואז לפעמים אאלץ את עצמי להיות יותר ממה שאני יכולה או מפצה או מפריזה.

הַיּוֹעֶצֶת

הִיא יָעֲצָה לִי לְהַמְתִּין קְצָת

בְּטֶרֶם אֶגַּשׁ אֶל תִּינוֹקִי הַבּוֹכֶה

וְאַצִּיעַ לוֹ מִגּוּפִי הַמְנַחֵם

הִיא הִסְבִּירָה לִי בְּגִישָׁה מוֹכַחַת וְנֶחְקֶרֶת

אֵיךְ בִּמְקוֹמִי הִיא הָיְתָה יוֹתֵר נִזְהֶרֶת

לְכִי תַּסְבִּירִי לָהּ שֶׁאוֹתִי אֲנִי שׁוֹמַעַת, קוֹרֵאת לָךְ

אִמָּא

לעומת זאת, במקום אחר ובזמן אחר, כשאני לא מרגישה צורך לפצות על איזה שהוא חסר מילדות, אשתדל להיות טובה לעצמי, קשובה לגופי וליכולתי היחסית. העשייה שלי תהיה מותאמת יותר לרצוני. אפנה חום ורוך כלפי ילדי וכלפי, לא אהיה נוקשה כל כך ודורשת מעצמי או מהאחר.

אם אנחנו חושבות עלינו, על העולם הפנימי כעץ חי, גדל ומתפתח, הייתי רוצה לראות שם שורשים, גזע יציב ורחב, ענפים, עלים, פרחים, פירות. אך יש מקומות שאולי לא הגיעו אליהם מים, חום שמש, לא הייתה הזנה ולכן גם לא תהיה שם צמיחה. יש שם חסימה, וברגע שאזהה אותה, אשתדל להזין את המקום הזה בדשן החיוני, אטפל ואטפח, אנקה עשבים שוטים, אאפשר את הצמיחה המחודשת, משום שעץ זה דבר חי.

החיים הם דבר חי, הנפש היא דבר חי. המציאות היא דבר חי, המציאות אף פעם לא עוצרת. לעיתים יש חסימה בממד הרוחני,

עומסים יוצרים חסימות, חסימות בגוף ובנפש. כשיש חסימה אני מטפלת בה, מנסה לשהות בה, לקבל אותה.

לא בורחת, לא מתעלמת, לא מאשימה אחרים - זה לא מקדם אותי לשום מקום. אני מתבוננת בה, יכולה להתחיל לייצר תהליך החייאה של המקום, הצמחה של הממדים שנכנסו למצר, בונה ומשחררת.

איך מדייקים?

"הדיוק לא מייד מובן, כי כל אחת תדייק בתחילה איך שיכולה או כפי שרוצה, זאת אומרת, כפי שרוצה ויכולה, ותשמח מזה, כי תלמד עוד לדייק ועוד לדייק עד שתדייק".

הדיוק לא במובן המוכר. דיוק זה לא משהו שיש לי כרגע "בול" מה שאני צריכה או רוצה - הפוך מכך, כשאני אומרת שאני רוצה רק את זה - זה הפוך מהדיוק. לפעמים מתבלבלים.

הדיוק בא לעשות טוב. הוא מגוון ומאפשר, יש בו גמישות.

הנפש שלנו יודעת שמגיע לה שפע, שמגיע לה טוב. זה מסביר מדוע באופן טבעי כשמשהו לא בסדר, יש מנגנון שמתריע. מנגנון שפועל אוטומטית להגנה ולשמירה על הקיום האישי.

הדיוק בא מהמהות הטובה שלנו. הוא כל פעולה מתקנת שנעשית מתוכי, ממקום שמבקש טוב עבורי, עבור האחר והוא מותאם ליכולת ולרצון האישיים באותו זמן.

הפרזתי, החסרתי או דייקתי?

הדיוק הוא כמו מילת קוד המשמשת בעבודה הרוחנית המתפתחת, זאת אומרת, הדיוק הוא אישי ויחסי, הוא תמיד יהיה יחסי. מה שאני מבינה היום ומה שנכון לי היום, הוא נכון להיום. למקום שאני נמצאת, למציאות שאני חווה, להבנות שאני מבינה, ליישום

החלקים שכבר הצלחתי ליישם. זה יחסי ובכל פעם מתפתח, זה תהליכי.

"תוך כדי זה שלהבין את הדיוק המתחיל, יודעים שבאותו זמן אפשר ומותר לשגות. כל השוגה הרי יתקדם. כל המוכן לשגות יתקדם הרבה, אפשר להגיד את זה? יש את השגיאות שמותרות, אבל יש את השגיאה כלפי קיומך זה העיקר כאן, זה המפתח. אם את שוגה - תשגי בזמן, אבל אם את שוגה מהתחלה כבסתירה נגד קיומך, נגד התפתחותך אז מה את עושה פה?"

אפשר ומותר לשגות, איזו אמירה מלאת חסד כלפי הקיום!

אפשר ומותר לך, הכול בסדר, זה אנושי ואפילו רצוי במידה מסוימת להתפתחות שלך. יש שגיאות שמותרות מלבד השגיאה כלפי קיומך, ללכת נגד עצמך, זה לא.

ברוחני לא ממהרים

"...ברוחני לא ממהרים. מנביטים בשדה ההכרה הנבטות האמורות לצמות, כדי להגדיל את ההכרה, כדי להבהיר אותה, כדי להגדיל הבנתך ולחזק את כל החלקים - מחשבתך, ליבך ועוד. ההכרה מתעוררת, זאת אומרת, את ערה להבין כשבאמת את מנסה בלי מאבק."

עיקרון רוחני מרכזי בחשיבה ההכרתית הוא ש"**ברוחני לא ממהרים**".

מה זה אומר?

מהו זמן גשמי? מהו זמן רוחני?

הזמן הגשמי הוא הזמן שאנחנו מכירים, הזמן הליניארי. יש לנו בוקר, צוהריים, ערב, לילה, אתמול, היום, מחר. יש לנו שניות, דקות, שעות זה השעון. השעון מסונכרן כלל עולמי. אם אני אומרת "מחר אנחנו נפגשות בשעה תשע, בתאריך מסוים" זה קשור לזמן הגשמי,

לזמן מדויק מאוד. מדויק כפי שאנחנו מכירות את המושג מחיי היום יום. אם קבעתי פגישה לשעה שתים־עשרה והגעתי בשעה שתים־עשרה ושלושים - איחרתי, לא הגעתי בזמן. יש כללים ואנחנו מתבקשות לעמוד בלוח זמנים. יש לנו לוח זמנים צפוף, מלא, אנחנו מתנהלות בתוך הזמן, כל הזמן.

הזמן שאנחנו מכירות, אף על פי שהוא מדויק, יש בו רגעים שנחווים באופן שונה, למשל, כשאנחנו ממהרות מאוד. אנחנו מרגישות כאילו הזמן 'טס', חומק לנו מבין האצבעות ולפעמים, כשאני מחכה לאיזו פגישה נחשקת, התחושה היא שהזמן לא עובר, מזדחל - בפועל הזמן הגשמי לא משתנה.

הזמן הרוחני הוא זמן אחר לגמרי. הוא זמן שלא חלים עליו החוקים של העולם הגשמי, זאת אומרת, שאני יכולה להיות עכשיו בדמיוני במגרש המשחקים בבית ספר יסודי, בכיתה גימל, משחקת מחבואים. אני יכולה לעצום את העיניים ולהיות לגמרי שם בממד הרוחני, בדמיון. אני חוזרת אחורה בזמן, עשרות שנים אחורה, ממש בהבזק של שנייה.

באותו אופן אני יכולה ללכת קדימה בזמן. יכולת ראייה עתידית היא יכולת גבוהה המיוחסת בעיקר לאדם ועל פי רוב נעשה בה שימוש לתכנון הצעד הבא שלי, להבניה של פרוייקט, לחזון, השתכללות. אך קורה שזה מגיע מתוך דאגה, כשיש לי מחשבה שמטרידה אותי "מה יקרה אם?" או "מה יהיה?" ומדמיינת לעצמי תרחיש עתידי. כלומר, איזו השלכה תהיה בעתיד למשהו שקורה עכשיו. אני יכולה להתקדם קדימה בזמן, לראות בעיני רוחי עשרות שנים קדימה איך העשייה שלי תשפיע על העתיד. זה בדמיון שלי ואני שם בזמן עתיד, שוב בשבריר שנייה.

ברוחני אני יכולה לעבור בין הזמנים - עבר־הווה־עתיד בכוח הדמיון שלי באופן מודע ויזום, המעברים פתוחים - זה צד אחד של הזמן הרוחני.

צד נוסף של זמן רוחני מאפשר את תנועת הנסיעה אחורה או קדימה בזמן המתרחש לא במודע ולא מרצון. איזו אינטראקציה מול מישהו, שאומר לי משהו, שמזכיר לי חוויה אחרת מזמן אחר. המערכת הפנימית שלי תעלה למודעות בשבריר שנייה את כל מה שקשור לנושא הזה - תחושות, מחשבות, זיכרונות, התנסויות. לא בהכרח ישירות אחד לאחד, אלא מה שמזכיר לי, מזכיר ללב שלי, שהנפש שלי מעלה.

אנחנו מכירים את התופעה של שיר, שנשמע עכשיו ולוקח אותנו לחוויה שהתרחשה מזמן. כשעולה בי מחשבה מטרידה בסגנון "מה יהיה, איך יהיה?" מה שמפעיל אותי, בעצם, הוא החשש של מה יהיה בעתיד, וזה מונע ממני מלהתמודד עם מה שקורה עכשיו.

התפקיד של ההכרה שלי הוא להתעורר ולהבין מתי המוח עושה את זה ולטפל בזה.

ככל שאהיה **נוכחת על מקומי** כדברי ימימה, כלומר, ככל שאהיה נוכחת יותר במציאות, כך התפקוד שלי יהיה פונקציונלי ומדויק יותר. אהיה מוסטת פחות ומושפעת מדברים שאינם קשורים לסיטואציה שמתרחשת עכשיו.

אני רוצה להגדיל את ההכרה, להרחיב את ההבנות והמודעות שלי. המודעות מתעוררת, כלומר, ההכרה מתעוררת. היא מתעוררת תוך כדי היכרות עם עצמי מתוך התקרבות לבבית. להיות נוכחת ולחשוב בבהירות. מחשבה בהירה מוסטת פחות ומוטרדת מדברים שלא קשורים לאירוע עצמו. אסופה, ההפך מפיזור, שמגיע מבלבול, מחשבות טורדניות, שיוצרות רעש במערכת הפנימית. ההכרה שלנו מתפתחת למקום של שקט ושיקול דעת, אם יש הסחות יש לזהות אותן ולתחם אותן לזמנן תוך שימוש בכלים ההכרתיים ביחסיות הנלמדת.

ברוחני לא ממהרים.

להתפתחות הרוחנית שלי, להנבטות ולהבנות שלי יש את הזמן שלהן, הקצב שלהן להיפתח כמו גם להתמודדות שלי עם מה שעולה לפתחי. אני מתחילה לימוד עכשיו, יש כל מיני דברים שמפריעים לי ברמות שונות. הנפש שלי בדרך כלל תציף את מה שכרגע עומד לפתחה, את מה שכרגע היא יכולה או רוצה להתמודד איתו. זה נכון שיש שם דברים עמוקים ושורשיים יותר, שמשפיעים אולי, אבל אני לא אמורה להגיע לשם במאמץ, לדחוק את עצמי לגעת בעצב חשוף, זה חיטוט.

אני גם לא מאיצה במערכת הפנימית שלי להשתנות: "מתי כבר אפסיק להתעצבן מזה?" "מתי זה יפסיק להשפיע עליי?" אלא מתחילה לקבל את מקומי היחסי.

אני לא ממהרת. ברוחני אנחנו נותנות לקצב הפנימי שלנו, לנפש שלנו, להיפתח בזמן שלה. לא דוחקות בה, לא מאיצות בה ולא בעצמנו, זה שייך לעומס. בפנימיות שלי, אני לא מלחיצה את עצמי לתוצאות.

בעולם החיצוני, ודאי כל מי שעובד במשרה בעולם התעשייה, הכלכלה, החינוך וכו', יודע שיש דד-ליין ויש ססן של מטלות ועליו לבצע אותן ביעילות, כפי שמתבקש.

זה נכון בתפקידים מסוימים ואפילו רצוי במקומות מסוימים, זה חשוב. יש משימות ואני צריכה לעמוד בלוח זמנים. זה מעיד על היכולת הפנימית והמקצועית שלי. זה בסדר ובלבד שזה נעשה מבחירה ואני מייצרת איזונים. אבל כשיש לי, למשל, כאב נפשי- רגשי שנובע מסבך שאני נושאת מאיזה פצע נפשי, זו קריאה לפעולה, לריפוי. השלב הראשון הוא לקבוע רצון לשינוי, אני קובעת בתוכי, שבריאותי קודמת לכול.

קביעת רצון לטובתי נעשית כאן ועכשיו, היישום הוא בעל קצב וזמן משלו. לעיתים, גם אם אני מבינה את זה לא אתן לזה מקום. אתנגד

לעומס שלי, אכעס על כך שלא מצליחה לרפא את הכאב, להתגבר, לחוש אשמה. אני מייצרת עומס על עומס. אני תובעת מעצמי.

אנחנו לא ממהרים. ברוחני לא ממהרים, זאת הכוונה, לכל דבר בזמן יש את הזמן שלו. יש דברים שמהר מאוד אוכל להשיג, גם אם הם רוחניים, ויש דברים שיקח זמן.

מנביטים הנבטות בשדה ההכרה, הבנות מתחילות, חלקי לימוד שנמסרים נמצאים שם, הם יעשו את העבודה, הם יצמחו למשהו. בזמן שלהם אראה אותם, ארגיש אותם במוקדם או במאוחר. בכל פעם שאזהה מחשבה נושאת עומס, שיוצרת לחץ כלפי העצמי לדחוק במסוגלות האישית לבצע שינוי, אתחם את המיותר בה. את הדחיקה, את חוסר הסובלנות, הדרישה הילדית, הנוקשות ואתחבר למהות שתספר לי שעכשיו זה הזמן לפתוח קשב לעצמי, לכבד ולהוקיר את היכולת היחסית שלי כרגע ולהמתין. לדייק בעשייה במידה המתאפשרת לי, מה שברצוני לעשות באמת, לנשום, לתת ללב לחזור לקצב הטבעי שלו, להשתחרר.

אני לא צריכה להיות מוטרדת מזה שאני לא זוכרת את כל הכלים ההכרתיים או מכך שכשעולה בי עומס נפשי־רגשי, אני לא מצליחה להפעיל את כל הכלים שלמדתי. זה לא עובד ככה.

בכל התמודדות עם עומס שעולה במערכת, אם הצלחתי ליישם כלי אחד, לעשות משהו אחד לטובה, מדיוק כלפי הקיום שלי או של האחר - באותו רגע הכנסתי אור לתוך המערכת הפנימית שלי. אם רק זיהיתי את העומס או המתנתי לפני שהגבתי ללחץ, לכעס או לפגיעות שעלתה בי, אם נשמתי כמה נשימות מודעות, כבר צמצמתי אנרגיה שלילית והרחבתי את המהות שלי. אפשרתי לאנרגיה שלי להישמר, כדי לשוב ולראות את הדברים בבהירות.

המחשבה, ההכרה, הלב, הם החלקים העיקריים שדרכם אני מנסה להבין בלי מאבק.

עומס נפשי־רגשי עולה מהשדה הנפשי־רגשי.

עומס מייצר "אנרגיה שלילית", המתקיימת בכל מיני תצורות כמו כעס, עצב, קנאה, עוקצנות, לחץ וכו'. עומס חווים, בדרך כלל, בצורה של הצפת רגשות שליליים - בתנועת גל, שעולה מלמטה למעלה. גם מחשבות נושאות עומס מייצרות "אנרגיה שלילית" וגם ייחוסים, תפיסות ופרשנויות. הקשב שלי נחסם וכל אלה משפיעים על ההתנהגות בפועל. למשל בדיבור - באופן שבו אני פונה לאחר, איך אני עונה, מה אני אומרת, מה אני לא אומרת ובכלל מה שמשפיע על כל האינטראקציה שלי עם האחר. את המהות אני מפעילה מלמעלה למטה. מהראש אל הלב.

איך?

על ידי כך שאני פועלת מציר הראש, כלומר, משדה החשיבה ושדה ההכרה יחד. דרכו אני לומדת וגם צופה על המתרחש ואז מיישמת את הלימוד הרוחני הלכה למעשה.

כלי ההתקרבות

דְּעִי לָךְ שֶׁתָּמִיד יֵשׁ דֶּרֶךְ חֲזָרָה
לְעַצְמֵךְ
לַשֶּׁקֶט הַנַּפְשִׁי שֶׁאַתְּ מְיַחֶלֶת לוֹ
לְשִׂמְחָה, לְאַהֲבָה.

זִכְרִי בְּכָל בֹּקֶר כְּשֶׁאַתְּ קָמָה
שֶׁיֵּשׁ מִי שֶׁמַּשְׁגִּיחַ עָלַיִךְ בַּדֶּרֶךְ
וּמַקְשִׁיב לַלֵּב שֶׁלָּךְ
מְקַבֵּל אוֹתָךְ בִּזְרוֹעוֹת פְּתוּחוֹת
וְעוֹטֵף אוֹתָךְ בְּאוֹר.

חִשְׁבִי עָלַיִךְ מַחְשָׁבוֹת טוֹבוֹת
תִּרְצִי טוֹב בַּעֲבוּרֵךְ
וְאִם עוֹלֶה בָּךְ גַּל עָכוּר
כָּעוּר, סוֹגֵר, פּוֹצֵעַ
תְּנִי לוֹ לַחֲלֹף מִבְּלִי לַחֲשֹׁשׁ מִפָּנָיו
מִתּוֹכוֹ יַפְצִיעַ
פֶּרַח לֵב הַזָּהָב.
דַּבְּרִי עִם עַצְמֵךְ שִׂיחוֹת שֶׁל חִזּוּק
פַּזְּרִי חֹם, שִׁלְחִי לוֹ חִבּוּק
שִׁירִי לָךְ שִׁיר שֶׁעוֹשֶׂה לָךְ שָׂמֵחַ
רִקְדִי אִתּוֹ בְּחֶדְוָה, בְּעֶדְנָה אוֹ בִּתְשׁוּקָה.

וּכְשֶׁתַּרְחִיקִי נְדֹד
בְּמַחֲשָׁבוֹת, בְּדִמְיוֹנוֹת
הַחֹשֶׁךְ יִגְבַּר וְתַרְגִּישִׁי קֹר
הִתְעוֹרְרִי וְחִזְרִי חֲזָרָה לְעַצְמֵךְ
לְחַיַּיִךְ הָאֵלֶּה
כָּאן וְעַכְשָׁו.

תַּזְכִּירִי לָךְ שֶׁאַתְּ חֲזָקָה מֵחֻלְשָׁתֵךְ
וּבִכְלָל דְּעִי שֶׁיִּהְיֶה בְּסֵדֶר
גַּם אִם עַכְשָׁו נִרְאֶה אַחֶרֶת
הַכֹּל יִהְיֶה בְּסֵדֶר
אַתְּ בְּתוֹךְ הַחַיִּים בִּפְנֵי הַחַיִּים
קְרוֹבָה תִּהְיִי לְעַצְמֵךְ.

ראשית הלימוד היא בהתקרבות, בתיקון הקשר עם העצמי. כשאני במאבק אני דוחה, מתרחקת. כשאני בקבלה אני מתקרבת. ההתקרבות בלימוד היא בהיכרות עם המהות והעומס האישיים. כל אחד ואחת נושאים את שני החלקים הללו, שמתקיימים בנו בכל זמן. לפעמים הם מתערבבים ביניהם ואנחנו מתקשים להבחין במהות הטובה שלנו, כי העומס נוטה להשתלט. לכן עלינו לזהות את הערבוב וההפרה ולשים מחיצה, להפריד בין הטוב לבין המיותר, בין הבנוי למופר. כשאנחנו דוחים את העומס שלנו, את החלקים החלשים שבנו, אנחנו נגד עצמנו. ההתקרבות היא להכיר ולקבל את שניהם כמקיימים אותי יחד כאדם שלם ולהחזיק בהבנה זו כל הזמן.

כשהמערכת מזהה הפרה, היא יוצרת התנגדות ומבקשת להשיב את האיזון ואת החלק המופר למידתו. עד שלא יימצא פתרון "מניח את הדעת" למערכת הנפשית, היא תמשיך לייצר התראות והתנגדויות, כי העומס ישוב ויעלה מתוכה.

כשהעומס עולה במערכת, הוא בא באינטראקציה מסוימת מול אחר, מול ניתן פנימי או חיצוני. מול האחר - כל אדם שאני פוגשת הוא פוטנציאל לשיקוף חלקי נפש. ניתן חיצוני הוא אירוע או מספר אירועים, כלומר, מצבים או אירועים חיצוניים לי שיש להם השפעה ישירה או עקיפה עליי, גם אנשים. ניתן פנימי יכול להיות כל תנועה נפשית, שמייצרת אינטרוספקציה ובה אני פוגשת את העצמי.

יש עומס שקל לזהות ואיתו מתחילים, בדרך כלל, את העבודה ההכרתית. הוא משתקף במרכיב הכעס מול המשלים שלו - מאור הפנים.

לפעמים אנחנו לא ממש יורדות לסוף דעתו של המנגנון המשוכלל הזה. באופן אוטומטי אם משהו מעורר בי כעס, התנגדות, המערכת האישית תנסה לאתר את "מקור הבעיה", את הסיבה או האדם שגרמו לכך ושם תחפש תשובות. היא תגיב למה שנדמה לה כמקור שיצר את התגובה הפנימית שלי.

זה מנגנון חשוב מאוד, אבל הוא טוב באופן חלקי. הוא מעולה כמנגנון התראה, ששומר על הקיום היום יומי, אך הוא צר ומוגבל ונועד להרחיק אותי מייד מכאב. הוא לא נותן לי את התמונה המלאה, את האפשרות למרחב התבוננות שהזדמן לי. אם אני לא מודעת לחלקיות של התפיסה שלי את המציאות זה עלול להזיק יותר מלהועיל.

כלי ההתקרבות מסייע לנו גם במערכות יחסים, בזוגיות, מול האחר המשמעותי, כיצד?

אם אני אומרת שאני מוכנה לקבל מהאחר רק את הצד הטוב והמהותי שבו, אבל כלפי העומס שלו אני מפנה התנגדות, דחייה, מרחיקה, מאשימה - למעשה אני לא מקבלת אותו בשלמותו.

לא לכל דבר צריך להסכים. אם יש מישהו שבאופן מכוון מפנה רוע ופגיעה ישירה בך - הישמרי לנפשך - התרחקי ושמרי על עצמך מכל משמר.

אולם בדיוק כמו במערכת האישית שלך, גם לאחר יש עומס ומהות, חלקים טובים ובו־זמנית חלקים מופרים. לעיתים מרכיב בנפשו יצא מאיזון ואת חווה את מופע העומס הזה שיוצא ממנו ותוצאותיו. זה קשור אליו ולקשייו, לתיקונו, לא אלייך, לא כלפייך, לא בגללך ולא נגדך.

להבין שזה מתוך עומס.

"...כאשר לא משתמשת בבינתה, מריבי הנפש שלה המיותרים משתלטים עליה והיא באותו זמן חושבת שהיא לבד צודקת. לכבד את רצונו, רצונם והתחזקות מהתנגדות כדחייה זו אשליה, זו ירידה והצטברות בירידה, למנוע זאת על מנת שתהיו באמת בהבנה."

אני יכולה לראות את בן הזוג שלי במצב לא טוב, למשל, כועס או מתוח, קצר בתגובות שלו ולבחור לקבל את זה, לקבל אותו בכעס

שלו. לפעמים זה יהיה מופנה כלפיי. חלק מללמוד לחיות ביחד הוא לנהוג באורך רוח למצבים של קוצר רוח.

כיצד?

אני יוצרת הפרדות, שיוצרות מרחב שמביא לחיבור. מייצרת הפרדה בין השדה הנפשי־רגשי שלו לשדה הנפשי־רגשי שלי ולוקחת מידת רוחק. מידה זו מאפשרת לנו מרחב להביא את המערכת שלו ואת המערכת שלי לרגיעה. אני לא מתערבבת עם העומס שלו, גם אם הופנה כלפיי. לפעמים מתרחקת ממש פיזית - יוצאת מהחדר למקום אחר.

זו נתינה הכרתית מלאה בחסד, ברגש כלפי הקיום שלו, ברצון לדבוק ולהתחבר לטוב ולאור שבו עם הטוב והאור שבך. אז את ממתינה שהצל יחלוף מעל ליבכם הסוער.

באורך רוח, בדיוק כפי שהייתי מבקשת שיפנה אליי, כשאני "מאבדת את זה". כועסת, פולטת פליטת פה מצערת, מרימה קול ואחר כך מצטערת.

האם הייתי רוצה שיראה אותי ככזו כל הזמן? זו מחשבה של העומס, אז אני מתחמת את ההתרחשות הזו, לא מייחסת לעצמי או לו באופן אוטומטי (האשמות), לא ממהרת למצוא פתרון, להצטדק, להיגרר אחר העומס שזה מעלה בי.

יש פה נתינה הדדית, כמו השורש נ.ת.נ, שמהסוף להתחלה ומההתחלה לסוף זו אותה מילה, אותה פעולה, הדדיות, משהו טוב שאני עושה יביא טוב עליי, עליו וגם ממנו אליי.

זה מאפשר פתיחות במידה בתוך הקשר הזוגי, ובזמן רגיעה אפשר יהיה לשבת ולדבר על מה שקרה, לתת מקום, ללבן את הדברים, להבהיר, ליצור מרחב חיבור וסליחה.

התקרבות זה להבין שיש פה משהו שהאחר כרגע מתמודד איתו.

לפעמים הוא עצמו לא מודע לכך או לא מודע לשורש הבעיה, ואני מבחינה שזה חריג. זאת לא התנהגות יום יומית, שאז באמת נדרש תיקון יסודי והתייחסות שונה. לבחור בטוב בזמן לא טוב זה חסד.

לקחת מידת רוחק ולהמתין להבנה טובה, שתבוא ממהות חוזרת גם אצל האחר, שתביא התקרבות. לפעמים לוקח זמן, אז להמתין.

"באיזו מידה תתקרבי ובאיזו מידה לא תתקרבי, הווה אומר תכבדי, לא תתערבבי עם השדה של השני ומקומו. אם הוא פונה יש לך רשות. עיניים ואוזניים לא יתערבו לבקר אותו, למצוא פגמים, אלא תראי את חולשתו ותתקרבי לטמון בו - חיים טמונים בו."

לכבד את הקיום של האחר, לא להתערבב, לא לחפש חולשות להיאחז בהן, להוכיח. להבין שיש פה חולשה ויש גם חיים בתוכה.

כלומדת וכמורה האתגר שראיתי מול עיניי היה לתחם ולהפריד בין שתי המערכות הזוגיות שחוויתי בחיי, כשני עשורים כל אחת. הראשונה בוסרית, פגועה, חסרה ונוקשה והשנייה בוגרת, מבורכת, מכבדת ומתקנת. השתקפויות צצות ועולות מטבע הדברים, אני נושאת את שתיהן ומתקנת בשתיהן, ערה לתהליך המקביל שעושה בן זוגי. התיקון נעשה בכל המערכות שאנחנו מתנהלים בהן, גם עם אנשים משמעותיים לנו, שאינם לוקחים עוד חלק פיזי בחיינו. תיקון קשר יכול להיעשות גם כאשר האחר עבר מהעולם, וגם מול פוגע אקראי.

כלי ההבנה

הבנה היא מחשבה שנושאת עיבוד קוגניטיבי ומגיעה ביחס להתרחשות כלשהי. מה הבנתי ממה שקרה? מה הבנתי ממה שנתקלתי בו? מה הבנתי על עצמי בדיעבד? מה הבנתי על האחר?

כלי ההבנה מורכב מארבעה חלקים: זיהוי, קליטה, תיחום והפרדה - בסדר הזה.

השלב הראשון בהבנה הכרתית מתחיל בזיהוי העומס - למה חשוב לי קודם לזהות את העומס?

לזהות פירושו להבחין ולהכיר. אני מוזמנת להכיר בו ואותו - זה העומס שלי, כך הוא נראה, כך הוא מרגיש ללא שיפוטיות. הוא חלק ממי שאני, מעצמי. להכיר זה גם להתקרב, הוא "עומס" והוא מיותר לקיום האישי שלי. המשמעות היא שזה הדבר שפוגע בי, מחליש אותי.

הלומדת מתחילה לזהות את העומס שלה, לראות את הגוונים שלו, איזו צורה יש לו, איך הוא נשמע. מה באינטראקציה עם אחרים קשור לעומס ומייחד אותו.

הלומדת מגלה דרך הלימוד, שהעומס גם אם קיים בתוכה הוא משני לקיומה, בעוד שהמהות היא העיקר. מתחיל תהליך של קבלת העצמי כמכלול הנושא את כל המרכיבים והוא השלם.

אף אחת לא מעוניינת בעומס הזה, אבל לפעמים לא ברור לנו, שאנחנו פועלות מתוך העומס. אנחנו חושבות שאנחנו פועלות נכון ולמעשה נשארות בתוך הסבך.

השלב הבא הוא להבין, שכשאני מזהה את העומס, למעשה, אני נמצאת כבר בחלק המהותי, הבונה והטוב שלי, כי אני כבר מתבוננת עליו, כביכול מבחוץ ומתחילה צפייה הכרתית.

לעומס יש יותר נוכחות ברגש והרבה פעמים בלימוד הוא נקרא גם עומס נפשי-רגשי. המהות באה מתוך הבנה מתחילה, הנמצאת בהכרה שעושה את הזיהוי, זה כבר שייך לתפיסה ולציר הראש.

יש פה היררכיה נפשית נלמדת, שמתחילה לפתח מבנים הכרתיים באמצעות מנגנון מעודן ומתוחכם בפנימיות הנפש. המנגנון קשור קשר הדוק להתבוננות ולקשב.

אם כך, ברגע שהמערכת זיהתה את המתרחש כעומס נפשי-רגשי,

יתחיל תהליך שתכליתו להביא את המערכת לרגיעה ואיזון דרך התקרבות.

לעיתים כל מה שנדרש הוא "לתייג" את הסיטואציה שאני חווה כעומס נפשי־רגשי וזה לעצמו יניע תהליכים פנימיים ליצירת איזון. אלה תהליכים הקשורים, בין היתר, למנגנונים לשימור העצמי, כלומר, כשיש זיהוי שמשהו לא טוב - המערכת הפנימית תנסה לשנות, לתקן, להבדיל מהתיקון האוטומטי של השלכה או הדחקה. הזיהוי יגיע מהכרה ערה להתרחשות ותבחר להמתין ולבחון את ההתרחשות בטרם תגיב.

לדוגמה: התקשרתי לבטל כרטיסים להצגה. המוקדנית בתיאטרון אמרה שאי אפשר לבטל מאחר שזה בפרק הזמן שסמוך להצגה. מייד כעסתי, כי לדעתי הסיבה שלי הייתה מוצדקת גם אם היא לא עומדת בתנאים. בן זוגי אמר לי שזה מה שיקרה, מה שהכעיס אותי יותר. הרגשתי שאני עומדת להתפרץ ולהוכיח את צדקתי בכעס, כפי שעשיתי קודם לכן מול בן זוגי.

אם הייתי מתפרצת, הייתי מגיבה דרך הכעס שהשתלט עליי. לעומת זאת, אם זיהיתי שאני בעומס עליי להמתין, לנשום, לדייק. אני מבינה באותו רגע, שהלחץ בתוכי לא בריא לי ואני בוחרת כל דבר שישיב לי את השקט הנפשי שלי. אם ארגיש שכבר נרגעתי ואני יכולה להסביר מבלי להתפרץ או להוסיף לחץ, אפשר שאבחר להציג שוב את הצד שלי או אולי לוותר. בכל מקרה התגובה שלי תהיה ממהות מדייקת כפי יכולתי באותו זמן.

כשמושגות הבנות מתקדמות והלומדת עוברת תהליכי בירור עם חלקי הנפש שלה, דווקא הלב הבינתי החם, החכם, אותו לב השב לכוחו, הוא זה שיודע לעשות את עבודת ההתקרבות ו"לשכנע" את העומס המזוהה על ידי ההכרה להירגע, לחוס, לשחרר.

בראשית הלימוד יש בי התנגדות לעומס ולחלקי הנפש הצרים בתוכי. אני לומדת לזהות אותם, להתבונן בהם מבלי להפעיל דחייה. להכיר בקיומם של חלקים פחות נחמדים באישיות שלי, בחיים שלי, ודאי בתוך האחר. עליי לרשום אותם ולהתחיל לתת להם מקום.

הרבה פעמים כשעולה העומס יש לנו נטייה להדחיק אותו, לדחות אותו או להשליך על האחר. לדחות את עצמנו בחולשתנו, להיות ביקורתיות מאוד, לדרוש הרבה, לצפות לאיזה מצב רצוי מסוים ואז להפעיל קצת יותר מדי לחץ. אנו הופכות להיות המבקר והשופט הכי חמורים של עצמנו ושל האחרים.

אם אני תופסת את עצמי כאדם מסוגל ובעל יכולות, שמצליח להביא אותן לידי ביטוי בעבודה, להשפיע במעגל החברתי שלי, קשה לי להבין איך מול האנשים הכי קרובים אליי - מול בן הזוג, מול הילד, מול ההורה שלי, אני לא מצליחה? למה זה מסובך כל כך? רגיש כל כך?

לדוגמה: לומדת שהגיעה לקבוצת הלימוד המתקדמת, אישה חכמה ומצליחה, בעלת מרכז טיפולי עם מספר מטפלים ומטפלות. בחייה האישיים זכתה לנחת בקשר עם שניים מילדיה ובן זוג אוהב וקשוב. לעומת זאת, עם ילדה השלישי התקשתה מאוד. לטענתה, לא היה דבר שזרם, הוא היה שונה, הגיב אחרת מילדיה האחרים, אבל לא באופן שיכלה להסביר או להבין על פי התיאוריות שיישמה בחייה הפרטיים והמקצועיים.

גם הקשר עם אימה היה טעון, הפעם לא מהחסרה כי אם מהפרזה. בהיותה בת יחידה, האינטנסיביות בקשר ביניהן יצר אצלה התנגדות לאהבה הרבה והחונקת של אימה. זה וגם זה יצרו בה תחושת אי נוחות רבה.

עם הזמן הבינה את השיקוף שעלה בינה לבין בנה ואת הקשר

ההשלכתי שיש בין המורכבות ביחסים עם האם לבין היחסים עם בנה (קשר הפוך - ריצוי שלה את האם מול התנגדות ומאבקים עם רצון הילד).

הזיהוי, התיחום וההפרדות אפשרו פתיחת זוויות ראייה חדשות והורדת המתח והלחץ ביחסים. הדיוק היחסי אִפשר מידת רוחק ששמרה על הטוב שיש בקשר בינה לבין אימה ובינה לבין בנה וניקוי החלקים המיותרים שעלו לתיקונה.

כאשר הייתה קשובה לליבה, נתנה מקום לתחושות שעלו בה, כמו הדחייה לפני מפגש עם אימה האוהבת והמצפה לה, היא הבינה שהיא עושה במאמץ. נפגשת ונותנת לא לפי רצונה ויכולתה, כדי שלא לפגוע באימה, אך למעשה זה יצר תוצאה הפוכה. הנתינה היתרה שלה כלפי אימה ומולה הדרישה האימהית לזמינות מיידית ואוטומטית, יצרו בה דחייה.

התיקון שלה מול האם היה במרכיב הנתינה והדיוק בו. מול בנה המרדן היה שיקוף לעשייתה המרצה מול אימה וערבוב נוסף עם עבודתה ותפיסתה העצמית.

ההבנה שלא תמיד הדברים פועלים לפי סיבה ותוצאה, יש שונות ואין לנו אחיזה בתוצאות. לשחרר את האחריות המוחלטת על מה שקורה ולחזק את האמונה הפשוטה בטוב שמתקיים בכל זמן.

פרפקציוניזם, אפס טעויות, יעדים ומדדים, הצלחות - אלה מאפיינים את החיים בעולם המודרני. סטנדרטים נוקשים, שהציבו בפנינו לעיתים כבר בילדותנו. לפעמים נוצרת נטייה לדיבור עצמי שלילי וככל שאני "יורדת על עצמי", ככל שאני דורשת מעצמי הרבה מעבר למה שאני יכולה - נוצר פער, מתח פנימי, תחושה של חוסר שביעות רצון, חוסר סיפוק, דחייה עצמית, מאבקים, ירידות של הנפש. זה משהו שאני מתקשה לקבל.

"קודם כול לא לדחות את דמותך דרך דחייה והתנגדות בזמן משגה, אלא להיות יותר גמישה. הקפדנות מצרה, מקשה, מצריכה הרבה כוח."

למעשה, אני כועסת על עצמי, לא מקבלת את הפרדוקס הזה, לא מאפשרת לעצמי את המקום הזה שאומר שלשגות זה גם ללמוד, שלקבל את החלקים הפחות טובים זה מחזק, שלהרפות ולשחרר זה כוח, שיש לי אפשרות לבחור אחרת - זאת התחלה של שינוי הפרדיגמה.

שינוי פרדיגמה – ממלחמה לשלום

בכל מקום שמרגישה שאני נמצאת בהתנגדות, דחייה או מאבק, שיוצרים בדרך כלל סטרס בתוך המערכת האישית, אני בעומס נפשי־רגשי, אני במלחמה. מהות מבקשת שלום, הלב מבקש אהבה והנשמה אחדות.

מה מייצר עומס נפשי־רגשי?

אצל כל אחת משהו אחר, כל אחת וייחודיותה. התוכן שונה, אבל ההרגשה היא אותה הרגשה. אינטראקציה עם ניתן, שמייצרת התנגדות בתוך המערכת האישית, כלומר, יש משהו שקורה ואני נעצרת - לא מקבלת אותו או דוחה אותו/ נאבקת בו/ נסגרת בפניו/ חוסמת. המנגנון הזה מגן עליי מאותו ניתן.

במהלך יום שגרתי יש דברים שאני מקבלת או לא מקבלת, זה טבעי וטוב. מותר להסכים או להתנגד, אני לא מקבלת כל דבר. לקבל כל דבר גם אם אינו לרוחי - ודאי מייצר עומס.

יש מצבים שגרתיים שבהם מתבקשת החלטה, יש לנו שיקול דעת. אם זה מתאים לי - ממשיכה, אם זה משהו שאני מתנגדת לו, אשים בצד ואברר.

ביום יום זה בסדר.

מה קורה כשזה מול אדם בסיטואציה שמפעילה אותי רגשית?
אז אני מרגישה התנגדות. היא יכולה להיות למשהו שהוא אמר
באופן כללי או למשהו שהוא אמר לי. התנגדות יכולה להיות לא
רק לתוכן, אלא לאדם עצמו. משהו בו גורם לי להתנגד, משהו בו
מעורר בי את זה. בדרך כלל בבסיס ההתנגדות יש דחייה, רגש
שלילי, ואז אני דוחה את האחר או מפרשת את ההתנהגות שלו
כדחייה אותי.

דוגמה: שלחתי הודעת וואטצאפ לחברה והופיעו שני קווים
כחולים, זאת אומרת, שהיא קראה אבל לא ענתה לי. חלפו
שעתיים ואני מפרשת מתוך המשמעות שנתתי לזה. תחושת
הדחייה שעלתה בי: "היא לא רוצה לענות לי, היא לא קשובה
אליי, לי זה ממש חשוב והיא לא מתפנה וחוזרת אליי, אני לא
חשובה לה מספיק" וכו'. אך אין לי באמת מושג מדוע היא לא
ענתה לי.

יכולות להיות כמה סיבות לכך.

זהו עומס שעולה בתגובה להודעת וואטסאפ שנשלחה ואולי
נקראה, אך לא זכתה למענה כבר שעתיים, הכול השערות.

על מה נסמכות ההשערות?

לפעמים על סמך ניסיון העבר, על תוכן ההודעה שנשלחה, על כמה
הדבר הזה קשור לרישומים של חוויות חסר מילדות, המגיעים
מתחת לסף ההכרה שלי ומפעילים אותי, ליחס האישי שלי כלפי
אותה חברה וכמובן לייחוסים שאני עושה - הכול נכנס לתוך
המקום הזה ומתחיל "סרט דמיוני". הפרשנויות מושפעות ודאי
מהמצב הנפשי-רגשי שלי בזמן הזה.

נניח שזו חברה שיש לי איתה באמת עניין של חוסר הבנה או משהו
שיש לי התנגדות אליו. קרה בינינו משהו ויש לי חשד סביר שהיא
לא עונה, כי הנושא טעון.

כמה זה מפעיל אותי? כמה זה מערער אותי? כמה זה מייצר אצלי מחשבות מטרידות - תלוי ביכולת שלי להיות ערה לקיום שלי באותה סיטואציה.

מה אני יכולה לעשות כשמצב כזה קורה?

אני מרגישה שזה מסעיר, מטריד אותי, מה זה מפעיל אצלי?

את העומס הנפשי־רגשי, כמובן.

מי שחוותה דחייה, חוסר קבלה, חום ואהבה, חוסר הקשבה, המקום שלה בילדות לא נשמר, בחוויה הילדית יש חוסר והתניות, תחווה שיקוף שלהם בחוויה הבוגרת שלה, כשתיקלע לסיטואציה כזו, שהאחר לא מגיב. זה מייד יעורר את מרכיב הדחייה בתוכה ומשם את הפרשנויות. זה רגש עמוק, שמערער את הקיום האישי ובמקורו לא מתווך שכלית.

זה מעורר את החלק "שלא רואים אותי", חלק פגוע שנושא אופי כזה. זה לא זיכרון של אירוע מסוים בהכרח, אלא משהו כללי שהגוף זוכר, שהלב זוכר. משהו מעורר בנפש רישומים של תחושות חוסר ביטחון וקבלה. ככל שהזמן עובר והחלק הזה לא מאוזן, הוא יורגש היטב בחוויה היום יומית שלי.

אני לא אחווה את זה במושגים האלה, אבל יש לזה אופי כזה. זה נושא את התנועה הנפשית של דחויה וכמובן מעורר מאבק. מאבק פנימי, כי במהותנו אנחנו רוצות אהבה, שייכות וקשר חם וטוב עם עצמנו וסביבתנו.

אם אפעל מהמקום הזה אני עלולה למצוא את עצמי, למשל, מדברת בכעס רב לחברתי כשהיא תתפנה סוף סוף לענות לי. אני יכולה להפנות את הכעס כלפי עצמי, על המחשבות השליליות שעולות בי, על חולשתי שנגלית לי, על ההזדקקות שלי אליה ועל ההשפעה של ההזדקקות הזו עליי. המשך ההתעסקות

בתכנים שאינם קשורים למציאות, אלא למציאות מדומיינת, שמוסיפים להזין את המאבק הפנימי בין האופציות שייתכן ויש "הצדקה" לחוסר המענה עד כה - סיבות מוצדקות, ואולי לא וחברתי באמת דוחה אותי - זה המאבק שבנפש. הוא עולה בי, מתפשט וגוזל ממני כוחות נפש, בסך הכול הודעה שלא נענתה בוואטסאפ.

התיקון ההכרתי

מה הכנסתי למקרה הזה ומה הקשר להכרה מתפתחת?

ההכרה מתפתחת החל מזיהוי המקום בו אני נמצאת, בתוך עומס נפשי-רגשי. אני אומרת לעצמי - את בעומס! זה מעורר אותך, מפעיל אותך, מקשה עלייך. הרבה פעמים מעצם הזיהוי והעלאתו למודעות כבר מתחיל תהליך של תיקון, שימור המערכת ורצון להימנע מכאב נוסף.

לזהות את זה - יש פה משהו שמעורר בתוכי סערת נפש ולא טוב לי.

יש לי הבנה מתחילה, שעומס מיותר לקיום!

הבנה ראשונה - אני בעומס - זיהוי;

הבנה שנייה - העומס הזה מיותר לקיום שלי.

1. זיהוי

2. הכרה בו כמיותר

למה חשוב לזהות עומס ולהגיד שהוא מיותר?

האם זה לא ברור, שהמחשבות השליליות, הרגשות השליליים, הפגיעות הרבה - הם מיותרים? זה מחליש?

ראשית, לא תמיד אני חושבת שזה מחליש. אני עסוקה כל כך

בקונקרטי - בלחשוב כמה אני צודקת וכמה היא לא, מה היה באותו רגע, מה קדם לזה, מה אני אגיד לה, מה היא אולי תגיד לי - זה מרגיש חי ואמיתי. אני עסוקה במחשבות בתוך עצמי, שכדאי לי להתכונן לשיחה הזאת.

אני חושבת שאני עושה הכנה נפשית, שתביא אותי לפתרון הכי טוב, למה שאני חשה כרגע או לשיחה שתהיה לי עם החברה כשתחזור אליי. לפעמים אני בטוחה שאני מתמודדת היטב עם הסיטואציה, שאני מרכזת את כל כוחות הנפש שלי להתמודדות ושזה בא דווקא מהחוזק שלי. האנרגיה (השלילית) שזורמת בי, נותנת לי תחושה של חיות, של עשייה.

אומנם זה מחליש אותי אחר כך, זה מעצבן אותי, אבל ברור שזה מעצבן, כי היא מעצבנת! כי היא עשתה כך וכך והיא לא עונה לי - חוזרת לקונקרטי. מתחילה לייצר המון הצטדקויות לזה שזה מסעיר אותי, משליכה ומאשימה.

זה העומס, זה הדיבור הפנימי של העומס שמצדיק "ברור שארגיש ככה", זאת הצטדקות, "היא לא עונה לי כבר שעתיים..." ברור שזה מפעיל אותי וכו'.

כל זה בראש שלי, בדמיון. פתחתי מלחמת עולם בראש שלי. אני עושה את זה לעצמי, כולנו עושות את זה לפעמים, מסתבכות בתוך עצמנו.

"...וכשלמדה מבינה, תדע כמה ההצטדקות מחסירה ממנה, כמה אינה מכבדת את מקומה. הלימוד מחזיר את הקשר עם עצמך לא דרך כל פיתולי המיותר, אלא הכרה לקשר בינך לבין החיים. את בפני החיים בתוך החיים לקיום עצמך, יש לך זכות לקיום מבלי להצטדק."

כשאנחנו פועלות מתוך חולשה והחסרה, נמצא את עצמנו הרבה פעמים מצטדקות מול האחר. התיקון הוא להשיב את האמון בחיים

שיש בהם טוב עבור הלומדת מעצם הקיום ומהמיותר להיפרד. להכרה לוקח פחות זמן להשתנות מלרגש.

להכרה זה מהר, כי יש לנו יכולת, כאנשים אינטליגנטים, להבין יחסית מהר וגם דבר מתוך דבר.

אני יכולה להסביר, להראות מבנה, תרשים זרימה, להסביר את הרעיון שמאחורי הדברים. אם אתן דוגמה, כל אחת תוכל להתחבר לזה מהמקום האישי שלה, להבין משהו.

כשהלב נפגע הוא מתכווץ ונסגר ולוקח הרבה יותר זמן לשחרר אותו, לכן חשוב קודם כול לזהות את המאבק הזה בנפש כעומס וברגע שאזהה את העומס ככזה, לא משנה התוכן, לא משנה מה יש שם, מה יש בסיפור, מה העלה את כל הדבר הזה - אגדיר אותו כמיותר לקיום שלי.

את יודעת שהדבר הזה עושה לך רע, מחליש אותך - תניחי לזה! תניחי לזה! הבריאות שלך חשובה הרבה יותר.

עד שלא אגדיר את העומס ככזה, כולל את ההצטדקויות, כולל ההשלכות על האחר, עד שלא אזהה אותו כעומס נפשי-רגשי שלי ואבין שבאחריותי ובכוחי לשנות את המצב הקיים אך ורק מתוך עצמי, לא יתחיל תהליך של ריפוי. תהליך שחרור האחיזה של הנפש במיותר. אני אחווה כאב לבבי, סבל. כשאזהה ואכיר בעומס שלי כמיותר, אתחם אותו ואאפשר לעצמי לנוח שם בהמתנה להבנה חדשה. בנקודה זו אני כבר מורידה את עוצמת הלחץ והמתח בגוף. מעצם ההעלאה למודעות והחיבור להכרה ולמהות המבקשות טוב עבורי, אהיה קצת יותר רגועה מול הסיטואציה. מרחב חדש ייפתח לי, אהיה במידת רוחק מהעומס שלי ומחוברת יותר לציר כוחי.

כשאני פועלת מהכרה ערה, לא שופטת או דוחה את המתחולל בתוכי, את החלקים העמוסים שלי, זה אומר שהצלחתי לקחת מזה

מידת רוחק לצפות על עצמי ועל הסיטואציה מפרספקטיבה רחבה - אז אני מדייקת, אני במהות שלי.

כשאני במרחב ההכרה המגיע עם התחלת יישום הכלים ההכרתיים, אשתמש ביכולת האינטרוספקטיבית שלי - אתבונן על עצמי ועל האחר לא מתוך מאבק, אלא מתוך התקרבות, מתוך רגש חם לקיום, מסקרנות להכיר את עצמי באמת וזה יפתח פתח לקבלה ולהשלמה.

זיהיתי עומס, המתנתי, לקחתי מידת רוחק, מתבוננת על עצמי, הכרתי במיותר - אני כבר במהות שלי, כבר עושה פעולה מתקנת. משכתי את עצמי מתוך המערבולת, מעין הסערה ויצרתי מחיצה בין החלק העמוס בי, המפר, לבין שאר החלקים הבנויים המתקיימים במציאות באותו זמן. זה מאפשר לי להמשיך בשגרת יומי באופן מניח את הדעת, להתחבר לכל החלקים הטובים שבי, שמקיימים אותי בנפרד מההתרחשות הספציפית המפרה. לא נותנת לאירוע אחד להעכיר את כל מה שכרגע עסוקה בו.

כשהמערכת נרגעת ונינוחה יותר היא בהמתנה להבנה טובה, למחשבה טובה, שאני מפספסת כשאני בסערה, מפוזרת. ייתכן ויתגלו פרטים, שבסבירות גבוהה ישפיעו על הסיטואציה, ייתכן ויש סיבות אובייקטיביות שמונעות מחברתי לשוב אליי, אז אניח לזה.

אם יש קצר בינך לבין מישהו אחר ואת רוצה לפתור את זה עכשיו. לך יש את הרצון והמסוגלות לברר זאת עכשיו, אבל ייתכן שלאחר עוד אין, ויש לכבד אותו. לכבד את הזמן הרוחני שלו, את המקום היחסי שלו ואת הקצב שלו. ייתכן שזה המצב גם מול החברה.

ייתכן שהיא לא רוצה להתמודד עם זה עכשיו, ברגע זה. פשוט לא רוצה. יש הרבה סיבות ונסיבות מדוע לא נעניתי. זה לגיטימי. אנושי. גם לגבייך!

גם לך יש את מנעד האפשרויות להגיב או לא להגיב ומתי להגיב על כל סיטואציה.

אם אינך מאפשרת לחברתך את מרחב התגובה, גם לעצמך את לא מאפשרת וזה לתיקונך.

להסכים לכך שלחברה אין כרגע רצון לענות ושזה בסדר, זה בסדר!

כמו שלפעמים יאיצו בך - "עכשיו אני רוצה ממך משהו!" ואת תעני "עכשיו אני לא יכולה" - זה בסדר!! לשמור על המקום הזה, על הגמישות, על הבחירה לפעול או לא לפעול, על הקצב הפנימי שלך, לא ללחוץ על עצמך, לא לתת לזה להשפיע עלייך.

ההמתנה היא מתנה, הגמישות היא ברכה.

יש תהליך של פיתוח מודעות ליכולת שלי לקבל החלטות הנוגעות לאיכות החיים ולחוויות החיים שלי שקשורות בי, לפעמים זה עניין של החלטה, לפעמים לא.

לפעמים אני מופעלת, אבל ברוב הפעמים יש לי מרחב בחירה.

יש לי מרחב בחירה להיאבק או לא.

לא בכל פעם שאני מוותרת על מאבק אומר שאני מוותרת על הקול שלי או מוותרת על צדקת הדרך שלי, או מוותרת על עצמי - זה לא.

לנשים יש נטייה להיות בוויתור יתר, אז אני נזהרת מאוד עם האמירה הזו. יש להבדיל בין ויתור על מאבק לבין ויתור יתר, שלא אדבר עליו כאן, כי זה לא קשור לחלק.

פה זה הפוך.

כלומר, בחלק הזה נאמר לנו שיש ערך גדול והתפתחות גדולה, כשאני בוחרת לפעול לא מתוך מאבק. לא להילחם על המקום שלי כתגובה לתחושה של חסר, כי זאת תגובה מעומס והוא זה שיוצר את המאבק.

לכל אחת יש דינמיקה אחרת, קצב פנימי משלה, אופי תגובה שונה. גם אם אני רוצה מאוד בהתקשרות וגם אם הכוונות שלי טובות, עדיין יש שני צדדים בסיפור הזה.

כשמדובר בי ובמערכת היחסים שלי עם עצמי, ההבנה הזאת ודאי חשובה מאוד. יש את הקצב הפנימי של הנפש שלי ויש מולו את הרצון שלי והם צריכים להיות בסנכרון, כמו הלב והשכל.

ימימה אמרה תעשי את זה בלי מאבק, כשתרגישי באמת שאת ערה להבין בלי מאבק. כשהלב שלך יסכים להצטרף, שזה תהליך, ודאי למי שמתחילה, זה לא קורה ביום.

תרפי ותרפאי

יש משהו שמייצר גם ריפוי וגם צמיחה במקום שאני מפסיקה להיאבק.

היכן מתחיל להיווצר הלחץ? בפנימיות שלי, במחשבה שהכול תלוי בי, שהייתי יכולה בעזרת כך וכך פעולות לשלוט בהתנהגות האחר, בתוצאות המפגש וכו'. אני מפנה את מלוא כובד האחריות למפגש הזה על עצמי, מושכת את הלחצים עליי, אליי, יוצרת מצב שהוא בלתי סביר.

במקביל יש גם התנגדות ללחץ הזה.

בסופו של דבר, אני רוצה שהדברים יבואו באופן טבעי, בנועם.

לזהות בתוכי את המאבק הזה, שמנסה לכפות מציאות ולהבין שזאת תפיסה אשלייתית.

עם זאת, חיזוק הביטחון בעצמי, האמונה בטוב שמתקיים בחיים שלי, האמון שלי באחר, גם אם נפגעתי זה לא אומר שזה נסגר, זה לא אומר שאני לא יכולה לחוות חוויה אחרת. לא להכליל, כי אם לתחום, לפתוח מרחב התבוננות, להבין שיש מורכבות. ודאי כשזה

קשור לזוגיות ועלתה שם חוויה של פגיעות. מתוך השתוקקות למשהו שלא הבשיל, שלא התפתח, שאִכזב - אני נושאת את זה בתוכי ואז זה יכול להשתלט ולפגוע בביטחון שלי שהמציאות תשתנה, שיבוא משהו טוב. יש כל מיני קולות פנימיים וחיצוניים.

אם אני רוצה לייצר שינוי, אנסה לזהות את הקולות האלה, את המאבק ואבחר לראות טוב. הטוב שמתקיים עכשיו, הוא העיקר לקיום.

ההנחיה להרפות, לפעמים לכשעצמה תייצר לחץ על הלומדת המתחילה, כי יש רצון, אבל בפועל אני לא מצליחה ביישום, לא יכולה להרפות.

יש לחזור ולהבין שזה תהליך.

החלק של התיקון הוא בשלבים, צעד צעד. כל פעם משהו אחד שאני לוקחת מהלימוד ומיישמת. אם יש בתוכי מאבק, הוא בא כתוצאה מהתנסות בעבר, מאיזה שהוא קושי שהיה אז - לזהות, לתחם ולהפריד בין עבר לבין הווה. ההתראות שקופצות ומעלות היסוסים, חששות ועיכובים, מגיעות מרישומים קודמים והם מיותרים, מפריעים ולא שייכים למה שקורה בהווה. לזהות את הערבוב, לתחם ולהפריד.

מעבר לזיהוי ולצמצום העומס, ניקוי המיותר, מתרחבת הכרת הטוב וההודיה על היש הקיים בתוכנו, באחר, בחיים. עבודה מתמשכת של תיקון והתקרבות תשיב את המערכת לאחדותה, איזונה, זמרתה. זה תהליך של צמיחה טבעית, יש שלבים, יש מחזוריות ויש סדר מופלא. זה תהליך שמייצר חיבור, שמחה שמבצבצת מתוכי. מתוך תוצאות שכבר ניכרות במערכת האישית, המהות מתפשטת, הלב נרגע, נפתח. לב טוב, עין טובה ובתוך כך מתרחב מעגל ההשפעה וההתקרבות גם לאחר, גם לזהות החברתית, תרבותית, לאומית וגם לאור השפע העליון.

"...מי שחושב לנצח את השני, מי שהשני לא חשוב בעיניו, נפגע. הארץ אוכלת יושביה, כי האדמה בוערת, כי האדמה לא שקטה. מהשלום הפנימי של כל אחד ואם יש שלום פנימי של עוד אחד ועוד אחד, היא שקטה."

השלום מתחיל בנו, בתוכנו.

הריפוי יגיע כהרף עין במקום שנרפה את אחיזת העין במיותר, העין הפנימית והחיצונית. זה יכול להגיע ברגע אחד של חיבור לאמת הפנימית. בכל דיוק, הלב מתחזק ונפתח, ההכרה בונה חדש וטוב ומשחררת ישן ומיותר - חלקי נפש במֵצַר. אני מרפה ונרפאת.

בסוד האחד

אחד משמותיו של הבורא הוא אהבה - בגימטריה 13.

כשהאהבה נענית יש שני אוהבים - אחד + אחד = 26 בגימטריה.

המילה "אחד" בגימטריה = 13, המילה "אהבה" בגימטריה = 13.

שם י.ה.ו.ה = 26 בגימטריה.

בתורת הסוד יש העמקה רוחנית בשם המפורש שלא נאמר בעל־פה ולא נכתב ברצף - הוא שם ה.ו.י.ה ובו סודות היקום והקיום, האחד והאחדות.

"וְהָיָה יְהוָה לְמֶלֶךְ עַל כָּל הָאָרֶץ בַּיּוֹם הַהוּא יִהְיֶה יְהוָה אֶחָד וּשְׁמוֹ אֶחָד."

13 = י"ג מידות הרחמים = א. אל; ב. רחום; ג. וחנון; ד. ארך; ה. אפים; ו. ורב חסד; ז. ואמת; ח. נוצר חסד; ט. לאלפים; י. נושא עוון; יא. ופשע; יב. וחטאה; יג. ונקה (ספר שמות לד, ז).

אהבה ואחד, אהבה אהבה, אחד ואחד.

הקב"ה הוא האחד וכולנו נבראנו בסוד האחד.

אנחנו מדברות בלימוד על האחדות. אחדות החלקים מתוך התקרבות. רצון הלב שלנו להגיע לאחדות חלקי הנפש, אחדות מתוך חיבור לעצמי, לאחר, לעם ישראל דרך "ואהבת לרעך כמוך". דרך האהבה. האהבה היא החיבור לאחד, הוא הקב"ה, כי אין כפייה ברוחניות. ההתקרבות באה לעיתים מצד הגבורה בדרך החסד ועל פי מידת הרחמים. רחמים של הלב, על הלב שלנו, על ליבם של אחרים.

ר' אברהם אבולעפיה זצ"ל אמר, שאנחנו משמיעים את אותם הגאים: אוי, איי, או, אהה - גם כשכואב וגם כשמתנים אהבה. משמיעים את אותם קולות.

אז לא רק שהצלילים נשמעים אותו דבר, אלא שזה שני חלקים של ההוויה - העונג והכאב הם הפכים - אנחנו שואפים להיות בעונג ובורחים מהכאב.

בגימטריה "דאגה" זה גם 13 - דאגה ואהבה שניהם מסמלים את הקִרבה והחיבור.

יש דאגה שהיא במהותה סוג של אמפתיה, דאגה לשלומם של היקרים לנו.

דאגה במידה נכונה המותאמת למציאות וודאי במצב של חוסר, כמו פיטורים, דאגה לפרנסה, מגפה עולמית - אובייקטיבית זה מצב נתון, אך יש את הספיחים, היתר והחסר, ההפרזות וההחסרות, מה שמתלבש על זה - הוא המיותר.

מה מתלבש על הדאגה האובייקטיבית?

מה מיותר - החלק המופר - בהפרזה? מה החלק המחסיר בדאגה, שהוציא אותה ממידתה?

מתי זה הופך להיות עומס, העומס המיותר?

דאגה במשקלה המדויק מייצרת הנעה לפעולה אפקטיבית,

למחשבה שמניעה אותי לחפש פתרון יצירתי ומותאם למצב. כשהדאגה בהפרזה היא מובילה אותי למקומות משתקים, למקומות שמקשים, שמעמיסים עליי, מחלישים - זה המיותר.

המיותר הוא גם החלק הסובייקטיבי המתלבש על מציאות אובייקטיבית המבקשת פתרונות.

ילדים זה שמחה

ילדים לכשעצמם מייצרים הרבה התרחשויות. הם שופעים אנרגיות וחיות, ברוך השם. משמחים את הלב מצד אחד, ומאתגרים אותנו בגידול שלהם, מצד שני. להישאר אדיש או "קול" מול הדבר הזה, זה בלתי אפשרי.

כהורה יש לי תפקיד חשוב בהתפתחות שלהם, ודאי אחריות לגידולם הבריא והטוב. ההבנה שלי את הדרך ויישום התפקיד ההורי מתפתחת ומשתנה. אני נושאת מערך שלם של אמונות ותובנות לתפקיד הזה, שמתקיים בי כל הזמן.

כשילדים מסתבכים ביניהם או בינם לבין עצמם, אני מייד מתערבבת איתם, מתערבת. אני והם אחד, אפס הפרדה, זה אנושי וטבעי.

המקום ההורי וההכרתי שלי מאפשר לי לפעול מתוך מרחב בחירה. דווקא היכולת הרוחנית להפריד את שדות הנפש שלנו מייצר את המרחב הזה. זה לא פשוט ליישם, זה כמו ללכת הפוך מליבת הקיום.

במצבים מסוימים אני בוחרת לא להתערב מילולית, אך עדיין נמצאת במרחב כנוכחת. כהורה יש לי השפעה רוחנית מעצם ההימצאות שלי במרחב המשפחתי. הילד יודע שההורה בבית וזה נוסך בו ביטחון. אני צופה במתרחש, מנסה ללמוד ממנו משהו על הילד שלי, פותחת קשב לרחשי הלב, גם למה שלא נאמר. אני

בוחרת מתי להתערב או מה להגיד, לפי הבנתי הטובה באותו זמן, ודאי בזמן התרחשות פעילה.

כהורה עליי לטפל בילדיי ולספק להם חום, אהבה, תשומת לב, חיזוקים וגבולות. לא תמיד יש לי מושג איך לעשות זאת או פניות וכוחות, ודאי אין לי דרך לשלוט בהתפתחות שלהם או בתוצאות המהלכים שאני עושה מולם. עשי כפי יכולתך, ללא מאבקים והתשה עצמית.

כאם אני מוזמנת ללמוד לקבל את הילדים שלי על כל חלקיהם.

הילדים נושאים אופי משלהם, מתנהגים בצורות שונות, וביניהם יש יחסים כאלה וכאלה. כל אחד מהם עולם ומלואו, כל אחד יחיד ומיוחד, כל אחד עם נטיות הלב שלו, כל אחד עם הברכה שלו, עם האור שלו, כל אחד עם הקושי שלו.

לא משווה - לא לאחרים ולא ביניהם.

מפרידה בין השדה הנפשי־רגשי שלך לשדה הנפשי־רגשי של הילד, בזמן שעומס עולה אצלו גם אם הוא מופנה כלפייך או פונה אלייך.

מזהה שהוא בעומס ומתחמת את העומס להתרחשות העכשווית. נוכחת על מקומך, ממתינה, נושמת. לא ממהרת לענות, להגיב, לפתור. מזכירה לעצמך את הטוב שבו. מבקשת טוב עבורו. מדייקת בנתינה ומאירה אותו מחום ליבך.

אם מזהה שאת בעומס, מגיבה לעומס שלו, מבינה שאת מעורבבת ולוקחת מידת רוחק ששומרת עליו ועלייך. מפנה רגש לקיומכם - בעין טובה, בלב רחום וחם.

הסערה שבליבך מרחיקה אותך מציר כוחך, מושכת למקומות שלא שייכים לזמן העכשווי - עלייך לזהות, לתחם ולהפריד אותם.

כהורה הכרתי אני מזכירה לעצמי שאני ההורה העומד מול הילד שלי בסיטואציה הזו, לא ההורה שלי מולי, לא הילדה הפנימית

הפגועה, החסרה - מולו. זוהי ההפרדה שאני עושה בזמן התרחשות, כדי לדייק ולהיות נוכחת על מקומי.

ימימה אמרה **"לא למלא את ליבך בזיכרון של כאבים שאינם דומים..."**

מתבוננת בתוכי - איך אני מבינה את ההורות, איך תופסת את התפקיד שלי כהורה? האם מאפשרת צמיחה של מקום? כיצד אני מדייקת כלפי הילד שלי? מה זה אומר להיות מחובר לילד?

האם זה להיות כל הזמן בנתינה, בלשפוט כל דבר שהוא עושה כטוב או לא טוב - ודאי שלא.

חום לב, נתינה במידה, גמישות והקשבה, חיבור ליש הנמצא, סובלנות ויצירת מרחב התפתחות.

זה נכון לילד ולהורה כאחד.

ככל שהילד קטן יותר, המרחב יהיה קטן יותר, שמור ומושגח יותר, ועדיין לאפשר את המרחב הזה. להתנסות, להתאכזב, להתעצב, להתגבר, להצליח בכוחות עצמו, מותאם לגילו, כמובן.

זה לא פשוט, כי באינסטינקט שלנו אנחנו והילד אחד. מה שעובר עליו עובר עליי, כל מה שקורה אצלו קורה לי. אנחנו חושבות שזה חלק מהתפקיד שלנו כהורה בכל זמן, בכל תנאי, בכל סיטואציה להזדהות ולקחת אחריות.

אנחנו חושבות שגם השמחה שלו, ההצלחה וההישגים שלו באחריותנו, והדרך שילך בה גם היא באחריותנו. אנחנו מנסות כל הזמן לסדר את זה כך שיהיה הכי טוב שאפשר, שיהיה כפי שנכון, ראוי ומתבקש. שיהיה נטול טעויות ואכזבות, וזה, נשים יקרות, מאוד מלחיץ ותובעני! לא מציאותי, לא מאפשר להורה עצמו מרחב פעולה. לא מאפשר לילד להגדיל את ציר הכוח שלו.

הורה הוא תפקיד מרכזי ומאתגר, הוא תפקיד גשמי ורוחני.

"לא נשארים מחמירים כי אין קפדנות. הקפדנות היא לגשמיות, לרוחניות שהיא כביכול רוחניות. הקפדנות לא באה מהדיוק עם עצמך. ברוחניות יש גמישות, קבלת האחר כפי שהוא. את אינך מתנגשת כדי לחיות, אלא את נותנת לו מקום להתקיים בו ומקומך להתקיים בו גם קיים."

לזכור שכולנו שוגים, כולנו לומדים את מקומנו ותפקידי חיינו תוך כדי תנועה. **לא מקפידים.** לא לסמן מצבים רצויים אידיאליים. להיות נוכחים וערים למתרחש. גמישות היא מילת מפתח מול ילדים ובכלל, כמו גשמי ברכה.

לשים גבולות בנחת, בביטחון, שהטוב ביותר עבור ילדיכם הוא שיבוא. תאמינו שגם אם הדברים לא הולכים בדרך שחשבתן שהיא הנכונה, יש הרבה דרכים נוספות ללכת בהן ובלבד שתזכרו שבכל יום יש לכן הזדמנות לעשות טוב להם ולעצמכן.

תקבלו אותם, תקבלו את מי שאתן, תנו להם את המרחב להתפתח, גם לכן. תגלו אותם ואת עצמכן בסקרנות.

הילדים משתנים, אנחנו משתנות, יש דברים שנכונים עכשיו, וכבר לא מתאימים למחר, אחרי חודש או בסיטואציה אחרת. לזרום כמו מים. מדובר בנשמה מול נשמה, אל תשכחו, אל תדאגו יותר מדי, הדברים מסתדרים, כולנו מושגחות.

ב. עבודת הלב

"ואמורים החלקים הנלמדים ללמד כיצד לשחרר את החלק הסגור מסגירותו. מוסבר לפי החלק, למשל, "לב סגור" מקום קטן קוראים לזה מֵצַר, כי צר. החזרת מקום הלב ולהחזיר את ממדיו וזה נקרא "לב פתוח". לב בפתיחות חוזר למהותו, משתחרר ממצרו, חוזר לנתינה, לכוחו, לשמחתו. לב סגור זה ההפך, יש אפילו חוסר שמחה, עצבות."

יש כאן שני מצבים של החלק הלבבי שלנו, האחד **לב פתוח**, השני **לב סגור**.

איך מרגיש לב בפתיחות?

כשאני נותנת מעצמי ולעצמי בשמחה, באהבה, במאור פנים, במידה. כשאני סובלנית כלפי עצמי כלפי האחר. כשמרגישה את חום הלב, בנתינה ובקבלה. כשקרובה לעצמי, מאפשרת, גמישה.

בלב פתוח יש שמחה מעצם הקיום ללא תנאי.

כשאני בנתינה נקייה כלפיי וכלפי האחר, הלב פתוח ויש יותר שמחה בפנים. אני מאירת פנים, מרגישה מסופקת בעקבות עשייה במידה, גם מאי עשייה, מקבלת. כשנמצאת במקום שעשיתי משהו טוב לעצמי, לאחר וזה משמח אותי, אז הלב שלי נפתח. הלב מרגיש תחושה של נעימות, רווחה, שהגעתי למקום של המהות הטובה. כשאני בלב פתוח, אני נותנת לעצמי. נותנת מעצמי בנתינה מדייקת, זאת אומרת, לא מחסירה במקום אחר. יש לי רצון להיות במצב של השפעה. כשהלב נפתח, אני בפתיחות גם בשביל לקבל. הלב הפתוח משקף את מרכיב הפתיחות. אני פתוחה לחוויה.

כשאני בלב פתוח, אני מסכימה לקבל את עצמי במקומי היחסי, מסכימה לאפשר לאחר להיות במקום שלו. אני, כביכול, מפנה קצת מעצמי כדי לתת מקום לאחר שייכנס. זה הלב בפתיחות. יש

יותר ביטוי לסבלנות ולסובלנות, יש גמישות במערכת, יש רכות ונועם, שחרור והרפיה, שלום פנימי. ליבי באורו.

כשהלב שלי פתוח הוא מחובר לחום הלב. חום שיוצר גם חיים וגם משפיע על האחר, משפיע על העצמי ומעורר את כל החלקים של החמלה, החסד, הרחמים, הסליחה. לב פתוח קורן מאורו ו"**מה שבאור - טהור**" וכמובן שבלב פתוח גם הקשב שלי פתוח. להקשיב לאחר, להקשיב לעצמי, להקשיב כדי לשוב ולקלוט. יש פחות רעשים בתוך המערכת, פחות פיזור. בלב פתוח אנחנו בהתרחבות המהות.

מצב של לב פתוח הוא עצם המהות שלנו.

ולב סגור זה הפוך.

ימימה זצ"ל נהגה להשתמש במשורה במילים שליליות וקשות, היא לא אהבה לשהות במקום הזה. היא אמרה "עומס", "חוסר שמחה", "עצבות".

כשהלב סגור מרגישים תחושת כיווץ, צרות, ריחוק שיוצרים סגירות.

כמו שיש לנו מרחב "פתוח" שקשור למרכיב הפתיחות והוא חשוב וחיוני לתפקוד מערכת בריאה, כך יש לנו מקום "סגור" הקשור למרכיב הסגירות ומשפיע על חלקי נפש. ימימה קראה להם חלקים "חסרי ממדים" או מֵצַר.

לב סגור נושא פגיעות, מאוכזב. יש בו אשמה, אין גמישות, יש קור, אינו מדייק בנתינה, חסר סבלנות, חסר ביטחון ואמונה. השמחה בו מועטה, יש עצבות, הסתגרות, יש צל על הלב, יש קפדנות, ביקורת יתר, שיפוטיות יתר, דרישה, קשב חסום. היחלשות של המערכת, ודאי תוצאות עומס הפועל במערכת לאורך זמן.

הלב הסגור מזכיר לנו את האפיונים של העומס, והלב הפתוח את המהות.

בתהליך ההתקרבות אני לומדת לשאת את ההפכים הללו,

המתקיימים בנו בכל זמן. סתירה בונה. הלב יכול להיות סגור בפני אדם אחד ופתוח כלפי אחרים.

כשאני נמצאת במקום המהותי שלי אז הלב שלי פתוח, המהות מאפשרת לי את פתיחות הלב. כשמקבלת את עצמי כמכלול הנושא עומס ומהות, שוגה ומתקנת, נמצאת בחיבור לכוח החיים. כמובן באופן יחסי, כמובן בחלקיות.

נאמר בלימוד שאין המצבים קובעים למהות, אלא המהות קובעת למצבים. כשאני בלב פתוח, מחוברת למהות הטובה שלי זה מה שיקבע, בסופו של דבר, כיצד אגיב למצבים שאקלע אליהם, שאחווה.

כשמתנה את השמחה, את פתיחות הלב ואומרת "רק אם יקרה כך וכך, אוכל לשמוח", "רק אם הוא יגיד, יעשה, יביא, אפתח אליו, אתקרב", "רק אם אסיים להכין את זה ואת זה, ארגיש שבעת רצון ואשמח מזה" אני לא מדייקת כלפי הקיום.

כשאני בנתינת יתר, נותנת מעצמי לאחר ומחסירה ממני, אני לא מדייקת בנתינה.

מה עוזר לנו להחזיר ללב את כוחו? אורו? שמחתו?

הדיוק.

כל פעם שאעשה פעולה מתקנת בתוך מצב של התנגדות או מאבק, אתקרב לצד ההפוך - לקצת יותר גמישות, קצת יותר התקרבות, מידתיות, חיבור לרצון האישי ההכרתי, לעשייה ולא במאמץ, בהסכמת הלב.

למשל במקרה של פיטורים, הכאב הנלווה להתרחשויות החיצוניות. כשאתקל במשהו שיהיה קשה לי לשאת אותו, תעלה בי עצבות. הכיווץ הוא תחושה של כאב ואז סגירות הלב. זה מצב פנימי שאתכנס לתוכו. על פי רוב, המערכת תחזור לאיזונה באופן טבעי,

אך במקרי קיצון, כשהכיווץ והכאב המיותרים נאחזים בלב, הם יורגשו לאורך זמן.

בחלק הזה ימימה דיברה על התנועה הזאת של לב סגור ולב פתוח, מדוע?

מפני שהלב, אנחנו יודעות, הוא המרכז הרגשי שלנו. העומס מורגש מהלב, גם המהות מחוברת ללב. ההכרה מתפתחת בהתחלה דרך המהות, מציר הראש עם הפעלת הכלים ההכרתיים ואז הלב מסכים או לא מסכים, מסכים חלקית, להצטרף. בהמשך עבודת ההתפתחות והיישום, אני פותחת גישה ישירה לחלק המזין של הלב שמחובר למחשבה הטובה - הבינה.

החלק הלבבי, התדר הלבבי הטוב, החום מגיע גם מפה, אבל הוא יכול גם לשאת את הכאב, את הפגיעות. הרבה פעמים בעבודה מתקנת להכרה זה ברור. יש מקומות שאני מבינה ומתחילה לראות אחרת, השכל מבין שיש פה משהו שמכווץ אותי, שהסערה שהתחוללה בי היא מזמן אחר ואני מבחינה ומתחמת. עם ההבנה זה מהר יותר, ללב לוקח זמן להשתחרר - **"להכרה זה מהיר, ללב זה לאט."**

למה?

כי ללב יש קצב אחר מלהכרה, זאת אומרת, אני יכולה להגיד - "יש פה משהו לא בסדר, אני יכולה להבין", אבל עד שהלב יסכים להשתחרר מהמצר הזה, ייקח זמן, יש לו קצב איטי יותר ואני צריכה לכבד את הפער הזה ולא להיבהל ממנו.

זה משהו שאני מזכירה לעצמי כל פעם שהכאב אוחז בלב, אף שההבנה בהירה.

זה לא שאם התחלתי לעשות עבודה מתקנת בחוויה האישית שלי ועדיין מרגישה סגורה, לא מרגישה בפתיחות, זה אומר שאני

לא עושה עבודה טובה. אני בתהליך. אם באינטראקציה מסוימת אני נמצאת במקום של עומס ועולה עצבות בתוך המערכת, אני מרגישה איך הלב שלי נסגר וקשה לי. בעבודה מתקנת מתחילים דרך ההכרה ליישם את הכלים ההכרתיים, אבל הלב שלי עדיין בסגירות שלו, מפחד - וזה בסדר.

עצם זה שהתחברתי לציר הראש ומתחילה לבחון את הדברים מתוך התקרבות, זה אומר שהתחברתי למהות שלי! זה המקום היחסי שלי ואני מוזמנת לקבל אותו.

לקבל את עצמי בחלקיות הזו זה נקרא בשפה הימימאית "לכבד את הקיום האישי", "להפנות רגש כלפי קיום". זו מלאכה מתקנת, מבורכת מאוד.

"מִן-הַמֵּצַר, קָרָאתִי יָּהּ; עָנָנִי בַמֶּרְחָב יָהּ"

כשימימה דיברה על מֵצַר ומרחב, זה היה בהשראת סיפור יציאת בני ישראל ממצרים, מעבדות לחירות, ודאי מספר תהילים פרק קיח, פסוק ה: "מִן-הַמֵּצַר, קָרָאתִי יָּהּ; עָנָנִי בַמֶּרְחָב יָהּ" בפירוש החסידי: המצבים הללו כמתקיימים בתוך נפש האדם.

כשאני נמצאת במקום צר זאת גם צרה וגם צרות, חשיבה צרה, כלומר, חשיבה נוקשה, שאין בה גמישות. כשאני נמצאת במקומות הצרים האלה, אני מרגישה קושי. זה מאפיין של דחק ואני מבקשת לצאת ממנו בעבודת הלב, בתפילה להסתייע משמיים, להתחבר אל מקור האין סוף טוב ולהתמלא בכוחות נפש מחודשים.

התשובה - "עָנָנִי", המקום שבו אני נענית, מקבלת סיוע, מקבלת את האפשרות לצאת מהמקום הצר הזה למרחב. התשובה נמצאת ביציאה למרחב. המרחב הוא מרחב תודעתי.

המרחב התודעתי הוא המקום שיש בו בחירה.

כשאני נמצאת במצב רגשי, שהלב שלי סגור ומכווץ, אני נמצאת במקום צר. אני גם נמצאת במקום צר תודעתית שמשפיע על הכול. אם קשה לי בלב, אז גם יהיה לי קשה להתמודד מול החוץ. לפעמים החוץ מעורר בי את העומס ולפעמים זה משהו שעולה מתוכי, אבל עצם זה שאני בתחושה כזאת של מֵצַר, אני נמצאת, למעשה, בפוזיציה נפשית של עומס.

כשאני עושה עבודה הכרתית, משתמשת בכלים הכרתיים, אני מנסה במקום הזה לקחת מידת רוחק מהעומס, כדי שאוכל לצפות על המתרחש ותוך כך להתחבר למהות שלי, כי המהות היא המרחב. מרחב הכרתי, שאומר: "אומנם משהו העלה בך עומס, קושי, אבל בואי, תראי מה עוד יש שם, משהו שעורר את זה לתיקונך". אני יוצאת מהמקום התגובתי למקום של התבוננות, של בחירה, אינטרוספקציה שנועדה לחבר בין מרכיבי הנפש שלי שהתפזרו.

המהות מאפשרת ללב לחזור לאט לממדיו, להשתחרר מהכיווץ. זה לא קורה מהר, אבל כשזה קורה יש תחושה של שחרור גדולה מאוד ושמחה. במיוחד אתן תראו, אם זה דברים שלאורך זמן הפריעו לכן מכל מיני סיבות. אולי הקשבתן לעומס והאמנתן לו, אולי לא הייתה לכן מודעות לשמירה על המקום האישי שלכן, על העצמי, אולי לא היו לכן כלים ונהגתן להבין את הדברים בצורה דיכוטומית יותר של נכון או לא נכון, בצורה נוקשה יותר ואז אתן עושות שינוי פנימי, מתקרבות, פותחות קשב, ממתינות לפני שאתן ממהרות לחסום, לשפוט טוב או לא טוב, לוקחות מידת רוחק ולאט לאט יתחיל להיפתח שם משהו.

הפתיחות הזאת, שהתהליך מאפשר, מתרחשת גם בלב כי השכל מבין שיש עניין שמבקש תיקון, ריפוי. הלב, כשהוא מסכים להצטרף להבנה הוא משתחרר, יש תחושה של הקלה.

העומס "תופס", ממש "אוחז בלב", ונאמר בלימוד, שהעומס

מתפשט ונכרך במרכיבי הנפש ומגיע עד רמת התא הבודד ותפקודו, זה גם מכביד ומזיק לבריאות. הרצון שלנו הוא באמת לשחרר לאט, לשחרר סבך רגשי.

תדמיינו שרשרת זהב עם חוליות קטנות. אתן לוקחות אותה ומערבבות בין כפות הידיים ונוצר גוש. הגוש הזה בהתחלה מרגיש כמו סבך, כמו פקעת. בכל פעם שנעשה עבודה מתקנת על המקום הזה, הגוש קצת משתחרר, זה כמו שמתירים עוד חוליה ועוד חוליה בשרשרת. ראיתן פעם שרשרת שהסתבכה? אז לאט לאט היא נפתחת, קצת ועוד קצת עד שהיא נפתחת לגמרי ומגיעה למצב הטבעי שלה - עגולה, שלמה, טהורה, אין סופית - כך כל מקום שאוחז בו עומס, עד החזרתו למצבו השלם העגול, הטהור.

"לב בכוחו חוזר למקומו, לנתינתו, לשמחתו."

חלקי הלימוד שנמסרים בשיעור, הציטוטים שמתקבלים ונרשמים וגם החלקים הפנימיים שלכן ילמדו אתכן. הם ילמדו איך לשחרר חלק סגור מסגירותו, כי גם לב הוא חלק.

לב הוא כלי, ראשית אני יודעת שאפשר להפנות את חום הלב שלי כלפי האחר, אז אשפיע עליו לטובה וגם על עצמי.

הלב הוא גם המרכז הרגשי, אמרנו, הוא נושא מנעד רחב של רגשות, אבל נזכור שהלב הוא חלק מהפנימיות שלי. כשהוא נכנס לסגירות, למצר, זה חלק שאני מבקשת לשחרר. ללמוד איך לשחרר את המערכת מסגירותה. לשחרר חלקים שנכנסים למצר, שמקבלים את התנועה של הסגירות. זאת העבודה שלנו.

איך אנחנו משחררות?

באיזה כלים הכרתיים אני יכולה להשתמש, כאשר עולה בי עומס במערכת האישית, כשאני מתמודדת עם קושי רגשי? הבנה, התקרבות, צפייה, קבלה.

סגירות עולה בי הרבה פעמים מול האחר. אם מישהו אמר לי משהו פוגע או התנהג אליי בצורה פוגעת ונסגרתי. זה לא רק שהלב שלי נסגר, גם אני נסגרתי בפניו.

מה הייתה ההבנה האישית שלי, כשמצאתי את עצמי במצב של סגירות, כשהלב נסגר? אקח כמה דקות וארשום. לאחר מכן, ארשום איך הרגשתי כשהלב נפתח.

לרחם על הלב

"הבנה תקבע את התיקון, הבנה מבינה, רצון מליבה, זה כמו לרחם על הלב האישי שלא יסבול, רגש כלפי הקיום כנושא רגש כלפי הבנה שלא יסבול יותר, להחזיר את הלב לשמחתו ועד אז גם נחשוב איך לצאת מהמצר הזה, זה כמו צרה, מאוד כואב ומתפשט על שנים, אז איך לעצור בזמן ולטפל?"

מה קורה אם הלב שלי נסגר בפני מישהו או מישהי ואני לא רוצה להיפתח אליו. אני חוששת להיפגע שוב. הפגיעה הייתה כואבת כל כך, שהסגירות שומרת עליי מלהיפגע שוב.

האם תמיד כדאי להיפתח?

נניח שקרובת משפחה פגעה בי, העליבה אותי ונסגרתי, קמתי והלכתי לחדר השני, הרגשתי פגועה, כאובה, בכי הציף אותי.

כלומדת מתקנת - אני בקונפליקט.

מצד אחד אני לא רוצה להתקרב למי שפגע בי, אני נחסמת, נסגרת. מצד שני אני רוצה לשחרר את הכיווץ הלבבי, את הפגיעות והסגירות שנלווים לחוויה מול אותו אדם שפגע בי.

מצד אחד אין לי רצון להשלים עם אותה פוגעת, אלא להחזיר באותו מטבע. מצד שני אני מודאגת מתגובתי העוצמתית, מההשפעה שלה עליי ומתחושת הלחץ על הבריאות שלי.

הלב הסגור יצר חיץ, שמר עליי, אך הוא שייך לעומס.

בכל סיטואציה יש לנו את הטוב ואת המיותר. לא רק בפנימיות ובמבנה הנפשי שלנו, אלא גם במציאות שאני חווה.

העומס שעלה בי חשף את הפגיעות שבי, ייתכן ומשהו בסיטואציה הזכיר לי משהו לא טוב מהעבר, שהוריד אותי מאוד. ייתכן שקשה לי לשמור על גבולות המרחב האישי שלי.

האם אני רוצה לשפר את ההרגשה הכללית? מאיזו בחינה?

לא להיות נפגעת כלל? האם זו דרישה הגיונית?

לא כל כך.

"המערכת נפגעת בקלות, הנה עולה ויורדת, משתנה בעבור מילה, בעבור חלק שמזכיר ללב את אשר קרה בילדות, כמו פגיעות, אז לא מתחשבת ולא מקשיבה."

מבחינתי המצב הרצוי כרגע הוא להרגיש טוב, להיות חזקה בפנימיותי, יציבה. לא להיות נעה ונדה ממילה של אחר. כל אחד שזורק לי משהו אני "מאבדת את זה", שוד ושבר, לא רוצה להיות שם.

איך אני מגיעה לזה?

איך המערכת בונה את ציר הכוח שלה?

איך אני בונה בעצמי ציר כוח, שלא אתן למילה אחת לטלטל אותי כל כך?

"אל תצטדקי לקיומך ואל תפריזי, כי ברגע שאת מחסירה ומפריזה אינך נושאת ציר כוחך - ציר הכוחות של המערכת שלך."

העבודה שלי כלומדת מתקנת היא לבחון את הדברים, לקבל אותם כמתקיימים ולהמתין להבנות.

ראשית, בלי לשפוט, לא אותי ולא את האחר.

מה שהאחר מעלה בי, נכון שפגע, אבל להחזיר? (הפרזה) זו תגובה ילדותית. להסתגר? (החסרה) זו תגובה שבאה מחולשתה של המערכת.

אני אדם בוגר, יש בי כוחות, משתמשת בהבנה ממהות טובה ובוחרת במה שטוב עבורי - זה מגיע מחוזקתה של המערכת. כמו שאני נושאת עומס ומהות, גם האחר נושא עומס ומהות, גם לאחר יש את הקשיים שלו, את הסבך שלו, אבל יש בו גם מהות טובה.

זה לא אומר שעליי לקבל סטירה ולהפנות את הלחי השנייה. יהיה לי קל יותר אם אשמע משהו ואגיב בהתאם למה שקרה.

מה התגובה המתאימה במצב כזה? אין תשובה אחת. יש שאלות שהלימוד מעורר, כדי לבחון את הדברים ולקבל הבנות אישיות שמתפתחות.

העבודה ההכרתית, העבודה המהותית היא לבחון את המצב, מבלי לשפוט אותו דרך העומס שהוא העלה בי, דרך הפגיעות שנחשפה בתוכי.

מצד אחד רוצה לחזק את ציר הכוח שלי, שלא איעלב בקלות. מצד שני כשמישהו פוגע בי, זה לא נעים ויש לעשות משהו בעניין. כלומר, יש איזו מידה של פגיעות שהיא טבעית במערכת. ודאי לאדם שבא למפגש בלב פתוח, כי ככל שאני פותחת את הלב, אני יכולה להיות חשופה לכל מיני דברים שנכנסים. לפעמים, אולי, אני נמצאת בפתיחות יתר?

כשאנחנו מדברות על פתיחות, אנחנו אומרות שזה מצב של מהות וסגירות, מצב של עומס. זאת התחלה של הבנה. כדי להסביר את הדברים שיהיו ברורים יותר, אבל בפנימיות הדברים אין חלוקה דיכוטומית.

כלומר, מרכיב הפתיחות בתנועה שלו צריך להיות במגמת התפשטות, ומרכיב הסגירות במגמה של צמצום. שניהם חשובים וחיוניים למערכת בריאה, ולכל אחד מהם יש את המידה המדייקת עבורו בכל מצב.

כשמרכיב הפתיחות נפתח יותר מדי, כלומר, פתיחות יתר, בהפרזה, אני חשופה לפגיעות. לפעמים זה מגיע מתוך רצון עז ולא הכרתי להתקבל אצל האחר, לשאת חן בעיניו, למצוא מקום במאמץ. אני באה למפגש בפתיחות יתר. לפעמים זה מגיע ממחשבה שאני יכולה להפוך את המציאות או לשלוט במה שהאחר יגיד או יעשה. אני מוזמנת לבדוק אם הפתיחות שלי במידה, לבחון את מידת פתיחות הלב שלי במקום הזה. בסוף אני צריכה לשמור על עצמי, אך אם אהיה בפתיחות יתר מול אדם עם סבך משל עצמו, הדבר עלול לפגוע בי.

יש להבין: אנשים פוגעים בנו, גם אנחנו פוגעות באחרים, ברוך השם גם אנחנו יודעות "לזרוק מילים" ו"לעקוץ". אנחנו יודעות. גם כשלא הייתה לי כוונה רעה - אמרתי ופגעתי. כולנו.

אנחנו גם יודעות שיש לנו את הנטייה הזאת, יש לאנשים נטייה לפגוע מתוך המצוקה שלהם. כשאדם נמצא במצוקה לפעמים הוא משליך אותה על האחר ופוגע בו. הרבה פעמים לא מתוך כוונה לפגוע, אבל מתוך איזשהו לחץ שהאחר מעורר אצלו.

אם אני מבינה, שכנראה אני מעוררת באחר עניין מסוים, אני לא אכנס "לכוננות ספיגה" בכל מפגש, ההפך מכך, אנסה להציב גבול ברור, אומר זאת בתמציתיות, בבהירות.

התשובה אם כן לא תהיה בסגירות מול האדם, כי אז שוב לא דייקתי, אלא אהיה בפתיחות במידה. המידה שומרת עליי.

כשיש הבנה שאני מעוררת עומס באחר ובו בזמן מבינה שאני עצמי ודאי לא מה שהאחר הטיח בפניי - זאת התקרבות. יש פה חסד. אני שליחה לתיקונו של האחר והפוך.

זאת מחשבה ממהות. ייתכן מצב שההכרה שלי מזהה זאת ולפעמים לא.

אם זיהיתי שנתתי משקל רב מדי לדברי האחר, מעצם ההבנה יש העלאה למודעות, שיוצרת בתהליכים נסתרים תנועה של חזרה לציר כוחי. ההבנה שהאחר יכול להפנות כלפיי משהו שאני אולי מעורבת בו, אבל זה קשור לעומס שלו, זה לא קשור אליי. כל מה שצריך לעשות הוא לתחם ולשים מחיצה בין השדה הנפשי-רגשי שלו לבין השדה הנפשי-רגשי שלי.

גבול ברור לא בשביל לסגור את הלב או לפגוע בו חזרה, כי הרצון התגובתי שלי הוא להחזיר, נכון? הוא מעליב אותי, אני רוצה להעליב אותו חזרה - זו הילדה שבתוכי, המתגוננת, חסרת כלים וכוחות.

לפעמים יש מי שתוקף אותנו ואנחנו לא מספיק אסרטיביות או נמצאות במקום שאנו לא יכולות להגיב, או שיש לנו נטייה להתכנס ולהסתגר.

כל אחת מגיבה אחרת. אני רוצה לפעול בצורה שתחזק אותי.

איך אעשה את זה?

ראשית, אני בוחרת מה נכון, מכבד וקשוב לקיום האישי שלי. הקיום שלי קודם לכול. הרווחה הנפשית שלי, מתקרבת לעצמי, קשובה לליבי.

שנית, אקבל את המקום היחסי שלי. אם מישהי פגעה בי, נעלבתי, נחסמתי, לא הצלחתי להגיב, פגשתי בפגיעות, בחולשת המערכת האישית, זאת אני. זאת היכולת האישית שלי בעת הזו. זה חלק שנחסר בי ומבקש להתמלא, להתחזק. אני אפנה כלפי המקום הזה את חום ליבי. אחמול על ליבי הכואב.

אם אני מזהה רגשות שליליים ומחשבות רעות, שהפניתי כלפי

עצמי, כמתנגדת למקומי היחסי, אני מתחמת אותם, הם מיותרים לקיומי, הם העומס שלי ואקבע רצון להיפרד מהם. אני מתחמת את הסיטואציה ומפרידה בינה לבין עצמי וכוחי במהותי, שהיא העיקר לקיומי.

מה אני יכולה לעשות כדי שלא תחזור על עצמה סיטואציה כזאת? לבקש טוב עבורי.

מה אני יכולה לעשות מהצד שלי? לנסות להבין שאני לא אמורה לשנות את האחר.

אם יש לי מחשבה שאני עכשיו אשנה את האחר, היא מחשבה אשלייתית.

האחר יכול להשתנות בעקבותיי, לפעמים כן לפעמים לא.

אתן יודעות שלפעמים אני לא עונה, אלא רק ניצבת זקופה על מקומי בנוכחות מלאה ויש לזה הרבה מאוד כוח. זה לא קורה בהתחלה.

בהתחלה אנחנו ממתנות, אם מזהות דרישה מהמערכת האישית שלנו להדגים תוצאות. ברוחניות לא ממהרים. לאט לאט. לא להתרחק ממישהו, אלא למצוא את מידת הרוחק שתשמור עליי ועל הקשר אם הוא משמעותי וחשוב בעיניי.

לא סתם פוגשים את מי שפוגשים ולא במקרה.

אם אני יודעת שיש הדדיות, כלומר, האחר מעורר בי חלקים חלשים ולהפך - זה בא לתיקוני.

אני מקבלת את תיקוני בשמחה, האחר זימן לי אפשרות להתפתח, לפגוש חלקים בהפרה ולקבוע תיקון, להשיב את האיזון למערכת האישית.

אין צורך לבוא בדרישות ללב פגוע.

לבוא בחמלה, בענווה, בנועם, באמונה בטוב, בעין טובה, בהודיה על היש, באורך רוח.

בכל פעם שאני עושה משהו אחד מאלה, שבא מתוך בחירה חופשית, אני מדייקת כלפי קיומי ומתחזקת.

הדיוק

הרבה שנים של לימוד וכל פעם ההבנה שלנו את הדיוק משתנה.

שוגה... מדייקת, שוגה... מדייקת.

מותר לשגות - זה אנושי, בכל רגע אפשר לעלות, לתקן ולדייק.

הדיוק קשור לתיקון, התיקון בא ממהות. המהות מתרחבת כל פעם שאני מדייקת כלפי הקיום.

אם מלכתחילה אני באה למפגש טעונה בקונפליקטים, שעוד לא בירותי עם עצמי, שלא קשורים לאדם שעומד מולי, אבל אני נושאת אותם, כלומר מלכתחילה מגיעה עם מערכת עמוסה אז לא צריך הרבה כדי להוציא אותי משיווי משקל. זה לא הדבר עצמו שהוציא אותי מאיזון, אלא באיזה מצב נפשי־רגשי הגעתי למפגש.

יש הבדל בין מי שעבר תהליך בירור רוחני, פנימי, שקט, לגילוי עצמי, להתחזקות לבין מי שלא. אדם מודע ומבורר, שמתבונן פנימה, צופה, מקשיב, מתחיל לעשות מהלכים קטנים של התקרבות, לדייק ועוד לדייק ולאט לאט המערכת נאספת אל צירה. במקומות שביקשו תשומת לב הוא פועל ממהות, משתדל לדייק, ממתין, מתחם, מפריד שדות. לא מגיב לעומס, פחות אימפולסיבי מתוך הנהגה פנימית נבנית.

כשאדייק ואדייק אהיה פחות תנודתית, פחות תגובתית ופחות נעה ונדה בכל מפגש עם המציאות.

זאת הבנה כוללת, מערכתית. אני יכולה להסתכל נקודתית על אירוע, אבל הוא לא מנותק מהחוויה האישית שלי. ביום יום אני נושאת תמיד את כל מה שיש בי.

דיוק בקשר מול הורה

יש לי קושי מול הורה, שלא יכולה לפתוח מולו. לפעמים ההורה כבר לא בין החיים, לפעמים ההורה כיום אדם חלש ומבוגר, אבל במקביל הוא מתקיים בתפיסה הילדית שלי כאדם חזק, שמעורר בי את החלק החסר בקשר מולו, איך חוויתי אותו כילדה.

יכול להיות אדם, נניח במקום העבודה, שאם אני רואה אותו או שומעת אותו מדבר מייד קופצת בתוכי חוויה המתנגדת לדמות המקורית המחסירה. אני לא מודעת לזה, רק מרגישה התנגדות לאדם המסוים, למופע המסוים. הדברים מתחברים אצלנו במוח, משתקפים זה בזה. במקרה זה זו השלכה.

אותו אדם יכול להרגיש את ההתנגדות שבי כלפיו ולנסות לברר על מה ולמה. התגובה שלי תהיה תלויה במקום היחסי ההכרתי שלי באותו זמן. אפשר שעוד קודם אזהה זאת וגם את הערבוב שהנפש שלי עושה ואז אתחם ואפריד עבר מהווה. אפשר שאדחיק, כי אני לא באמת מבינה מדוע הפנימיות שלי מגיבה אליו כך. ייתכן שאתנגד לו בפועל ואאשים אותו בדברים. ייתכן שאנסה לרצות (ריצוי) אותו, כל מיני תגובות אפשריות לשיקוף כזה.

מרכיב שהוא לא בהפרזה או בהחסרה נמצא במידתו. זה קשור לדיוק וגם למשקל של הרגש שמתלווה אליו. אם כך, לדייק במידת המרכיב וגם במשקל הרגש המצטרפים אליו, זה אומר שאני לא יותר מדי ולא פחות מדי, כי אז אני בהפרה. אני יכולה לכעוס אם משהו לא טוב מופנה כלפי, כפי שאשמח לגילוי אמפתיה והפניית טוב, זה טבעי, אבל אם התגובה שלי תהיה עוצמתית, לא פרופורציונלית, שתוציא אותי מאיזון פנימי, זה אומר שיש הפרה.

שימו לב - ההפרה יכולה להיות גם תגובה למשהו טוב שמופנה כלפיי, כי אני מגיבה למשהו חיצוני שמעורר חוסר פנימי באופן לא פרופורציונלי. כשמשקל הרגש של הכעס או של הוקרת התודה נמצאים בהפרזה, זה קשור לרישומים במערכת האישית בין אם אני מודעת להם ובין אם לא (למשל כמות הלייקים בפוסט שהעליתי ברשתות החברתיות, כאינדיקציה למצב הרוח היומי שלי).

זה אומר שאני מייחסת משקל רב לפונה אליי והמערכת האישית שלי מגיבה בתנודות חזקות על מילה שנאמרה או שלא נאמרה. כלומדת מתקנת, אני מבקשת להתמלא מפנימיותי, לא מהזנה חיצונית של אדם אחר, כנזקקת למילוי חסר, לא כנשענת ולא כמשליכה כעס/קנאה ילדית כלפיו.

הדיוק הוא כל מה שקשור לעשייה מתקנת בזמן של הפרה והוא תמיד יחסי. יחסי להבנה שלי באותו זמן, ליכולת שלי באותו יום להגיב כך או אחרת, יחסי למכלול הדברים העומדים לפתחי, לאחר המסוים וכו'. מה שאני מבינה היום זה לא מה שאבין מחר.

היכולת שלי להחזיק בהבנה כזאת בזמן הפרה היא דיוק לכשעצמו.

הדיוק הוא כל פעולה שנעשית ממני, כדי לשמור על המערכת הנפשית שלי, על עצמי, על מערכות היחסים שלי. כל צמצום פער בין מצב רצוי לבין מצב מצוי. כל זיהוי, כל הכרת טוב שיש במצב המצוי שלי, של האחר, בהסתכלות שלי, ביחס שלי.

הדיוק הוא כל דבר טוב שעשיתי במחשבה, בלב, בדיבור, בכוונות.

דיוק גם מלשון דַּקּוּת, משום שכשאני מבקשת לדייק כלפי קיום, אני באה מאהבה, בעדינות, בתנועה קטנה, בדקות. מבחינה בדקויות, בגמישות, בהתחשבות. הדיוק הוא משהו קטן, תנועת נפש מעודנת, מחשבה טובה מרצון הכרתי. כל מהלך כזה עושה שינוי מהותי במערכת האישית.

כשנמצאת במצוקה ובוחרת לעשות משהו מהמקום הטוב שלי, המתקן, ממקום שאומר "אל תגיבי כמו אוטומט שמפעיל אותך" - אני במהות, כי זיהיתי את החולשה במערכת שלי, את ההפרה ותיחמתי אותה. המתנתי, צפיתי על המתרחש. אני במרחב שיש בו בחירה מתוך מה שנפתח לי במרחב הזה. שם נפתח גם הקשב ומה שהוא מביא איתו. בתוך כך עוצרת את עצמי מלהגיב מהמצוקה הפנימית, מקבלת אותה ובו־זמנית לוקחת ממנה מידת רוחק. מפרידה את החלקים שמזכירים ללב שלי חולשה מילדות או ממקור אחר חלש בתוכי. כל אחד מהדברים שציינתי הוא דיוק. הוא בא לשנות דפוסים לא תואמים, נוקשים והישרדותיים.

הרי הרצונות הפשוטים שלנו כבני אדם הם התקרבות, חום, אהבה, חיבור, קבלה, אז אני באה מתוכם ומרצון הלב ומדייקת. לא דורשת משהו שהאחר לא מסוגל לתת לי, לא מחפשת אצל האחר את מה שחסר לי, ממה שאני יכולה לתת לעצמי מחום ליבי.

בכל פעם שאדייק, אפעל מתוך היש במערכת האישית, מתוך כוח החיים, האור. אלה לא תנועות גדולות.

לפני שאכנס לבית שבו אני אמורה לפגוש את ההורה שלי, שבדרך כלל אני נסגרת מולו, מתנגדת, זה כמו תפוח אדמה לוהט - אני לא יכולה להפוך אותו לקר ברגע. זו מחשבה ילדותית, שרוצה כאן ועכשיו ובמטה קסמים להפסיק את כל העומס שהמפגש מעלה בי.

מספיק שפעם אחת אנסה לתרגל המתנה, להתחבר לנשימה, לנשום באופן מודע מדי כמה דקות. אנסה לא להגיב מייד לכל דבר שיאמר, גם כשמופנה אליי, אני אמתין. אנשום ואמתין להבנה שתאפשר לקשב שלי להיפתח ולקלוט בבהירות את מה שנאמר או את לב הפונה אליי, לב ההורה שלי. אנסה לייצר מידה של רוחק מהעומס שלי ומהעומס שלו ובעיקר אכבד אותו כמיטב יכולתי.

אם אצליח או לא אני לא יודעת, אבל אני באה עם רצון טוב, עם כוונה טובה. הדיוק הוא גם במחשבות וגם בכוונות.

מזכירה לעצמי את מילותיה של ימימה: **"הורה לא במקרה - לתיקונך."**

אם אני מאמינה, שדווקא המפגש עם ההורה המסוים הזה, עם הטוב והפחות טוב, הוא ברצון ההשגחה העליונה לטובתי, אז אקבל את תיקוני בשמחה ומלאכתי תהיה קלה - זאת השגה גבוהה.

חלק חשוב בכלי ההבנה הוא להתקרב ולקבוע את הרצון לתיקון. לפעמים זה מצליח ולפעמים לא. כל ניסיון נחשב ומחזק אותך. זה לא קורה בבת אחת, כל פעם קצת. בכל פעם שדייקת, היית פחות מעורבבת עם העומס שלך או של ההורה, זאת התקרבות. גם קטנה שבקטנות זה הישג ותשמחי ממנו. זה מוריד את המתח מהגוף שלך, מוריד לחץ ועומס מהלב.

"מושכת חוטי זהב מילדות."

לזכור לו את הטוב, לזכור שיש בו טוב, לזכור שעשה כמיטב יכולתו ואם שגה זה אנושי.

צעד צעד, התקדמות והתפתחות יחסית, ככה זה מחזק את התשתית, ככה אשיג תוצאות יציבות במערכת.

שיטת ימימה זה לא "זבנג וגמרנו".

ימימה אמרה: **"תוצאות יציבות ולא מתפרקות."**

לא שעכשיו תעשי מהלך ותקבלי מייד תוצאה שאפשר להציג אותה על לוח - לא.

המערכת הפנימית רגישה, עדינה ומורכבת. יש תנועות בנפש, את מנסה כל פעם מהלך קטן וככל שתדייקי, זאת אומרת, שבכל פעם כזו שתתחברי למהות שלך, המהות הפנימית הטובה שלך, זו תהיה

נקודה ועוד נקודה ועוד נקודה. בסוף זה נעשה מובחן, זה מקבל נפח, מקבל חוזק, מקבל נוכחות בתוך המערכת.

הלב ככלי

"לב שחוזר לכוחו לא נפגע בקלות. הוא מבין לב אחר, נושא גם כן עומס מילדות, מבין את הנפש הנאבקת כדי להתקיים. זאת אומרת, שהלומדת מסתכלת אחרת סביבה ובסביבתה. זאת אומרת, אם פונים אליה בעבודה, בביתה, בעלה וילדיה או רווקה, חברים וחברות, כל הפונים, תוכל להבחין עד כמה הם מתאמצים כדי להראות וזה טבעי, כי כל אחד מסתיר סבך שלא רוצה להראות וזה טבעי."

לב שחוזר לכוחו לא נפגע בקלות - מהו לב בכוחו?

רחב, פתוח, חם, אמיץ, מבין, שמח.

הלב הוא המרכז הרגשי שלנו. בתוך המרכז הרגשי יש מגוון רחב של רגשות, החל מרגשות חיוביים, טובים, מצמיחים, מרגשים, שמחים, מרוממים, מעלים, ועד רגשות שעושים הרבה רעש בתוך המערכת, אבל הם מאפיינים את הצדדים הסוערים, המפוחדים, הכועסים, המכווצים.

הלב הוא האיבר המקושר לשדה הנפשי־רגשי, ממנו הרגשות שלנו עולים ומתפשטים בכל הגוף.

הלב הוא כלי המשפיע על המרכז הנפשי־רגשי שלי - **"אם יש שמחה בלב יש הכול."**

לב שחוזר לכוחו הוא לב שהיה בהפרה. הוא חוזר לכוחו, כלומר, הכוח היה שם ומסיבה כלשהי איבד מכוחו. הכוח מבחינת הנתינה, הפתיחות, החום, ההתקרבות, הקבלה, האהבה, השמחה, החיבור נמצא ומשפיע מטובו על המערכת האישית. יש כוחות שמגיעים מימין, שהוא צד החסד ויש כוחות שמגיעים מצד שמאל, שהם

הגבורה, ההתגברות. לכל מרכיב יש חיבור לרגש - הלב בכוחו הוא בהסכמה להכרה, הוא מלא חיות שמחזקת ומאפשרת לרוץ למרחקים, להתגבר על מכשולים. אור הלב וחום הלב מרפאים, הלב נושא תדרים שנמסרים ונקלטים.

לב מחסיר מכוחו כשיש הפרה, מאבק, דחייה, התנגדות, בלבול, פיזור, כעס, רגשות שליליים והחסרות גם ברמת המרכיב. למשל כשמרכיב הביטחון או האמון שלי בחסר, אינם במידתם, זה ימנע ממני לעשות דברים. ההימנעות שלי תיצור כל מיני תחושות ומחשבות שליליות על עצמי, שיחסירו מכוח ליבי.

נניח שאני עומדת לפני מהלך חשוב שרוצה לבצע. אני עשויה להרגיש פחד או רתיעה, התרגשות רבה. למשל הוזמנתי להשתתף בפעם הראשונה בערב הקראת שירי משוררים. ההיסוס ביתר - האם אני ראויה/ מוכנה/ שייכת? הביטחון מעט בחסר - מה אם אתבלבל? איך נוהגים בפורום כזה? האם קולי יסגיר את התרגשותי? התחושות טבעיות, ודאי אם מדובר במשהו חדש שאין לי בו ניסיון או ודאות. בסופו של דבר אם לא אפעל או אשתתף ארגיש תסכול ואכזבה מעצמי, אם אצליח להתגבר על התחושות הללו, ארגיש תחושת סיפוק, הישג. אלה כוחות שהלב נושא.

האמון בטוב מחזק את הלב, נוסך בנו אומץ ונושא את התקווה.

כשלב פוגש לב אחר הנושא תדר זהה, כמו פנים בפנים, גם אם לרגע קט, יש תחושה של שיבה הביתה, זה רגע מכונן בין בני אדם.

מה גורם ללב לאבד מכוחו?

בהתמודדויות היום יומיות, בחוויות החיים שלי, לפעמים עולות תחושות שאני חווה בחסר/ביתר, הן מעלות בי עומס, קושי. יש והן קשורות לחלק הילדי שרשם החסרות בילדות, לעבר הרחוק שלי - לא בהכרח זיכרונות ספציפיים, אלא בתחושה שיש לי באופן כללי.

כשאני מדברת על הילדות שלי, עולים בי זיכרונות מכל הסוגים. אך כשאני אומרת "ילדות", לפעמים יש משהו מסוים שמעלה בי רגש שלילי כלפיו. זה בא במחשבות, לפעמים מזיכרון, משמעות, תנועה בנפש וזה עולה על מרכיב נפש כזה או אחר ורושם בו הפרה. אנחנו לא פותחות את המקומות האלה כדי לעבד אותם, להביא איזו חוויה מהעבר ולדבר עליה - לא.

ראשית, זה חיטוט שמעצים את הרישום ולא מרפא אותו.

שנית, משום שלאף אחת אין זיכרון של רישומי ילדות מדויקים עד כדי כך, למעט מקרים קיצוניים, שאני זוכרת משהו מוחשי וגם אז הזיכרון הוא לא כמו תיעוד בסרט, אלא יותר סובייקטיבי ומעיניים של ילד.

שלישית, מבחינה הישרדותית יש לנו נטייה לזכור את הלא טוב ואז זה זיכרון מוטה.

מה שיש לנו זה הרגש שמתעורר בנו. משהו שהרישום יצר, פוזיציה נפשית ועם זה אנחנו עובדות. זה שיש החסרה בתקופת ילדות, כי היה הורה קפדן או הורה שמחסיר בנתינה, הורה עסוק מאוד או הורה חסר ניסיון - גם את זה יש. הרי כל מי שהביא ילדים לעולם יודע כמה זה לא פשוט. עם כל הרצון הטוב, היכולות וההבנות, אנחנו יכולים להחסיר וזה טבעי. לא תמיד תינוק/ילד יקבל את כל מה שהוא צריך או רוצה. חלק מהבריאות הנפשית של האדם זה גם להכיר במקומות כאלה של אכזבה, של תסכול ולפתח כוחות נפש כדי להתגבר עליהם ואז מתפתחים האמון והביטחון העצמי.

תינוק לומד, שבמקומות של החסרה יבוא מילוי, אם לא עכשיו אז אחר כך, אבל כשיש החסרה הוא בוכה. כלומר, יש תהליכים טבעיים להתפתחות שלנו ויש דברים טבעיים בתוך התפתחות, באינטראקציה בין ההורה לבין הילד וגם בהחסרות. זה לא משהו נורא, אבל יש מקרים שזה חורג מהרגיל. הנוקשות הייתה נוקשות

יתר, ההחסרה של חום ואהבה היו מורגשים יותר, כמו הפגיעה בקשר הטבעי בין התינוק לבין הוריו בתקופה שהייתה לינה משותפת בבתי הילדים בקיבוצים, למשל, או הורה חולה שלא מסוגל לטפל בילד. אז נכון, שהיו מי שהחליפו אותו וטיפלו בתינוק כשבכה ורצה חום וביטחון, אבל זה לא היה ההורה שלו. החסרה על החסרה.

כשימימה דיברה על קשר בין הורים לילדים היה לה הרבה כבוד למערך הקדוש הזה. היה לה כבוד ורגישות ליחסי הורים וילדים, כי גם כשנרשמות החסרות הן ברוב המקרים לא נעשו מתוך כוונה רעה. זה קורה אם מכורח הנסיבות, אם מבחינה תרבותית, סוציאלית. יש כל מיני גורמים שהיו שם והשפיעו על ההורות.

> למשל, ילד שכמעט לא רואה את אביו בגלל גירושים או אבא שמגיע פעם בחודש הביתה, איש צבא או מי שעובד מעבר לים, אדם שעובד במשמרות לילה וישן ביום. הייתה שם קבלת החלטה, אך היא לא נעשתה נגד הילד. זה משהו שהיה והנוכחות ההורית של האב נרשמה בחסר.

חלק מהדברים שאנחנו לפעמים עוברים דומים גם אצל אחרים, למשל אני מסתכלת סביבי ולמדה שזה המצב אצל כולם או אצל רוב הילדים שאני מכירה, גם אצל אחיי ואחיותיי. אנחנו לומדות מהתנסות ישירה וגם מתוך התבוננות על אחרים. אך אם זה מצב טבעי ונורמלי אצל ילדים אחרים, אולי לא ארשום את זה כמשהו טראומטי, אלא כמציאות קשוחה שמסתגלים אליה. אבל בכל זאת אנחנו שונים, יש הבדל בין ילד לילד, בין נשמה לנשמה.

יש ילד רגיש קצת יותר ועם פחות ביטחון, אחד שנוטה יותר להסתגר ואחד פתוח עם הרבה ביטחון, זה דינמי. תהיה השפעה אחרת על ילדים עם רגישויות, שעל ילדים אחרים השפיעו פחות, יהיה לזה שורש בחוויה הילדית שנרשמה.

על רוב הדברים אנחנו מתגברות, לומדות להסתדר, מתחשלות, מוצאות נתיבים שונים ללכת בהם, יש עוד ועוד מעגלים שנפתחים. כל אחד מהמעגלים מאפשר שלל הזדמנויות. חלק מרישומי הילדות נושאים שליחות בהמשך, משהו שגרם לילד למצוא את עצמו ואף להשפיע במקום שהוא חווה חסר - הנעה לפעולה חיובית. יש דברים שנשארים חבויים, מודחקים. אנחנו לא צריכות ללכת לשם, זה עולה לבד במציאות העכשווית.

רישומי הילדות

כשאנחנו מדברות על הרישומים האלה בלימוד, אנחנו מתייחסות לרוב לרישומי ההפרות. רוב הרישומים נמצאים מתחת לסף ההכרה, אין לי נגיעה בהם. חלקם נשמרים כזיכרונות מודעים ואני לא מחטטת בהם, אני מבינה שהם קיימים ופועלים מתחת לפני השטח.

מה משמר אותם? מה גורם להם להתפרץ החוצה?

חוויות שאני חווה היום, באינטראקציה עם אחרים או במצבי החיים, מעוררות את החלקים האלה. כל דבר שמוציא אותי מהאיזון הפנימי שלי עד כדי כך שהוא ממשיך להטריד אותי, אך לא מוציא אותי מאיזון כדי לעורר אותי לפעולה עניינית.

כשבין שני אנשים מתקיים דיאלוג, אחד אומר ואחד מקשיב ומגיב בהתאמה. אם יסכים או לא יסכים לדברי האחר, הוא יביע דעתו. יש מעבר של תנועה מילולית ואנרגטית מצד לצד וזה בסדר, אבל כשמישהו מדבר ומישהו אחר מתרסק פנימה או נסער ומתפרץ החוצה - זאת הפרה. כל תגובה שתבוא מהטלטלה הזו, מהכאב הזה, ישקף את החולשה שלי, את החלק הילדי הפגוע שבי, לא את היכולת הבריאה והטובה שלי. זה לא אומר שאין לי יכולת להגיב בצורה מותאמת, אלא שבאותו רגע העומס השתלט עליי והגבתי דרכו.

השאיפה שלנו היא לזהות את ההפרה המיותרת שיוצרת את העומס ולהגיב דרך המהות הטובה שבנו. לב שחוזר לכוחו לא נפגע בקלות, תמיד הכוח מגיע מהחזרה והאיסוף אל ציר הכוח שלי.

"שימי לב, את נולדת טובה, אין יותר ממך ואין פחות ממך."

כשאני מוכוונת כלפי חוץ, ומסתכלת על האחר - מה יש לו, אצלו - אני לא ממוקדת בברכה שלי, בטוב שבי, ביכולות ובשפע שלי, באור שבי, בהצלחה, ביש הקיים.

האחר הופך להיות העיקר מולו אני משווה את עצמי. כיוון שכך, זה מחליש אותי כי אני מייד רואה את הפער ביני לבין מה שאולי נחשב בעיניי לרצוי בכל מיני תחומים. אנחנו מחלישים את עצמנו לדעת עם ההשוואות האין סופיות האלה. זה מרחיק אותנו מעצמנו, מציר הכוח שלנו ומהטוב שיש בחיים שלנו.

גם כשאני בוחנת את עצמי בהשוואה לאחר, שהוא "פחות" ממני ומתחזקת מזה - זה שייך לעומס. עדיין זו הסתכלות החוצה, שהייה בפער, בכוח אשלייתי של עומס שנובע מהתרחקות מהמהות שלי.

כשהאחר משקף חלקי נפש שיצאו אצלי מאיזון זה לא יהיה בהכרח אחד על אחד. כלומר, אם אדם מעצבן אותי, סימן שאני עצבנית או אם אישה מרכלת וזה מרתיע אותי, זה אומר שאני רכלנית או שנפגעתי ממישהו שריכל עליי, אך באופן הרבה יותר מעודן ומורכב.

אם מישהו בהוויה שלו מעורר אצלי איזה שהוא רגש, זה אומר שזה הדהד אצלי משהו פנימי ואישי מסוים, כי אצל מישהו אחר זה היה יכול לעורר רגש אחר, כלומר, אני מגיבה לפי הפנימיות שלי.

תחשבו על קומיקאי שיצחיק אותי עד דמעות, גם אז אצא מאיזון, אבל במובן החיובי של המילה. קומיקאי אחר יעורר בי דחייה ולא אצליח להתחבר לסגנון שלו. זה אישי.

ימימה הפנתה אותנו לא רק לסוג הרגש שזה מעורר אצלנו, אלא גם למשקל שלו. מה זה אומר?

שימו לב, שהעומס בדרך כלל מפתח אצלנו רגישות שקשורה למרכיב המרכזי שיצא מאיזון, ומעורר עומס דמוי התנגדות, דחייה ומאבק.

נתבונן על תחושת הדחייה. משהו שהמערכת האישית שלי מזהה - ביטחון בחסר, שמלווה בתחושה שמישהו דוחה אותי. מה זה אומר?

הוא לא מקשיב לי, לא רואה אותי, לא מתייחס אליי בחום, אין לי מקום בלב שלו, הוא לא מקבל אותי - אני מרגישה את זה. המערכות שלנו מאוד רגישות לדחייה, כי היא הפוך מקבלה ואהבה, שהן העיקר ומהות חיינו.

אז מילה שלא במקום עלולה לגרום לי באחת להימצא במקום שבו מרכיב הביטחון שלי בחסר.

אם המערכת שלי ברגישות יתר, מה שקורה זה לא רק שאני מרגישה את התנודתיות של העלייה והירידה של הנפש, מצבי רוח, אלא שזה גם משבש את המאזניים הפנימיים שלי.

בהמשך לדוגמה במבוא: אם אני רגישה וחרדה לילד שלי וכל דבר שקורה לו אני מתערבבת איתו, זה מייד מסעיר ומכביד עליי. מבחינתי לא להיות מחוברת רגשית לילד שלי הוא ההפך ממהות האימהות.

אם אני מתערבבת בקושי שלו, אני לא מסוגלת להגיב בצורה שקולה וענייניות למה שקורה איתו, כי אני מעורבבת בתוכו, בתוך סערת הרגשות של שנינו. התגובה שלי תהיה מהמקום החלש שזה לוקח אותי אליו, מהפחדים שלי, מהכאב שלו.

אם אני לא מתחמת את השדה הנפשי־רגשי שלי מול שלו, יוצרת

הפרדה ברורה בין המצב שבו הוא נמצא לבין הפחדים שמתעוררים אצלי, לא אוכל להגיב מהמהות שלי.

אם לא אזהה שם את השתקפות המקום הילדי שלי, החסר שמבקש ריפוי וחמלה, לא אוכל להפריד בין מי שהייתי בעבר לבין מי שאני היום - אישה ואם, בוגרת עם יכולות השפעה.

בנוסף, אם בן זוגי לא מגיב כמוני, אלא מקשיב לסיטואציה, מבין שיש פה עניין ואומר "הוא יסתדר" והולך. אני מרגישה שהוא לא רואה אותי ולא את הילד, שהוא חסר רגישות, אטום ועוד מיני מטעמים שאנחנו רוקחות בנפשנו הסוערת. לא רק שפעלתי מתוך רגישות היתר שלי ולא עזרתי לילד, אלא הוספתי על הסיטואציה את הפחדים שלי שלא קשורים למה שבאמת התרחש עכשיו. אני מתרגמת את התגובה של בן זוגי, שהיא שקטה יותר, שקולה, מאוזנת, לא מושפעת מהדרמה שמתחוללת בתוכי - כמשהו שלילי ולא נכון. שיקול הדעת שלי מוטה ולכן זה שייך למשקלים. זה שיווי משקל פנימי.

אצל כל אחת מאיתנו זה שונה ואישי. לכולנו רגשות דומים, אותו פוטנציאל אישיותי, רק שמידות המרכיבים ומשקל הרגשות שונים מאדם לאדם בסיטואציה דומה. לכל אחת יש את המשקל המדייק עבורה ואת המשקל המופר, זה אישי. כל אחת צריכה להיות מחוברת לפנימיות שלה כדי לחוש בכך.

איך אדע מהם המשקל והמידה הנכונים לי?

כשאקשיב מפנימיותי.

כאשר אני פועלת מתוך הכאב, מתוך העומס שעולה במערכת, אני לא מדייקת, אני מגיבה משם ללא כל הבחנה או שיקול דעת.

התחלה של דיוק זה אומר, שגם כשאני מגיבה למשהו שהסעיר

אותי מאוד, שעלה בי מול ילדי הסוער וגרם לי להתערבב עם העומס שלו, אני מבינה שהרבה מזה קשור למצב הנפשי שלי.

אני מרגישה מאוד מחוברת לילדי הסוער, מאוד רגישה ורוצה להפסיק את הכאב, את הפחד, את הסערה שבתוכי ובתוכו. סביר שזה גם מזכיר לי משהו שקשור אליי ולא קשור לסיטואציה, אלא רק משתקף בה.

אז קודם מפרידה שדות וממתינה. כשלא אמהר להגיב, תבוא הבנה נושאת מהות וזה עוד דיוק. עליי להתרחק מהעומס שלו, מהשדה הנפשי־רגשי שלי ומהשדה הנפשי־רגשי שלו.

זה לא עניין שלילי או חיובי. ההבחנה היא אם אני פועלת בצורה נכונה ומדייקת כלפי הילד שלי, כלפי הקיום שלו, כלומר, האם אני אומרת/עושה משהו שיכול לקדם אותו, אך לא לפתור לו את הבעיה.

לפעמים המשמעות היא לא להתערב.

העשייה המדייקת במצבים רבים יכולה להיות אי עשייה, המתנה. פתיחת מרחב שבו מתאפשר לילד למצוא את הכוחות והיכולות הטמונים בו, שיאפשרו לו להתמודד עם מצבים. זה חשוב מאוד להתפתחות שלו. לפנות לו מקום לגדול.

לא למהר "לסדר את העניינים", כי אני לא רוצה שיכאב לו, כי אני לא רוצה שאם יש עניין מול חבר אז אולי חס וחלילה ינדו אותו, יביישו אותו ושאר מרעין בישין. אני לא פועלת מתוך פחדים. לא פועלת מתוך פחד שמשהו נורא יקרה, שמשהו לא טוב יקרה לו אם לא אתערב. יש פה מרכיב של אמונה בחסר אצלי, לתיקוני.

לעומת זאת, כשמזהה את זה והרי זה קורה לכולנו, הילדים שלנו מפעילים אצלנו תגובות אוטומטיות של הגנה, ולא משנה באיזה גיל, אדייק. הילד יכול להיות בן שלושים ועדיין לעורר בי את החלק

הזה, כי הוא הילד שלי. ברגע הראשון יוצאת ממני הלביאה, אני לא
רוצה שהוא ירגיש רע, זה הכוח הטבעי שלנו.

אבל בין להרגיש שאני רוצה את הטוב עבורו לבין להתערבב עם
הקושי שלו ולנסות לעשות משהו מתוך המקום החסר הזה יש
פער, זה לא מדייק עבורו ולא מדייק עבורי.

ההפרדה היא רוחנית, הכרתית, כדי לאפשר קליטה של היש. הפרדה
ולא חומה. עוצמת הסערה שוככת לאט, ואני יכולה לראות מתוך
הבהירות את המיותר לתיקוני ואת הטוב שיש בכוחי להשפיע. דיוק
על דיוק.

אנחנו מדברות גם על תדרים ועל איך אני קולטת את האחר.
יש לנו כוח לבבי להשפיע ולכוון. כהורה אני בוחרת להתחבר
למהות הטובה שלי ולהשפיע על הילד באופן כזה שאני מכוונת
כוונות. אנחנו עושות חיבור רוחני של הזנה, של השפעה על הילד
במחשבות טובות, בעין טובה. השפעה ממקום של שפע. אני נותנת
מטובי, מחוכמתי, מהאינטואיציה שלי ומחום הלב שלי, כדי לייצר
חוויה מצמיחה לי ולילדי.

נתינה מלב נקי

**"הנתינה על נקי יכולה להביא את האנשים הכי קשים בליבם
לדמעות ולבכות, זאת אומרת, סוף סוף מצאו לב מבין, יכולים
לבכות מכל אשר סגרו בדרכם."**

יש בכי של כאב ויש בכי של נחמה. המפגש המפעים עם אהבת
אמת והחיבור העמוק שנוצר, הוא לעיתים ההפך הגמור מכל מה
שחווינו קודם. ההבנה של ההחסרה שהייתה וסגרה את הלב מול
הנתינה רבת החסד שהתגלתה. האהבה הייתה לנחמה גדולה,
לחברות אמת ולהכרת תודה.

נתינה מלב נקי היא נתינה במידתה, היא מליבי השקט והשמח,

מרצוני ההכרתי. היא מחיה ומשפיעה טוב ממני לאחר. זו נתינה שממלאת אותי נחת, סיפוק, שביעות רצון ושמחה. לב נקי מהחסרות, מהצורך לפצות, להיאבק על מקום. לב נקי הוא לב מדייק לפי הנותן ולפי המקבל.

נתינה שלא במידתה, היא נתינה מחסירה.

איך אני יודעת שהיא לא מדייקת עבורי? היא לוקחת ממני אנרגיה רבה ומשאירה אותי חלשה, מרוקנת. נתינה מלב נקי יכולה להוציא ממני המון אנרגיה, אך בסופו של דבר ארגיש שמחה ומסופקת, ארגיש עייפה אך מרוצה.

נתינת יתר מגיעה לעיתים ממקום של ריצוי או פיצוי, זו נתינה במאמץ ושייכת לעומס. היא תתחיל לפעמים מכוונה טובה, להיטיב עם האחר - עם ילדי, בן הזוג שלי, הורה, אבל הלכה למעשה הלב לא נותן במידה הנכונה.

אני רוצה להרגיש טוב עם עצמי, אני רוצה להיות ביחסים טובים עם כולם, כי ככה חונכתי. נתינה היא ערך חשוב והנותנת מקבלת חיזוקים ועידוד. אז אני הולכת לקראת, פותחת את הלב ועושה למען האחר. נתינה שלא במידתה מעוררת עומסים ואני מתבקשת לדייק בה. דיוק יביא לחיזוק וריפוי המקומות החסרים. ישיב את המערכת לאיזונה לאט לאט.

"נותנת מעט אך נקי - נותנת הרבה מאוד."

כשהלב שלי חוזר לכוחו, אני נמצאת באיזון, במרכז שלי, מקבלת את המקום היחסי שלי ומכבדת אותו. לב בינתי מבין את עצמו ומבין לב אחר. הנתינה במידה היא כשאני קשובה לליבי ואז אני לא נפגעת בקלות.

כשאתן לאחר, אדייק בנתינה שלי שתשקף בצורה הטובה ביותר את היכולת והרצון שלי באותו זמן. לפעמים יש לי רצון לתת, אבל

היכולת שלי מוגבלת. לפעמים יש לי יכולת לתת, אבל הרצון שלי עדיין חלש, אולי נפגע בעשייה לא מדייקת.

כשאני בנתינה נקייה ומדייקת, גם אם מישהו יגיד לי שזה לא מספיק או לא מספיק טוב, זה לתיקונו. אם ילדי יפנה אליי טרוניה, אם בן זוגי או ההורה שלי יראו חוסר שביעות רצון או משהו דומה, שפעם מאוד הפעיל אותי וגרם לי להיות בנתינת יתר, אני כבר לא אמהר לרצות אותם או להצטדק על מידת הנתינה שלי.

אני יודעת שאני בסדר, מבינה ממהותי שאני עושה כמיטב יכולתי, קשובה לרצוני הפנימי לתת במידה. מבחינה שמול האחרים פעלתי בדיוק כלפי הקיום שלי, וזה מחזק אותי.

הוא חושב ככה, אני חושבת אחרת. זה מה שאני יכולה לעשות עכשיו, זה מאת האחוזים שלי, יחסי כשלם. אני מודה על העשייה היחסית המדייקת.

השאיפה שלנו היא להיות בהתקדמות לקראת התקרבות. להיות בהרמוניה, באחדות, בבריאות, במנוחת החלקים. אני לא מכריחה את עצמי, לא כופה על עצמי דברים שאין לי רצון או יכולת לעשות - אני קשובה יותר לעצמי.

זה לא אומר שאני אגואיסטית, להפך, זה אומר שאני פועלת באופן שמכבד את הקיום האישי שלי המאפשר לי להיות בטוב עם עצמי ועם סביבתי.

אני לא פועלת בניגוד לרצון הלב שלי.

אני אולי נותנת מעט, אבל נקי ובצורה מיטיבה, מותאמת ואז, למעשה, אני נותנת הרבה מאוד, נותנת ברצון, בשמחה, בנחת. זו נתינה מדייקת.

דברים שרואים משם לא רואים מכאן

"...שהלומדת מסתכלת אחרת סביבה ובסביבתה." שינוי בפנימיות משפיע גם על הראייה. אנחנו לא רק רואות את מה שיש בחוץ - קולטות אותות, צבעים וכל מה שמתרחש, אנחנו מתחילות לראות דברים שאינם גלויים. כשאנחנו מבינות איך העולם הרוחני הפנימי שלנו עובד, כשמכירות את תנועות הנפש והחיבורים לשאר הממדים, אנחנו יכולות לראות דברים שאחרים מבקשים להסתיר.

הראייה היא סובייקטיבית. אנחנו יכולות להימצא בחלל אחד ולהיחשף לאותם מראות, ובכל זאת אפשר שנקבל תיאור אחר של המציאות על ידי אנשים שונים.

כל מי שמצייר יודע, מושיבים מודל במרכז החדר והציירים סביבו, כל אחד מהזווית שלו יראה משהו אחד ויצייר משהו אחר. הציור יהיה ודאי אישי, גם אם כולם עומדים בקו ישר מול המודל.

באופן כללי, אנחנו רואות את הדברים דומה, אבל פה ימימה דיברה על ראייה פנימית המשפיעה על הראייה החיצונית. בראייה חיצונית אנחנו תרות אחר סימנים חיצוניים, שמאפשרים לי קליטה וזיהוי. בראייה פנימית אנחנו נותנות פירוש למה שאנחנו רואות. הראייה שלי מושפעת מהפנימיות שלי, כמו הקשב.

זווית הראייה שלי - התפיסה שלי היא לא רק זיהוי של מראות, כמו ששמיעה היא לא רק זיהוי של צלילים או מילים, אלא גם המשמעות שניתנת על סמך הידע וההבנות שלי, לפעמים לפי השתיקות. מידת רוחק היא כלי חשוב לתיקון הראייה, כפי שהמתנה חשובה לתיקון הדיבור.

קחי את כף ידך והניחי מול העיניים. היא ודאי תחסום את שדה הראייה ותראי מראה חלקי ולא ברור. ככל שתרחיקי אותה ממך, כך תלך ותתבהר התמונה כולה - זו כף ידך.

הראייה קשורה לפרשנות ופרשנות היא סובייקטיבית. כדאי לקחת מידת רוחק להתבוננות אם משהו שראיתי עורר בי עומס נפשי-רגשי ומן הסתם קשור למערכות הפנימיות שלי.

דרך הלימוד הרוחני וההתקרבות לעצמי משתנה הראייה שלי. אתחיל לראות אצל אחרים את כל מה שאני לומדת, את מה שהתחלתי לשים לב ולזהות בעצמי. אראה הצטדקויות די מהר, חולשות ועומסים של אנשים בעבודה, אצל הילדים שלי, בן זוגי. זה משהו שצריך להיזהר ממנו מאוד.

בלימודי פסיכולוגיה ובעיקר בלימודי פסיכופתולוגיה, מתרים בפני הלומדים לבל יחטאו בתיוג סתמי של זרים או מכרים כבעלי מחלה או לקות פסיכולוגית אישיותית, כזו או אחרת, בשם הידע שהם רוכשים, כי זו יוהרה וחוסר הבנה/אחריות. כולנו, כך נאמר, מצויים על איזה רצף בין התנהגויות נורמליות לאבנורמליות.

כשאני פונה החוצה כדי לאתר חסרים אצל האחר, כי זה נותן לי "רווח" בעקיפין - זה בהכחשה כי הוא חרדתי, זה בהשלכה, בהצטדקות. אני מאבחנת, עושה ניתוח פסיכולוגי לנשמה, שאין לי באמת מושג מה קורה בה - זה לא טוב, לא נכון ושייך גם לעומס.

אני מקבלת כלים כדי ללמוד, להתפתח, כדי לייצר הבנות בתוכי, להיות בהתקרבות שממנה תהיה לי השפעה על סביבתי. ההשפעה תבוא מהכרת הטוב, מלב מאיר, חומל, מקבלה עצמית שתאפשר גם את קבלת האחר. ההפוך בא מהעומס. ראיית הטוב באה מהתקרבות.

אם אזהה קוצר רוח אצל האחר ולא אפנה אליו מייד כעס, אף שזה מכעיס אותי, אלא אתרגל המתנה והבנה מהותית שיש פה מישהו מולי שכרגע בעומס. ההבנה הזו תאפשר למערכת להסדיר נשימה, להפריד, להתרחק ולהתבונן. לזהות מה מיותר, מה הלב מבקש?

קשור אליי, לא קשור אליי, האם אני יכולה לענות בשיקול דעת,

לא יכולה כי אני נסערת, התערבבתי, אמתין עוד. אפתח שדה של אפשרויות, אבחר בהכי טוב שאני יכולה באותו רגע, שיכבד את הקיום שלי ושל העומד מולי. שהדבר הזה לא יתפתח למקומות שלא הייתי רוצה להיות בהם.

כשאנחנו מתחילות לייצר שינוי בתגובות שלנו, האחר ירצה לבדוק את הגבולות. הוא ירצה להיות בטוח שלא מדובר במשהו מקרי. ייקח לו זמן להאמין שיש פה משהו אחר, שבא מתוך כוונות טובות.

המתנה ואי ערבוב יכולים להתפרש לעיתים על ידי האחר כחוסר אכפתיות או ריחוק. תמיד כדאי לשתף בתהליכים הפנימיים, שהשורש שלהם טוב, מתוך רצון להתקרבות.

לא במאמץ, בנחת - זאת משאת הלב

כשאין עיכובים, אין משהו שעוצר. אני בזרימה, יש שקט בעבודה, בבית, אבל אם יש משהו שמפריע, הוא יוצר מאבק ותקיעות. כשאני קשובה, אני ממש יכולה להרגיש בתוכי וגם באדם מולי שיש משהו שעוצר אותו. יש לו איזה עניין.

ימימה אמרה: ראשית, זה טבעי, לכל אחד יש סבך.

בין שיש לי עומס ואני מבררת אותו לבין שיש לי עומס ואני כל הזמן מנסה להדחיק, להשליך או להסתיר אותו יש פער גדול בחוויית החיים.

אני יכולה לזהות את זה אצל אחרים וכל מה שצריכה לעשות הוא להפעיל את הצד של החסד שבי, כי כשאני רואה אדם שמתקשה, הדבר הכי קל או אוטומטי אצלי יהיה להרחיק אותו ממני.

"היא ככה, הוא ככה והם ככה" או אומרת "היא לא בסדר ואני בסדר" - זו תפיסת נפרדות שמאופיינת בביקורתיות ושיפוטיות יתר, זה מרחיק אותי מהאדם הזה, מבני אדם בכלל ומעצמי.

כשאני רואה מישהו בהפרה, אחפש מה לא בסדר אצלו כדי להאשים אותו, זה הישרדותי. אם זיהיתי שהוא בהפרה ושייכתי את זה לחלק העמוס שלו ולשם תיחמתי את ההפרה, זה יאפשר לי לראות אותו כשלם ולקבל אותו. זה יגדיל את כוחו של הלב לנתינתו וכהרף עין יעביר את השליטה וההשפעה מהעומס שלו למהות שלי.

אני מבינה שיש לו עניין שלא קשור אליי.

אולי כן קשור אליי, אך במידה.

אני בוחרת להתקרב, להתחבר. האהבה היא החיבור, היא הדרך - "ואהבת לרעך כמוך" - הרבה כל כך במעט מילים.

יש לי יכולת להשפיע על האחר.

זה לא שיש לי אחריות לתיקון שלו, להיכנס לתוך הסבך שלו, הפוך. לקחת מידת רוחק כדי לאפשר לו להיכנס למרחב של התפתחות.

בחלק הלבבי שלי אתן לאדם שמולי הזדמנות לתיקון, אוכל להתיר או לאפשר לו איזושהי התחלה של חיבור פנימי לעצמו במילה טובה של קרבה. יש לי את הכוח הלבבי הזה, לכל אחת יש יכולת כזו לגלות אותה ולהשפיע מתוכה.

יש לנו ערבות הדדית.

לפעמים המהלך יבוא מחסד וחמלה, לפעמים מהדין והגבול הברורים, כמו הסירוב והעמידה עליו.

איך אני עושה את זה?

לדעת שיש שם נשמה, לב ונפש ולקבל אותם כמו שהם, עם הקשיים של האדם שמולי, זה חסד גדול. לקבל את עצמי עם הקושי שלי, לחוס ולרחם. לחשוב עלינו טוב, זאת הבנה שמייצרת התקרבות.

בכל אחת יש חלקים מופרים, גם אצלי. אני מקבלת אותם, כי הם חלק ממני. הם חלקים שעולים כדי לתקן אותם, כדי לרפא אותם.

זה חיבור כדי לייצר התחדשות, צמיחה דווקא ממקומות צרים בנפש.

אם אני באה בהתנגדות, בביקורתיות יתר, אראה את חצי הכוס הריקה. אם אמצא באחר איזשהו פגם, ויש לי נטייה כזו, אזהה אותו בתוכי - הכול בסדר, כך נראה העומס שלי. אקבל את זה, כי זה חלק ממני. לא חלק שמגדיר אותי, לא את המהות שלי, שהיא העיקר.

מזהה ומקבלת אותי כפי שאני, זאת התחלה של שינוי, של תיקון.

"חומלת על ליבה" - אני לא בוחרת להיות בעומס, אני כן בוחרת לייקר את המהות הטובה שלי בלימוד, בתיקון. ההפרות האלה מיותרות, אני מבקשת ריפוי.

לייצר שינוי במקום הזה, שינוי בתפיסה שלנו זה מורכב, כי לפעמים מדובר באנשים שבאמת פגעו בנו ויש "קבלות" על כך.

כשמישהו מעורר אצלנו פגיעות, לוחץ על הכפתורים הרגישים, זה לא פשוט לרצות לתקן, אבל אין דרך אחרת לשלום בית מלבד הקשבה והבנה.

"בקש שלום ורודפהו" מתוך "ואהבת לרעך כמוך", ואפילו במעט מעט יש הרבה אור, שמסיר את הצל שעל הלב.

למזלנו הנשמה מבקשת שלום וכשאין בה היא סובלת, אז גם אם נמשיך לקלקל אפשר תמיד לשוב ולבחור בדרך של התקרבות ולדייק, לתקן.

אהבה גם לעצמי, כשאני מזהה רגעים בהם אני לא אוהבת את עצמי, לא את מה שהעומס מוציא ממני, לא את תחושת הלחץ שנוצרת אצלי, לא את הכוח וההשפעה שיש ללחץ ולעומס עליי,

לא אוהבת להיות בחולשתי. אז לפתוח פתח לאהבה עצמית ולאפשר לנפש לנוח.

"ואהבת לרעך כמוך" זה מתפתח, בשלבים, במדרגות.

זה נכון שהחלטה אפשר לקבל ברגע, אבל היישום נעשה בתהליך מעודן וסובלני, והלב ייפתח בקצב שלו.

אהבה עם גבול

אהבה היא חיבור, היא חומר הגלם שממנו נוצרים חיים. היא רגש עמוק שיכול לנוע בין קטבים, ולכן הפרה בה מעוררת התנהגויות שאינן כפופות לחוקי ההיגיון. לאהבה יש מופעים רבים והיא רגש חזק במיוחד. גילויי אהבה הם אין־סופיים ומרגשים מאוד. כולנו מזהים אהבה, כולנו קולטים אותה בתדרי הלב.

במהותה היא מתפשטת במערכת, ובטהרתה לא תלויה בדבר. אהבה בין בני זוג מבקשת אינטימיות מזוככת, ומאפשרת קרבה עד אובדן שליטה, לכן חיבור זוגי הוא קודש קודשים. אסור להכניס שום דבר למרחב המקודש. כל גורם נוסף מפר את האיזון ויוצר בלבול עד כאוס. להתאהבות בין שניים יש משיכה, תשוקה, כמיהה, היא מעוררת געגועים בלתי פוסקים. עם הזמן וחיזוק הקשר ההתאהבות הופכת לאהבה יציבה יותר ויש בה חיבורים לשאר תחומי החיים.

באהבה יש להישמר. אם מישהו נפגע ממנה, היא עלולה לעורר רגשות קשים ועוצמתיים לא פחות כמו קנאה, שנאה ונקמה.

אהבה בין אנשים צריכה חוקים וגבולות. חוקים רוחניים שנכתבים ברוח התרבות והמוסר האישיים. החוקים מאפשרים לה להתקיים לאורך זמן. הגבולות מאפשרים לה להתפשט בתוך כלי, שייתן לה צורה וטעם. ללא גבול היא עלולה להתפזר או להשתלט על מרחב האחר.

"את האהבה יש לעורר עד שתחפץ," אמר שלמה המלך. יש להזין אותה בחום, נתינה וקבלה הדדיים. כשאין הדבר כך היא עלולה להתגלות בכיעורה - דוחה, קנאית, שורפת, תובענית.

לא תמיד אנחנו יכולות להשיב אהבה, לא תמיד אנחנו רוצות לקבל את האהבה שמופנית אלינו.

לאנשים שונים יש פירושים שונים לאהבה. האהבה באה לידי ביטוי באין־ספור דרכים וצורות.

באהבת האדם לבורא יש דבקות וכיסופים, היא אהבת־על המקיימת את הבריאה כולה.

כשאני לומדת לאהוב את עצמי, אני לומדת לאהוב את הבריאה, את יוצר הכול, את בורא העולמות שברא גם אותי ברוב טובו וחסדו. אני מרגישה את האהבה הגדולה והעוטפת של ההוויה האלוהית.

ג. הקשב

מקשיבה-ממתינה-עונה

"מספיק שמקשיבים דרך הקשב הפנימי - אפשר להבין."

"קשובה לליבה תצמא תשובתה."

ימימה ייחסה חשיבות רבה לקשב בעבודה ההכרתית:

"כך בכל רגעי הקשב, רישומים והבנות הנרשמות. הבנות רוחניות, הבנות על הרוחני אשר לאט לאט מצטברות בכל פעם במשך, עד אשר הלומדת נותנת את הבנתה על כל הבנה ניתנת. החשיבות של הבנה אישית שלכן רשומה בזמן הבנה הניתנת. ברוחני הקשב קשור להבנה ודוגמה אם תכתבו אותה הבנה אינה יורדת לחלק הנאבק בנפשי־רגשי, אלא נרשמת כפי שהיא וממתינה לצמיחתה, זאת אומרת לשינוי שתעבור מתוך תהליך של המשכה והעמקה."

קשב פנימי קשור להבנה, ללא קשב ההבנות לא נפתחות. קשב מחבר בין החוץ לבין הפנים, קשב פתוח מאפשר תקשורת בין־אישית טובה. עומס נפשי־רגשי חוסם קשב. קשב חסום יוצר "קצרים" בתקשורת הבין־אישית. הקשב מושפע ממצב נפשי־רגשי. הוא משפיע על דפוסי התנהגות. כשאני מוצפת, אני לא שומעת מה קורה באמת וזה עלול להיות קריטי. זה עלול גם להשפיע על מה שאעשה אחר כך. היכולת שלי לפתוח את הקשב היא אך ורק בעבודה הכרתית, לא קשורה לקשב הפיזי, לקליטת אותות וזיהוי. אני יכולה לממש אותה בשניות, כפי שאני עושה עם כלי הכרה נוספים, כמו הזיהוי וההמתנה.

"כשיש עיכוב יש עומס גם באוזניים השומעות. לקשב הפנימי יש מעבר ישיר למרכז הלב והשכל, זו הפנימיות שלנו."

ימימה אמרה, מה שמאפשר סנכרון וקשר בין המרכזים המשמעותיים ביותר בפנימיות שלנו, הלב והמוח, הוא הקשב. בקשב מהותי יש תשומת לב ומחשבה ערה בו־זמנית ולכן קשב מהותי יכול לפרוץ חסימה בנפש, ולמעשה לאפשר את תהליך התיקון.

דרך המבנה מקשיבה-ממתינה-עונה זיהוי קשב חסום ופתיחתו יראו כך:

משהו מעורר בי התנגדות - עומס עולה במערכת והקשב נחסם. מזהה שאני בעומס והמשמעות היא שאני לא קולטת את כל מה שקורה באמת. אני ממתינה, לוקחת מידת רוחק ומתחברת לפנימיותי, מפנה רגש חם לקיום, נושמת נשימות עמוקות, הלב חוזר לפעימה שקטה ואז הקשב נפתח. אני צופה, מתחמת ומפרידה את המיותר, מתחברת ליש, הבנה נפתחת ועונה ממהות.

המודעות לנושא הקשב מאפשרת פעולה מתקנת, שיוצרת חוויה מתקנת. פתיחת הקשב יוצרת קרבה, יוצרת הבנה טובה. קשב נקי הוא קשב ללא שיפוטיות או התערבות, ללא חיפוש פתרונות או אישורים חיצוניים. קשובה לאחר, קשובה לעצמך, מאפשרת לשניכם לגדול.

הקשבה נקייה מקשב פתוח נותנת תחושה של קבלה - קבלה אמיתית - מישהו איתך, מקשיב לך, נותן לך את המרחב שאת צריכה בהקשבה, ואז התקרבות וההפך.

כשאני קשובה באמת, אני מאפשרת לאחר לבטא את עצמו בנחת, ההקשבה מפנה לו מקום, בעוד שאני נמצאת על מקומי. יש תחושה אצל האחר שהוא נשמע, מתקבל, יש לו מקום ותשומת לב אמיתית. זה יוצר קרבה והוקרת תודה, חיבור לבבי עם המקשיב. זה גם מאפשר פתיחות וביטחון להתבטא גם אם זה שונה או שגוי. הקשב הנקי מאפשר לאחר את המרחב גם לשגות, זו נתינה רבת

חסד. אם כך, לגלות סובלנות. לא תמיד יש לאנשים קשב פתוח או מודעות למשמעות ולהשפעה של הקשב בחוויה האישית, אז גם לא לבוא בדרישה.

אם אני רוצה את הקשב של האחר והוא לא פנוי אליי, ארפה ואמצא הזדמנות אחרת. אהיה קשובה אליו, למקומו היחסי.

אין להוכיח את האחר, כלומר, להתנגד לכך שהוא לא בהקשבה - זה להגיב מעומס או לעומס, להבין שמידת הפניות שלו כרגע מוגבלת, זאת הבנה ממהות.

להמתין - לקחת מידת רוחק - להעריך נסיבות, יכולת, דחיפות וכו' - זאת צפייה הכרתית והפעלת שיקול דעת, שמייצרים התקרבות.

גם חוש הומור.

למצוא את הדרך לליבם של אחרים, כפי שאת כבר מכירה, לייצר הזדמנות שמתאימה לך ובו־זמנית לאפשר להם להיות בהקשבה ואז להגיד את דברייך.

להבהיר את המסר. שלא יהיה מַלְאֶה, אלא בהיר ותמציתי - **"אומרת דברה ונחה."**

הדיבור המדויק מוצא מקום בליבם של ילדים ובני זוג, גם באלה שסבלנותם נגמרת מהר.

קשב לבבי מאפשר ליצור קשר בתדר הנכון, באינטנסיביות הנכונה, קשובה לליבך ולליבם.

אפשר במקום חביב עליכם, אחרי האוכל, לפני השינה, כשאת רגועה, כל אחד במקומות וברגעים שהוא נינוח יותר.

את העצות הללו אני יכולה לקחת למקום לא טוב, לראות בהן סוג של כניעה, חולשה - מיותר וילדותי. קשב הוא רוחני, את יכולה

לדבר כמה שאת רוצה, אבל אם את רוצה שהאחר ממש יקשיב לך, לזה יש חוקיות אחרת.

קשב מדייק, כמו נתינה מדייקת, שניהם מתחשבים גם ביכולת וברצון המקבל. יש כאן אחר יקר מולך ויש לו את התכונות שלו, הדרך, נטיית הלב ומידת הקשב שלו - המערכת שלי מבינה את זה ונשארת גמישה ופתוחה במידת האפשר, באופן יחסי, ודאי בהתאם ליכולת שלי בכל זמן.

זה מחזק, מקרב, מרחיב הבנה על עצמי, על הילד שלי, על בן הזוג שלי.

אנשים חושבים פתרונות! לפעמים אנחנו רק רוצים שיקשיבו לנו.

אז תגידי - אני רק רוצה שתקשיב.

מהיום והלאה

"מהיום, בכל קשב, אינך בודקת אם זה סותר אותך או מסכים איתך."

כשאת קשובה באמת, את מפנה מקום לאחר שיגיד את דבריו בלי לקשור את הנאמר אלייך משום סיבה וטעם. כל הנאמר שייך לדובר, באחריותו ולתיקונו, לטוב ולפחות. לתת מקום זה לאפשר לו להיות מי שהוא וגם את נמצאת כמתקיימת לידו.

אם אתם חושבים או לא חושבים אותו דבר זה בסדר. אם יגיד משהו שאת מסכימה או שסותר את מה שאת מאמינה, זה הוא. לא קשור אלייך. זו דעתו ולך יש דעה משלך, מבלי לחפש הישענות או הצדקה, הסכמה או מאבק עם הנאמר.

מכבדת את מקומו, מכבדת את מקומך.

"מי שמדבר, המילים שלו משתייכות אליו."

אם אדם אמר משהו, המילים שלו קשורות אליו, לעולמו הפנימי, לחוזקותיו, לחולשותיו, לתפיסתו. זה שלו, זה הוא. אם אמר משהו טוב ונעים לך, נחמד. אם אמר משהו שלא נעים לך לשמוע, זה שלו. אל תתערבבי עם הנאמר או עם השדה הנפשי־רגשי של הדובר. הפרידי בין המרחב שלך לבין המרחב שלו ותקבלי אותו כפי שהוא.

הסכימי לקבל את השונות והניגודים כפי שאת מקבלת את עצמך בדיוקך או בהפרתך. לא לקשר את זה אלייך. הוא לא באחריותך, ודאי אין צורך להדריך ולחנך אדם בוגר, זו יהירות. יש מקום לדו־שיח, להבהיר את עמדתך בניחותא.

את יכולה להבין בשכל את מה שנאמר כאן, אבל כשהאחר מפנה אלייך משהו פוגע, הלב שנפגע מתכווץ, כואב או דוחה את האחר וזה טבעי. גם הקשב נחסם ואז גם למילים שלך אין דרך להגיע לליבך.

כשעולה עומס או התרוצצות ופיזור במערכת ואת מזהה הפרה, המתיני. ההמתנה תאפשר עצירה של מאבק מלהתפתח ותאפשר לך לייצר הפרדה ותיחום. הפרדה של השדה הנפשי־רגשי שלך מהשדה הנפשי־רגשי של הדובר. הפרדה בין מערכת היחסים ביניכם, בדרך כלל, לאפיזודה המסוימת הזו כחריגה. הפרדה בינך - הילדה חסרת הכוחות, הנעלבת, המבקשת להחזיר לו כאב על כאב - לבין האישה הבוגרת והחזקה, שיכולה לזהות שהעומד מולך נמצא בעומס ולזכור שיש לו גם מהות ולכוון את ליבך לנקודת המהות הזו.

כשתהיי במידת רוחק מסערת הנפש, ייפתח הקשב הפנימי ותזהי את המיותר לתיקונך, את החסר להשלמתך. ההבנה באותו זמן או לאחר רגיעה, בזמן אחר, תראה לך מהי ההפרה: נתינת משקל יתר למילים של האחר. אולי דחייה, התנגדות למילותיו, כעס,

חוסר ביטחון, פגיעות, ייחוס לעצמך - לזהות, לתחם ולהפריד את המיותרים מהעיקר - ממהותך הטובה והחזקה.

חשוב לתת ללב הסוער לשוב ולהירגע, שם יפתחו לך עוד ועוד הבנות. הקשיבי להן.

למצוא את מקומי בהקשבה מנועם, בכבוד, מהטוב שבי.

להכיר את המהות שלי, את העומס, לדעת שזה משתנה, שזה יחסי ושההמתנה היא המתנה שלי לעצמי. מקשיבה לליבי, מלמדת אותו להרפות, לנוח. הפרדה ותיחום מאפשרים לאסוף את עצמי למרכז שלי כדי לתת מחום ליבי כמתקרבת, חומלת, שקטה.

קשב מול הורה

מה אפשר לעשות מול הורה שלא ממש מקשיב לי, שממשיך להגיד לי מה לעשות ואיך לעשות? גם בגיל ארבעים?

ההבנה הזאת מול הורה - לא להקשיב לעומס שלו או לעומס שזה מעלה בתוכנו. לא לבוא אליו בדרישה - זאת היכולת שלו, לקבל אותו ביחסיותו כמה שאפשר. להפריד בין חוסר הדיוק שלו כלפייך, ליחס שלך אליו. לקבל אותו כפי שהוא, לא לייחס את הנאמר לעצמך או למסוגלות שלך. לא לפעול מתוך החולשה שלו, אלא מתוך החוזקות שלך. לכבד אותו על הטוב והפחות, לקבל ולחמול **"הורה לא במקרה... לתיקונך."**

ברוב הפעמים הורה לא עושה זאת מתוך רצון לפגוע, הפוך, לפעמים הניסיון הבלתי פוסק שלו להמשיך להדריך, לכוון ולשמור הם מתוך חוסר היכולת שלו לשחרר את האחריות ההורית שלו ממך, מתוך הרצון שתלכי בדרך הטובה שהוא רואה עבורך.

אם תוכיחי אותו על התערבות יתר או חוסר הקשבה, הוא ייעלב מאוד. להבנתו, הוא פועל מאהבה ודאגה.

ההבנה הזאת יכולה לעזור לנו לעשות תיקון גם במרחב ההורי שלנו. לדייק כלפי ילדינו, להקשיב ולהרפות, אתן תגלו בהם עולם ומלואו. להאמין ביכולת שלהם להתנהל באופן עצמאי, בדיוק כפי שאתן ביקשתן את עצמאותכן.

לקבל את הניתן, לקבל את ההורים - מצווה עלינו לקבל את ההורים שלנו, לכבד ולקבל. לא רק לטובתם, אלא גם למען עצמנו, למען יאריכו חיינו. שלא נהיה בכעס כלפיהם או בטרוניה. למה ככה ולמה ככה... זה לא עושה כלום. לקבל את זה שהם עשו כמיטב יכולתם, שאם טעו או טועים זה רק משום שהם בני אדם. הרבה פעמים לא עשו, כי לא היו יכולים לעשות ומה שהיו יכולים לעשות - עשו.

להחיל על עצמי את ההבנה הזאת, את הסובלנות, לא להיות קשה עם עצמי כהורה.

כמה פעמים חווינו חוויה שלילית ואמרנו "אצלי בבית זה לא יקרה. אני לא אתן לדבר כזה להיות ביני לבין ילדי" ואז החיים מזמנים התרחשויות ומול ילדים זה לא פשוט, אפילו מורכב, ופתאום ההבנה שלי את הוריי בזמן אחר.

אפשר להגיד, שחיוך אחד של תינוק ומראה אחד שלו בחיקך, יוצר אושר גדול שאין שני לו - זאת משאת נפשנו. עם זאת, הורות זה לא פשוט. זה הרבה לתת ומעט לקבל, ודאי בהתחלה. בואי נודה על האמת, על פניו אנחנו אמורות להסכים לזה ועם זה, אך יש רגעים אין-ספור של שמחה, סיפוק, נחת והנאה, ודאי יש. גם התמוגגות והתרחבות הלב, אהבה והודיה עליהם והם העיקר לקיום.

הלומדת קובעת

"הלומדת בוחרת מה שקרוב אליה, מה שקל לה להבין, ובעיקר מה שרוצה להבין מה שהיא קובעת."

הלימוד ההכרתי מלמד אותנו שיש לנו יכולת וזכות לבחור בכל זמן. פחות ללכת לאן שמוליכים אותי, אלא לקבוע את הדרך. הקביעה לא תהיה שכלתנית, כי אם לפי נטיית הלב שלי והחלקים שעולים במערכת האישית לצפייה והתבוננות, אז אבחר במה להתמקד.

הלמידה היא אישית, ההבנה היא אישית וההתפתחות היא אישית.

כל אחת מתחברת לחלקיק אחד מתוך חלק שנמסר ומהדהד בה ונקשר לחלק מסוים בתוכה, מתחבר לסיטואציה מסוימת וזה המדויק עבורה.

כשימימה אמרה: את מתחברת למה שקל לך ומבינה בעיקר את מה שאת רוצה, מה שאת קובעת. את מחזקת את החלק שבך, שיודע מה טוב עבורך. זה בסדר שאני בוחרת להתחבר למה שמדבר אליי כרגע, כי הוא קשור לרצון הפנימי להתברר. זה בסדר שזה קל, כי הקל הוא הדבר שמתחילים איתו. מוותרים מבחירה על המאמץ בנפש, על ההגדרות החיצוניות של מה חשוב יותר ומה פחות.

לקחת את הלימוד הזה ולהפוך אותו למשהו שכלתני, מתפלפל, פילוסופי או עקרוני - זה לא שם. למידה מתוך מאמץ או מאבק, גם לא. מה שקל ומה שאת בוחרת.

מדובר בלימוד רוחני, לא בלימוד של ידיעות. זה לא שאני מבקשת לימוד מורכב או לחפש הבנות נשגבות. הפוך. אני לוקחת את מה שהבנתי בהבנה הפשוטה שלי והיא ההבנה הטובה שנכונה לי. לא צריכה להפוך מתחת ומתחת, אלא מה שהבנתי באותו רגע - זה מה שנמסר לי, זה המדויק והטוב לזמן הזה.

זה תואם את המצב הנפשי-רגשי שלי עכשיו וגם את ההתפתחות ההכרתית שלי, את המדרגה הרוחנית שלי וזה לא קשור לרמת האינטליגנציה.

כמובן שיש פה חומר עמוק וגבוה, אבל זאת עבודת הלב, הנפש.

מה שרוצה להבין, מה שהיא קובעת - זו הנחיה רוחנית והקשב מאפשר לברר זאת:

א. הרצון שלי נוכח, יש לו ערך והקשב שלי מופנה אליו. הרצון שלי מקבל יחס ומקום.

ב. יש לנו הבנות בסיטואציה שמתרחשת, אני בוחרת לאיזו הבנה להתקרב ולשהות בה.

ג. זכות הבחירה היא זכות יסוד וכלי שמאפשר לי לפתח את ההנהגה הפנימית העצמית והעצמאית שלי.

ד. קבלת החלטות - אני קובעת סדר עדיפות, במה אני מתמקדת, מה העיקר ומה משני - זו החלטה שלי.

"יש קביעה של הלומדת דרך רצונה להתקרבותה, היא בוחרת להתקרב לחלק זה או אחר ומנסה להבין. הבנתה קשורה לא רק להבנת הניתן, אלא דרך הלימוד הבנתה קשורה לפעילותה ההכרתית."

כל המהלך הזה הוא מהלך של התקרבות, מדוע?

משום שאני לא פועלת בצורה שהחוץ קובע מה אני עושה עכשיו או לא עושה, עובדת או לא עובדת, מה חשוב יותר ומה חשוב פחות.

אין פה הובלה חיצונית - סוג של מנטורנינג - אדם חיצוני שמוביל אתכן ואומר: "עכשיו נעבוד על 1, 2, 3" או "במקרה כזה תעשי 1, 2, 3."

לא.

יש פה פעולה הפוכה לגמרי, שאומרת זה לא החוץ קובע - זאת את קובעת. את מחליטה, ממה שעולה בך, מפנימיותך. זה עמוק, זאת בחירה בעצמך, לסמוך על עצמך.

כשאני בהקשבה כלפי חוץ זה חשוב, יש תמיד מסירה וקבלה של אינפורמציה, אך כשאני מעבירה את הכוח לאדם חיצוני זה עלול ליצור הישענות, תלות, התחזקות מדומה או חלקית.

מבינה - מיישמת - מגיעה לתוצאות יציבות, לא מתפרקת מפנימיותי, ממה שאגלה בעצמי.

מלכתחילה ימימה אמרה שיש קשר עם המנחה, **"יש קשר אך אין הישענות"** - זה סוג אחר של יחסים.

זה מתרגל אתכן מתוך התבוננות והקשבה, להנכיח את הפנימיות שלכן, את הרצון העצמי, את הבחירות והעצמאות שלכן ועוד.

המיקוד הוא כל הזמן בכן, בלפתח את ההנהגה הפנימית מתוך הקשבה שקטה לרחשי הלב, להבנות הטובות, לנטיית הלב, למחשבות ושם לעשות את הבירור - זיהוי וניקוי המיותר דרך הכרת הטוב והבחירה בטוב בכן, בטוב עבורכן.

"אל תתני חשיבות למיותר הקיים, תמצאי את חשיבות הטוב שבך."

קשב מול ילד

אני יכולה להיות במרחב אחד עם ילדי, אבל הפניות שלי תהיה קטנה מאוד. אני לא באמת איתו, לא ממש מקשיבה לו, עונה "כן, כן" אבל אני לא איתו. לא עוצרת רגע את כל מה שאני עושה, משקיטה את הרעשים מסביב ונותנת את תשומת הלב שאותה הילד שלי צריך באותו רגע, את מה שהלב שלו מבקש.

כשאני עוצרת-מקשיבה-ממתינה - אני הרבה יותר טוב מבינה מה הוא מפנה כלפיי ולפי הבנתי הטובה עונה, פועלת. זאת התקרבות.

ההקשבה תהיה לא רק דרך הנאמר, אלא דרך סיבי הלב שקולטים את הנפש של העומד מולי.

כשאני עסוקה בכל הסחות הדעת:

א. הוא מרגיש את זה כסוג של דחייה/ריחוק;

ב. אני לא מדייקת כלפיו, כי אני לא באמת איתו. אני רחוקה ממנו;

ג. יש פה רצון לקשב וקשר שלא באים לידי מימוש.

קשב מול בן הזוג

אותו דבר. זה לא אומר שאני אמורה להיות כל הזמן בפניות ובהקשבה, לא, גם האחר לא.

זאת מחשבה של עומס, שמייצרת דרישה במערכת ולא תואמת את מציאות חיינו - לזהות, לתחם ולהפריד.

לתת את רגעי החסד בעצירה של שטף חיי היום יום ולהקשיב נקי, מעט ונקי, זה דיוק!

זאת בחירה בהתקרבות לאחר, כדי להבין אותו ואת ליבו. כשאני נמצאת באינטראקציה עם בן זוגי אני מייצרת את הפניות הזאת במידת האפשר. אני מפנה לו מקום בתוכי, אפילו מעט, ומאפשרת פתיחה של קשב נקי ונתינה מדייקת, שהם מעין צינור הזנה מהטוב שבי לטוב שבו.

פינוי המקום ודאי מאפשר לי לא להיות עסוקה כרגע בכל הדברים האחרים שמעסיקים אותי. רוב הזמן אנחנו מתנהלות מדבר לדבר, שמייצר פיזור ורעשים. אני מנסה לנטרל את ההשפעות החיצוניות מתוך המפגש הזה, האינטראקציה הזו. כמה דקות של פניות נקייה. זה טוב גם בשבילי. מפנה מקום ואז הקשב שלי נפתח והאחר יכול באמת להתחבר אליי, אני חווה נכון את העומד מולי - זה סוג אחר של חיבור, חיבור לבבי מדייק.

כשאני קשובה, אני מפנה מקום בלב, אני מתקרבת. אותו דבר כלפי עצמי - בקשר עם עצמי.

הבנה, נתינה וכוח הרצון

כשאני בוחרת בהתקרבות, אני צופה במתרחש ללא שיפוטיות מתוך קבלה עצמית ואז יכולה להבחין במקומות שבהם אני נושאת הפרזות והחסרות ולקבוע אותם כמיותרים לקיום שלי. את אלה שמפרים את האיזון הפנימי שלי, שפוגמים בהנעה שלי, בחיות. אני מזהה ומתחמת. זה מאפשר לי לשים בצד את המיותר ולהתמקד במהותי ובטוב עבורי. אני מתבוננת ולומדת על עצמי. דרך הבחירה להיטיב ולראות את הטוב הקיים, לדייק באבחנה, דרך ההבנה, לדייק בעשייה.

למשל נתינה - עשייה נפלאה שלנו לאחר וגם כלפי עצמנו. נותנת לאחר מטובי, ממלאת אותנו בשמחה. אורו של הלב ומהותו בנתינה, אמרה ימימה.

מרכיב הנתינה, כשהוא בהפרזה או בהחסרה, יוצר חוסר איזון במערכת האישית. נתינת יתר יוצרת אצלי עומס, כי זה לא משקף את הרצון הפנימי שלי או את היכולת, והנתינה שלי אינה במידתה. הנתינה שלי במאמץ, היא ביתר כלפי חוץ ומחסירה ממני, מחלישה אותי.

המידה שומרת עליי.

כשהנתינה שלי לעצמי בחסר, אני מתעדפת את הצרכים של אחרים על פני הצרכים שלי. אני עלולה לחוש ממורמרת, חסרת שביעות רצון, כעוסה, עייפה.

לנתינת יתר יש קשר לריצוי - רצון עצמי שמתבטל כדי להתקבל על ידי האחר.

הרצון (העצמי) כשהוא חלש או לא ברור, מעכב אותי. מעלה בי תחושת החמצה.

הרצון קשור להנעה, למוטיבציה.

אולי יש לי יכולת, אבל משהו ברצון לא מספיק חזק. הרצון שלי לממש, להתממש או לקבוע התקרבות למקומי היחסי, לתת לעצמי יותר מקום, נחלש.

אני אעשה לטובת האחר, אבל הרצון שלי להמשיך לתת ילך וידעך. לפעמים ארגיש מנוצלת, אפשר שאאשים את האחר, שהוא לא מעריך ולא נותן כמוני. המשקלים הפנימיים יהיו בהפרה. אולי אחשוב שאין לי ברירה, אני חייבת, מוכרחה, לא רואה אפשרות לדייק בנתינה, במידתה.

כשנתינת יתר יוצרת עומס היא נקשרת לעיתים לדבר עצמו, לעצם הנתינה ולא למשקל המופר של הנתינה, מערבבת טוב עם מיותר. את האבחנה הזאת אנחנו מבקשות בזמן התיקון.

על כן ההכוונה היא לדייק בנתינה. כשמזהה חוסר דיוק, מתקנת, מדייקת.

כשאני נותנת לילדי יותר ממה שהוא צריך לקבל מתוך רצון לכפר, לפצות.

אולי הוא מזכיר לי מצוקה שהייתה לי בתור ילדה, משהו מזה. מעין רישום של חסר שנרשם בי ואני חוששת שהילד שלי יחווה אותו, אז אני נותנת לו מעבר למה שהוא צריך, מעבר למה שאני יכולה או אמורה לתת.

אני מזהה את ההפרה, מזהה את קולות הפחד או החוסר הילדי ומתחמת אותם לזמנם, קובעת אותם כמיותרים בחמלה, בקבלת מקומי היחסי גם כמפריזה/מחסירה וממתינה להבנה חדשה.

בנתינת יתר כלפי ילדי, אני גם מחסירה ממנו וגם מחלישה אותו.

הוא לא מקבל נתינה במידה הנכונה בהתאמה, נתינה לפי המקבל.

נתינה מעטה אך נקייה, מדויקת, תאפשר לילדי לממש את היכולות שיש בו לעשייה ולהתפתחות. בכולנו יש כוחות נפש מופלאים, ודאי בילדינו. הם ואנחנו צומחים, מתחזקים גם מהצלחות, גם מחוסר הצלחות, מקשיים. להיזכר ולהודות זו הכרת הטוב.

הפחד מחסיר ממני, מיותר לקיום, מתעתע, מוריד. לא להאמין לו, לזהות ולתחם. שייך לעומס. חרדה אותו דבר, לנקות את המיותר.

מתחברת לאור, להכרת היש הנמצא בתוכי. מדברת אל ליבי בחום, בחסד, ברוך.

את פוחדת? זה טבעי. את חרדה, זה עולה ממך, את רחוקה וקר שם, בואי תתקרבי. יש בך מהות טובה, את אהובה ומושגחת. באמת. המתיני, קחי מידת רוחק והמתיני, זה יעבור, את יודעת.

המהות תפתח לך הבנות חדשות, תאפשר לך להתרחב במקומות שמצרים ותוכלי לתקן, לדייק את נתינתך לעצמך, לאחרים, לצמצם את העומס ואת תוצאותיו.

לילדך יש הרבה מאוד גם מעצמו וגם משמיים. את נותנת כפי יכולתך והיא רבה, כשאינך מפריזה ואינך מחסירה, כשמדייקת בנתינה את חוזרת לכוחך, מחזירה את אורך, שמחתך.

את מחזיקה בלב רגש לקיום, אמונה, תקווה, נקודות זכות. את מחזקת את האמון בעצמך, בכוח החיים, בקיום.

בני אדם כל זמן שהם חיים יש להם כוחות נפש, הם יכולים להתגבר גם אם הדבר קשה.

אפשר,

אפשר

כל אדם

ודאי הילדים שלנו,

ודאי בני הזוג שלנו,

ודאי אנחנו

נזכרות כמה כוח יש בנו

להחזיק את המחשבה הזו, לחזק את הפנימיות.

יש לנו מנגנוני השגחה, מנגנוני הגנה, כל מערכת החיים בנויה
מתוך עיקרון של שימור עצמי והמשכיות, זה בסיס הקיום שלנו.
הוא מושגח במערכות מורכבות מאוד ומיוחדות, נפשית ופיזית.
ככה זה באופן טבעי, זה אלוהי.

אנחנו חיות בתוך בריאה מופלאה, שמספקת לנו מזון, אוויר, מים
וחום, רוח, אדמה, אש וקרח. בעלי חיים נקשרים אלינו בדרכים
מופלאות, כך גם גרמי השמיים, יש תפילות ויש ניסים, אתן יודעות.

בלימוד אנחנו מרחיבות את ההבנות שלנו, קשובות לעצמנו, מזהות
את מנגנוני ההגנה ומפחיתות קצת מעוצמת ומתדירות השימוש
שלהם במערכות האוטומטיות. אומרות למשגיחים - זה בסדר,
הכול טוב, גם אתם יכולים לנוח קצת, ותוך כך מתפנים כוחות
נפש וכוחות פיזיים לחיים באותנטיות, בשמחה, במימוש עצמי,
להתפתחות וליצירה.

תהליך בירור הרצון

רצון = הנעה = רצ-און

מתמקדת ביש, במי שאני עכשיו, במה שאני חווה עכשיו ומוצאת
את המלאות שלי המתגלה בי. נוכחת. מודה על היש הקיים, קשובה
לליבי, נאספת. שומרת על מידתיות, מרככת דרישה, ממתינה,
נושמת, מרפה. שקטה. משחררת מיותר.

פונה אל הכרתי, נזכרת בטוב שבי, במה שמתקיים עכשיו, ברגע זה ומתמקדת בו. אני בשיח אחר. שיח מקרב, כאומר לי: "מה שאת עכשיו זה הטוב עבורך, את אהובה כפי שאת עכשיו, בלי תנאים, יש בך עולם ומלואו."

מה שמגדיל את חוסר הרצון ופוגע בהנעה הפנימית הוא עשייה במאמץ - אי הלימה בין נטיית הלב לנעשה בפועל. כך גם הסתכלות החוצה והשוואות. התמקדות בפער, דחייה עצמית, חוסר קבלה עצמית, חוסר הערכה עצמית - את מבינה?

כל המקומות האלה שאומרים: "את חייבת, את מוכרחה, את צריכה, מה שאת היום זה לא מספיק, זה לא בדיוק, זה לא טוב, זה פחות מדי, זה יותר מדי, היית יכולה אחרת."

שיח מרחיק זה יחס שאני מתנה כלפי עצמי על בסיס האמונות האלה, על בסיס המחשבות האלה על העצמי, זאת אומרת, מאחר שאני "עוד לא" או "בכלל לא" אז אני לא ראויה, אני לא מספיק טובה, אז בשביל מה לנסות בכלל?

לא תמיד אומרת את זה באופן הזה, בשכל, במילים, אבל זה ודאי מחלחל לתפיסה שלי את עצמי. כשהרצון שלי חלש, למעשה, אני לא מביאה אותו מספיק לידי ביטוי. לפעמים זה קשור לכך שאני מוותרת על הרצון הפנימי שלי, כדי לזכות בדבר אחר שאני רוצה במקום, או מקום בעולמו של אחר, המשפחה, העבודה תוך כדי מאמץ או ריצוי.

אני לא מנכיחה את רצון הלב שלי, כי באיזשהו אופן במקומות מסוימים, בצורה מסוימת, כשצמצמתי את הרצון העצמי שלי ומימשתי רצון של מישהו אחר - הוא התקרב אליי, רצה אותי בקרבתו יותר. אולי זה עשה שקט סביב קונפליקט שלא רציתי להיכנס אליו מחשש שיפגע בי באיזשהו אופן. לא קיבלתי תגובות שליליות, זה שמר עליי.

ייתכן שעם הזמן זה הפך אותי למישהי שאנשים רוצים להיות לידה, כי היא ממלאת את רצונם יותר מאשר את רצונה, זה עלול להגיע למקומות קשים. ממשיכה להתבלבל ולתת מעבר.

אני כן רוצה להיות אדם חברותי, להיות בנתינה, קרבה והרמוניה, אבל לדייק ברצון, לדייק בנתינה, בעשייה, לכבד את קיומי ולשמור עליו. כשהדבר נעשה במאמץ נפשי, אני בהפרזה או החסרה וזה כבר שייך לעומס, התיקון - לדייק בהם.

זה לא שצריך לאבחן את התופעה הזו ולתת לה שמות, לא.

זה פשוט מאוד, מי שעושה את רצון האחר ולא את רצונה או בניגוד לרצונה, מעדיפה את רצונות האחר על פני רצונותיה או שרצונה מושפע מעומס.

אולי תרגישי טוב באותו רגע, כי נתנו לך מקום או נאבקת על מקומך וקיבלת אותו, אבל אחר כך תרגישי שהמקום ניתן בהתניה, ולא תהיי מסופקת - זו לא נתינה נקייה, זה לא מרצונך המהותי, ולכן לא תהיי שמחה באמת.

להחזיק רצון של מישהו אחר הרבה זמן - זה לא מחזיק, תרגישי לא טוב עם זה.

תמשיכי להגיד לעצמך: "קשה לי, אבל זה לא נורא, עליי להתאמץ כי זה חשוב, זה עבור מטרה טובה, עבור אנשים שאני אוהבת" - לתת לזה הצדקה, הצטדקות.

לא פשוט לצאת מהמקום הזה.

נתינה היא ערך תרבותי, אישיותי וגם שיקוף של הטוב הקיומי, טוב הלב שלנו.

מצופה מאיתנו לתת להורים, לחברים, לילדים, מכוונים אותנו להיות בנתינה וגם מקדשים את הערך הזה בתרבות שלנו. אימהות אלטרואיסטית היא סיפור שעובר מדור לדור, ומה עם נתינה לעצמנו?

לפעמים מה שמעכב אותי מלפעול אחרת, קצת יותר לטובתי, זו האמונה השגויה שאני יכולה לאבד את הנקודות שלי אצל אנשים. בראש אני מאמינה שהם לא יאהבו אותי, לא ישמחו לקראתי כשיראו אותי, כי פתאום אני לא נותנת להם מספיק, לא "רוקדת לפי החליל שלהם" או לא נותנת בכלל. שבויה בתפיסה שבלי לתת אין לי מקום אצלם.

אלה מחשבות של עומס, שמעכבות ויוצרות מאמץ נפשי וחולשה.

את ניקוי החלקים המיותרים אנחנו עושות צעד אחר צעד, בהדרגה וביחסיות.

ההפרות בנפש ודאי קשורות למערכת ההתניות שאנחנו מכירות מילדות ובגרות. לא רק בחינוך מהבית, אלא בכלל בתנועה של נתינה ולקיחה, לפעמים שיווי המשקל מופר.

לזהות את המקומות האלה זו עבודה מהותית מהכרה ערה, חיבור בין מחשבה לבין רגש והקשבה ללב.

לקבוע אותם כמיותרים ולעשות הפרדה בין המיותר לבין העיקר ולדייק בהם זו עוד מלאכה מקרבת. לקחת מידת רוחק כדי לנסות לברר מה הרצון, אם יש מאמץ בעשייה או בתוצאותיה.

אם עולות אצלי תחושות לא נעימות, כנראה זה סימן שעליי לתקן. לא דייקתי - זה לתיקוני. דבר מה יוצר אצלי לחץ פנימי, איזשהו מאבק, אז לזהות, לדייק ולהרפות.

הלב נושא את הרצון העמוק, הפנימי, המהותי, הבינתי שלנו. הלב נושא את התפילות, התקווה, הכרת הטוב והאהבה. הלב נושא את הכאב. את האמת. שימרו עליו.

אשרי האיש והאישה חכמי הלב.

היא רושמת

"גם את מאבקה, בזבוז כוחות הנפש ובזבוז הזמן וברגע שמגלה שכך, היא רושמת, מנסה לתקן את אשר מיותר."

המאבקים האלה, כמובן, מבזבזים כוחות נפש, מבזבזים אנרגיה וזמן, וברגע שאני מגלה שכך - אני רושמת. כשמזהה מקום של הפרה בעצמי, אני רושמת.

הרישום מאוד חשוב, הפריסה של העצמי על דף הנייר מאפשרת לי התבוננות נוספת על הפנימיות, תוך כדי למידה וגילוי העולם הפנימי שלי, עוזרת לי להתבהר.

זה שעכשיו דיברנו, קראנו והבנו זה דבר אחד. אחר כך כל אחת עם עצמה בביתה, בחייה, עם הדברים שעולים אצלה במערכת האישית במהלך היום.

אני כותבת מה היה שם, מה הרגשתי, אני מסתכלת על הדברים בסקרנות, ללא שיפוטיות. זה מאפשר לי לעבד את החוויה שלי ואז עוד ועוד הבנות נפתחות.

זה קשור לאופן שבו אנחנו פועלות בתוך הזיכרון הסמנטי שלנו - איך אנחנו תופסות את חוויית החיים שלנו.

הרישום משפיע, כי יש תהליכים שאני מזהה, הם נמצאים במודע ואני פועלת ברובד מסוים, אבל זה לא כל התהליך. אנחנו חוות חוויית חיים בנקודה מסוימת באיזשהו זום, כמו שהראייה שלי עכשיו מסוימת.

אם אגדיל במיקרוסקופ אראה דברים שלא ראיתי קודם. אם אגדיל בטלסקופ יתגלו לי דברים נוספים. יש לנו טווח גם בעומק, בפנימיות.

מה שאני מבינה עכשיו הוא ברובד מסוים וההבנות שלי משתנות.

יש משהו בשיעור שמתחבר לחיים שלכן - ההבנה האישית.

מה למדתי על עצמי היום?

מה עולה בי?

מה חוויתי?

מה הבנתי?

לרשום ולהרפות, זה גם משחרר וגם מרפא.

"התמקדי בטוב שבך, השרישי אותו אל ליבך ומחשבתך. [...] מה שמתאפשר תודי ומה שנותר, תקבלי."

ובעזרת השם נעשה ונצליח!

ד. ההכרה

ההכרה היא החלק שמאחד בתוכו את כל ההבנות, עליו נמצאים מבנים תפיסתיים והוא הכי קרוב למושג התודעה או למודעות הפופולרית.

בהתפתחות ההכרה, לשיטת 'מכון מענה' יש ארבעה שלבים:

הכרה מתחילה; הכרה מתקדמת; הכרה בשליטתה המתחילה; הכרה בשליטתה המתקדמת.

אנחנו נפתח את השלב השני.

הכרה מתקדמת / הכרה ערה

"הפעילות נמשכת דרך ההכרה ומודיעה על כל מרכיב מיותר כמזוהה על שדה ההכרה ואז קורה מה שכבר למדנו, שאז החלק החסר משתקף בהיפוכו, מודיע על החסר שבו ומודיע על ההשלמה..."

מה שמאפיין את שלב ההתעוררות הזה הוא שמתקיים דיאלוג פנימי מובחן יותר ביני לבין המהות הפנימית שלי. אני מתחילה לדייק יותר את עצמי ברמת המרכיב והחלקים מתקיימים רוב הזמן במידתם. כבר לא עסוקה באיך העומס שלי נראה או איך לצמצם את העומס במערכת האישית, אלא מבחינה בחלק ההופכי המבקש השלמה ומכוונת לשם.

למשל, ספק ביתר במערכת האישית מעורר עומס באופנים שונים: מטריד, מפזר, יוצר אי שקט במערכת. המרכיב ההופכי הוא האמון. כשמרכיב הספק ביתר, מרכיב האמון, על פי רוב, בחסר. בשלב זה של הלימוד, כשאני מזהה הפרה שגווניה מוכרים לי והם באופיים קשורים לספק, לא משנה כרגע מה המקור של ההפרה, אם מרישומי ילדות או מאירועי חיים, אני אפעל לתיחום והפרדת החלק המיותר, הספקן, המפריז במרכיב הספק עם הבנה שהאמון

חסר בי ומבקש להתרחב ולגדול. כשאני בהבנה שהספק הוא ביתר ומגדירה את ההפרזה כמיותרת לקיום, ההבנה תתבהר למקומי היחסי. אפשר שאזין את המקום הזה ברגשות טובים, מחשבות טובות ותובנות חיים שיש בהם כדי להנכיח את האמון במערכת האישית. אולי אזכיר לעצמי, שכך נראה העומס שלי ולראייה כל אותן פעמים שנוכחתי כי החששות והספקות המטרידים שלי היו לשווא.

"צפייה היא מידת רוחק מהנעשה. ההכרה נוכחת ודרכה משתקף המופרז. המשקיף והמשתקף, ההבנה צופה. אם היא רשומה יש יציבות בתיקון."

כשעומס עולה בתוך המערכת, אם כתגובה למשהו שהתעורר בי או מול אחר חיצוני שבאינטראקציה מולו הייתה התנגשות, המערכות האוטומטיות מגבות ומייד מורגשת בי התנגדות לנעשה, מאבק פנימי או דחייה.

כשהמערכת רועשת, אני מבקשת לבחון "הכצעקתה" וגם כדי ללמוד ממנה משהו על עצמי. זה אומר שההכרה שלי נוכחת.

כשאני תגובתית זה אומר שאני מעורבבת עם העומס שעלה בי ואין לי, למעשה, הרבה אפשרויות מלבד מה שמערכות ההגנה שלי מספקות באותו רגע - השלכה, הדחקה, מאבק נגד העצמי או האחר.

כשההכרה שלי נוכחת, אני פועלת דרך מבנים גמישים מייד כשמזהה שאני בעומס. כדי לפעול דרך המבנים התפיסתיים החדשים, אני נכנסת לפוזיציה אחרת. במקום לשפוט, לבקר ולהחמיר אני נוקטת עמדה ניטרלית יותר - כצופה.

מי שצופה לא מעורב. מי שצופה יכול לבחון את מה שעומד מולו מבלי לנקוט עמדה, עד שיתבהרו מספיק נתונים על האירוע.

צופה יכול להיות רק מי שנמצא במידת רוחק כזו שהיא קרובה מספיק כדי לבחון את הנתונים, אך גם רחוקה מספיק כדי לראות תמונה רחבה של כל המעורבים.

הצופה הוא המשקיף ומה שהוא מגלה זה המשתקף.

כשאני משקיפה החוצה, מה שאני רואה בחוץ והאופן שבו אני מפרשת את מה שאני רואה, משתקף דרך הפנימיות שלי. אין מציאות חיצונית אובייקטיבית, הכול בעיני המתבונן.

זאת פרשנות של מנגנוני חישה, תפיסה והכרה אישיים ולכן משתקף גם עולמו הפנימי של המתבונן.

אני רואה מתוכי, אבל ההסתכלות עוברת דרך המערכות הפנימיות שלי. מה שאני מבינה, המשמעויות, הפרשנויות, הייחוסים. לכן ימימה אמרה - ההבנה צופה.

כל דבר מקבל פרשנות, אין דבר כזה שיקרה משהו בחוץ והמוח לא ינסה לפרש אותו, להבין אותו. במצבי עמימות ייתכנו פירושים שונים. זה קשור עמוק במנגנוני הקיום האנושי שלנו.

מה משתקף מתוך האחר?

מה שהוא מפגין כלפי חוץ באופנים שונים, מה שהוא משדר בתדרים אנרגטים, בשפת הגוף, בדיבור, במעשים.

מה הסובייקט רואה בנוסף לכך?

את החלק המפריז, שמשתקף באחר לפעמים גם בהיפוך.

מה זאת אומרת? איזה חלק בהפרזה?

ההכרה באמצעות צפייה במתרחש חיצוני (באדם שמולי, במצב מזדמן) תזהה את החלק המופר אצל האחר. כל דבר שהוא ביתר או בחסר ונוכל להגדיר אותו כמיותר, לתחם אותו ולהפריד אותו. כלומר, לא תגררי או תתערבבי עם המיותר המזוהה. הפעילות

ההכרתית הזו תחזק את היציבות הפנימית של הצופה ההכרתי.

כאשר הצפייה היא כלפי העצמי, אני בוחנת את עצמי בסיטואציה מול האחר, את התגובות הפיזיולוגיות והנפשיות שלי, שהן שיקוף למידת האיזון והעוצמה הפנימית שלי או ההפרה שבי. למשל, אם אני חסרת ביטחון והאחר מפגין אסרטיביות, זה מה שימשוך את תשומת ליבי. אני יכולה להעריך אותו בשל כך, לקנא, להשוות או לדחות, לפרש אותו כאגרסיבי ואפילו תוקפן. כשמרכיב הביטחון אצלי בחסר הוא יוצא משיווי משקל עדין פנימי, ולכן ההערכה שאני עושה על מידת הביטחון המשתקפת אליי מהאחר עשויה להיות מוטה. בכל מקרה היא תהיה סובייקטיבית.

העבודה ההכרתית במקרה זה תהיה לזהות את ההשוואה שאני עושה ולקבוע אותה כמיותרת לקיומי. ההשוואות מאפשרות לי לקבל משוב על עצמי, אך כשאני מייחסת להן משקל יתר הן מפריעות לי, למשל, כשאזהה שיח שמאדיר את החוץ ומקטין אותי. אני אתחם את השיח הזה, כי הוא שייך לעומס ומפריע לי להקשיב ולהתייחס לעומד מולי.

עבודה הכרתית מתקדמת בשלב זה היא בצמצום הספקות במערכת ובהרחבת הביטחון העצמי שנמצא בחסר. המערכת הפנימית שלי תראה לי את ההשלמה, את הדיוק היחסי המתבקש, כדי להשיב את החלק הזה לממדיו. חלק שחסר בו הוא כמו חסר ממד. אני יכולה לעשות זאת באמצעות חשיבה חיובית כלפיי, כלפי העשייה שלי, כלפי המקום האישי שלי, לראות את האור שבתוכי, את הכישורים והטוב שיש בי, ואת אלה שכבר עודדתי במערכת האישית שלי בתהליך ההתקרבות. עליי לגלות אותם ולשים אותם כעיקר לקיומי.

אני כבר פחות פועלת מתוך מאבק או חולשה פנימית. ההכרה תקלוט את המתרחש ותפעיל את מסלול הכלים ההכרתיים לתיחום העומס כמעט באופן אוטומטי ובו בזמן תבחר מהמהות

בפעולה מתקנת, שתאפשר לי להעביר את המיקוד מהחסר והמיותר למציאות העכשווית, לציר הכוח שלי.

הרצון שלי להרחיב את הביטחון העצמי יוכל להתממש, כשאזהה את הערבוב שאני עושה ביני לבין האחר, בין המערכת האישית שלו לבין המערכת האישית שלי. כשאני משווה, אני מחברת בינינו מבסיס של חסר, בעוד שההכרה המתקדמת מתחמת כל אדם למקומו - אין האחד בא על חשבון האחר, ואין האחד פחות והאחר יותר.

המערכת פועלת מתוך נוכחות שצופה על המתרחש וממתינה להבנות נוספות להיפתח. ההכרה מחברת את סיבי הלב להסכמה להיות נוכחת במקום היחסי שאני נמצאת. התקרבות לעצמי מאפשרת התקרבות גם לאחר. אני לא שופטת דרך העומס ודוחה/ מאדירה את עצמי ו/או את האחר. מתקרבת כמכירה ומוקירה את היש הקיים.

משלימה מה שחסר

כשאני פועלת מתוך חוסר ביטחון, זה יישמע במשפטים שמזכירים הצטדקויות - אני מזהה את השיח הזה וכבר יודעת איפה אני רוצה להיות. זו עבודה הכרתית מתקדמת. ברגע שמזהה שיח מצטדק, אני יודעת שזה נובע מתוך חלק בי שחסר, נחלש מעומס. כשאני לא בטוחה במקום שלי, כשמישהו או משהו מחסיר ממני.

כשהמערכת מזהה חולשה ומציפה את זה, אז מרכיב הביטחון מודיע על החסר בו - יש פה שיקוף למשהו שחסר לי באופן אישי - יכולת הביטוי העצמי שלי או האומץ לעשות מה שהרצון הפנימי שלי מבקש ולא מעז. כלומר, מה שהשתקף הוא החוסר בביטחון וההשלמה שלו, זו קריאה לתת מקום לביטוי העצמי ולהנכחת הרצון העצמי ולשם אני מכוונת.

אם כך, האחר לא רק שאינו כוח שמחסיר ממני, ודאי לא באגרסיביות, אלא הזדמנות נפלאה לשקף לי חלק המבקש תיקון ובכך עושה עימי, שלא מידיעתו, חסד גדול. **"לא במקרה פוגשים את מי שפוגשים..."**

מטרתה של המלאכה המתקנת היא, בין היתר, לצמצם פער בין רצוי לבין מצוי. ההכרה המתקדמת מבינה, שהגדרת רצוי, אופטימלי, אידיאלי לא מדייק כלפינו בלשון המעטה, כבר ויתרנו על זה. גם מצב מצוי מוטה ומשתקף דרך החסרה/הפרזה, הוא לא טוב.

אנחנו מבקשות לדייק בתפיסה שלנו, בהערכה שלנו את מידת הפער. להיות קשובות ומכבדות את מידת הרצון שלנו, את היכולות היחסיות שלנו. פחות מסתכלות החוצה, מאירות ומייקרות את הטוב והברכה שיש בנו בכל רגע. מתכנסות יותר ואסופות לבנות משהו שהוא נכון לנו, שהוא אנחנו. לא החוצה בהשוואה, אלא נכון לנו ולשמוח מזה. אנחנו פועלות מהמקום הזה, כי הוא העצמי האותנטי ומשקף את הרצון הפנימי הטהור שלנו.

גם אם הוא לא יהיה בהלימה למה שאומרים לי, שכדאי שיהיה, שחשוב שיהיה, שרצוי שיהיה תרבותית, חברתית, משפחתית וכו'. ההכרה קשובה וקוהורנטית לרצון הפנימי, כשהלב מסכים ומצטרף - זה המדד.

תפיסה אשלייתית

לפעמים אני קצת נהנית מהעומס, מרגישה התעוררות במערכת, נאבקת על צדקת הדרך, מוכיחה את האחר.

לפעמים השאיפה לשקט ושלווה עלולה להתפרש מתוך התנגדות ללימוד, לדרך, כסוג של השטחה רגשית, כי העומס יוצר המון אנרגיה בתוך המערכת ויש גם תחושה שאני "משיבה מלחמה", תופסת את מקומי במרחב מעמדת כוח.

זה הכוח של האשליה.

מי שחוותה את העומס בשכל, במחשבות, בפעילות שכלית דומיננטית ביום יום - מנהלות, משפיעות, מקבלות החלטות, לעיתים העומס מצטבר יותר שם.

השאלה מה יהיה אם יהיה שם שקט? מה המשמעות של להיות בהשקטה? האם זו השטחה?

הפחד שאאבד את כל מה שהיום אני מרגישה כחיות, כשליטה, אאבד את העצמי שלי כפי שמכירה אותו, את מי שאני, את האופן שבו אני רגילה לחוות את המציאות? מה יהיה אחרי זה - יגיע איזה שקט וזה לא יהיה אני?

אני לא רוצה לאבד את המקום שבו אני בסערה מחשבתית, מרגישה מעורבת בכול, מעורה בהכול, שיש לי מקום בכול מקום, אך זו תפיסה אשלייתית, מאבק על מקום - שייך לעומס.

ההבנה הצרה והמתנגדת של "אם יהיה לי שקט, אאבד מכוחי, מכוח השפעתי, לא אהיה מסוגלת להשפיע, לחוות דעה," מעכבת את ההתפתחות שלי.

אני מזיזה את העוגנים שלי למקום אחר.

האש שמניעה את הקיום האישי ויוצרת מוטיבציה להתפתח ולגדול, תהיה בעוצמה מאירה ולא מכלה.

זה לא שתאבדי את היכולת שלך להיות אדם, שמביע דעה ואפילו שונה - חשוב שיהיה לך את הקול המסוים והמיוחד שלך. את לא תאבדי את זה לאף אחד, לשום מקום.

המלאכה היא לשחרר לאט לאט את המאבקים הפנימיים, כי חלק מהתנודות הרגשיות האלה הן סוג של חוסר איזון פנימי, שמקבל הצדקות והצטדקויות מאירועים חיצוניים.

התשמע קולי?

חסר פנימי שמפעיל את העומס אולי קשור לילדות, לאירועי חיים, שמסיבה כזו או אחרת הקול שלי לא נשמע. הקול שלי הוא גם ביטוי של הרצון העצמי שלי. יש לי החסרה, נרשם בי חסר של המקום הזה ועכשיו אני מוצאת את עצמי לפעמים "צועקת", כי חשוב לי להשמיע קול, לפעמים בקול רם.

המקום הילדי הבטוח לא נשמר, המקום האישי נפגע, לא קיבלתי את ההקשבה והפניות, את הביטוי העצמי ולכן סיגלתי לעצמי כל מיני התנהגויות, תפיסות עולם, אופנים שבהם כן השמעתי את הקול שלי וכן הצלחתי לקבל את המקום שרציתי. כלומר, מצאתי דרכים להשמיע את קולי בקול, מצאתי בעבודה, בזוגיות, בהורות ועוד.

אומנם ההשלמה לפעמים מתבטאת במימוש בתחומים שונים, אך הפצע הפנימי עדיין שם. מה שחולל את העניין ממשיך לעורר את החסר הזה והוא לא מתמלא כפי שהייתי רוצה.

כדי למלא אותו, אני פונה החוצה, תובעת אותו מהאחר, דורשת.

לא ממלאת אותו כלפי עצמך, מאירה את מהותך ומזכירה שאינך ילדה עוד, אינך צריכה להמשיך להיאבק. את במקום הטוב שלך, הדברים שלך נשמעים היטב, בלי מאבק, תפסת את מקומך בעולם! את נפלאה!

את לא אומרת את זה לעצמך. את עדיין ממשיכה בשיח הפנימי, שדוחף אותך ל"מה אני עוד צריכה לעשות? מה לא הספקתי להגיד?" חייבת להוכיח את נחיצותך ומקומך בעולם, נאבקת לתפוס מקום.

מחפשת השלמה מבחוץ.

מהעומס מקטינה או מאדירה את הישגייך, לא מודעת למקום שכבר יש לך בעולם בלי מאבק. ממשיכה לצפות שהחוץ ימלא את

החסר, כילדה שרוצה הקשבה מאימא ואבא, שיקבלו אותך כפי שאת, אך הם לא מבינים מה את מבקשת.

ומה קורה אז?

את פונה אל החוץ ותולה בו את האשמה על התחושות הפנימיות שהעומס מעלה, כלומר, שהוא לא מספק לך את מה שחסר בך. כשאינך מסופקת או מרגישה שהקול שלך לא נשמע, את מאשימה את החוץ לך - החיים, הסביבה - אך אין לך באמת כוונה להאשים אותם. כל רצונך הוא שישמעו אותך, שתהיי מורגשת, רצויה. שבן זוגך יראה אותך, יקשיב וייתן לך את החום שאת חסרה. שהילדים שלך יראו אותך ויתנו לך מקום. לפעמים את תובעת מהם את מה שאת חושבת שהם מחסירים ממך - הקשבה ואהבה. זו השלכה של החסרה ילדית מול הורים, מול הבעל, הילדים, האחרים. את מחפשת מבחוץ את ההשלמה.

אני לא רק הולכת כלפי חוץ, מאחר שאני תלויה באחר כדי להתמלא, אלא אני גם נשענת עליו. במובנים מסוימים בן הזוג שלי כן מספק את ההשלמה, ודאי בתחילת קשר כשיש הרבה פרגון, חום וחיבה יתרה, ודאי בימים טובים של חיבור ונעימות. מול ילדיי הצעירים, שהיו זקוקים לי, ודאי חשתי שהמקום שלי מלא, כי אני רצויה וקולי נשמע ונחשב. אך כשהילדים גדלים או מגלים רצון משל עצמם, אני עלולה שוב לחוש בלתי נשמעת, חסרת משמעות ואז אני "תובעת את זה". אני לא עושה את זה באופן מודע, אבל התרגלתי שהחוץ ממלא את החסר הזה, נותן לי מקום שאני מרגישה בו רצויה, שצריכים אותי, שמקשיבים לי. אני רוצה את זה כל הזמן, אני רוצה להמשיך להרגיש את זה, שהאחר המשמעותי ימשיך למלא בי את החסר, להראות לי שוב ושוב שאני רצויה ונשמעת.

לא תמיד מבחינה בזה, מבינה את זה והאחר די לו במילוי הצורך של הנשען והתובע. אנשים לא אוהבים שנשענים עליהם, זה

מעיק. אנשים לא אוהבים שתובעים מהם תשומת לב, הקשבה או התייחסות, זה לא נעים.

אתן ודאי מרגישות מועקה אם יש מישהו שתלוי בכן. זה לא שאני אדם תלותי, אבל בזה שאני מצפה או תובעת תשומת לב, הכרה, את המקום שלי מהאחר, אני נשארת תלויה בו.

האחר לא מקשיב לי, סותר את דבריי - אני כועסת עליו. אני כועסת עליו ומראה את זה בכל מיני צורות. גם הוא מפנה כלפיי כעס, מתגונן ואז זה נותן לי הצדקה לכך שאני כועסת.

זה מעגל שאני לא מצליחה לצאת ממנו - "אני רוצה ש... ואתה לא"; "אני חושבת ש... ואתה לא." אני עדיין ממשיכה להאשים, להשליך, להחליש אותי ואותנו.

על כך ימימה אמרה: **"נאמר כבר, שאם יש חוטי ערבוב עם אימא לא משליכים על הבעל, צריך לנקות ולא לבזבז זמן. בוזבז הרבה זמן, כי אותה השלכה מחסימה זו ממשיכה. החסימה היא צורך שבלעדיו היא פוגשת את כל חולשתה, חוסמת חולשתה והשאלה - האם היא נשענת על התחזקותה, בינה, ליבה ובינתה?"**

אני רוצה לצאת מהמעגל הזה ולמצוא את המקום שלי בעולם, כדי להכיר במהות שלי כעיקרית לקיומי וכמתקיימת למרות העומס. להכיר ולהוקיר את מי שאני היום, בלי מאבק, בלי להמשיך ולהוכיח. לראות את עצמי במלאות עם הטוב והפחות, כנוכחת. כל דבר שיש לי הוא מתנה, אני יכולה לנוח, לוותר על המאבק. מותר לי, הוא מיותר לקיומי. אני אהובה וחשובה מעצם קיומי. עליי לקבל את עצמי עם המורכבות שלי, ביחסיות שלי, לחבק את החלקים החסרים שבי, שבהם אני נתקלת ולתחם אותם לזמנם. לתחם את הקולות של העומס, לברור את המוץ מהתבן, להתמקד בעיקר.

הוריי עשו כמיטב יכולתם ואני מכבדת אותם. בזכות אהבתם באתי

לעולם. יש בי דברים יפים שקיבלתי מהם, אני **"מושכת חוט זהב מילדות."**

אתן תכירו את זה, תוקירו ותבינו כמה כוח יש לכן היום, באמת, לכל אחת מכן!

לפתח את המודעות לעצמי, לטוב שבי, לכוחות שיש לי, לפוטנציאל שבי, למי שאני כבר עכשיו ולהגדיל את ערכי בעיני עצמי, לא להקטין.

לא להקטין ולהגיד "זה שטויות וזה שטויות ואת זה כולן יכולות" - לא!

אלה לא שטויות כלל.

מצד אחד ההקטנה שאני עושה לכל דבר חיובי שיש בי, מצד שני נותנת משקל לכל דבר קטן שלא מסתדר כמו שהייתי רוצה, כל מה שלא עומד בסטנדרטים שלי. אני למעשה נותנת יותר משקל לעומס וזה מרחיק אותי מעצמי, מחליש ולא מאפשר לי להתפתח ולהתרחב רוחנית, פנימית, הכרתית.

"אומרת דברה ונחה." תגידי מה שיש לך להגיד, מה שעל ליבך, בנחת. חשוב שתגידי. הדיבור שלך הוא שיקוף של העולם הפנימי שלך, תגידי ותנוחי. המנוחה לאחר מסירת המילים חשובה מאוד וזה התרגול העוצמתי ביותר שניתן לקיים במקום שיש בו רעש, הצטדקויות, פיזור. המנוחה לאחר אמירת הדברים חשובה לא פחות מהאמירה עצמה. היא מאפשרת את השקטת הסערה בתוכך, מאפשרת לך לאחר זמן לקלוט את עצמך ללא מאמץ.

את אומרת, לא תובעת.

מדברת ונחה.

עושה ושוהה - Do & Be.

יוצרת מרחב בתוכך. המילים שלך יתחילו להיאסף לאט, להיות ברורות יותר, בהירות, תמציתיות. הן ישאו את האור שבך ויביאו את הריפוי והשקט ללב.

חוקיות הצמיחה

ימימה זצ"ל קיבלה השראה רבה מעולם הצומח. היא התבוננה במהלכים הקשורים לטבע, לצמחים, לעצים ולשדות הקמה ולמדה מהם על החיים עצמם, כשם שהמקובלים קיבלו השראה מגן עדן, מעץ הדעת, טוב ורע עד עץ החיים ורעיון הפרד"ס על חלקיו - פשט, רמז, דרש וסוד - ארבעה רבדים שמהם מפרשים את התורה.

ימימה שזרה בלימוד מושגים רבים מעולם הצומח, שמלמדים אותנו מעט על סודות הבריאה והרבה על גילויים בקיום האנושי. היא דיברה על זרע שנטמן בשדה ההכרה, הנבטת הנבטות בשדה ההכרה כהבנות אישיות המתפתחות עם הלימוד ויישום הכלים ההכרתיים. היא דיברה על שדות - שדה החשיבה, שדה ההכרה והשדה הנפשי־רגשי. על תהליך הצמיחה ושלביו החשובים ועל כך שהצמח לא מדלג על שלבים. יש חוקיות לצמיחה. הצמח צריך הזנה טובה של מים, אור, דשן וגם של דיבור וחום אנושי. גם בעת ניקוי היבלית. יש קשר בין האדם לבין הצומח, שניהם לוקחו מהאדמה.

ימימה התבוננה על שדה חיטה, על השיבולים שניצבות זקופות, נושאות אלומותיהן לאור, אך הקצוות שלהן מוטים קמעה מתוך ענווה, כמו שאיפתו של האדם להתפתח מלוא קומתו, שיעור קומה בענווה ויראה. אך כשרוח חזקה נושבת בשדה השיבולים הן לא עומדות מולה או מנסות להדוף אותה, אלא קדות בחן, מקבלות את הרוח. הן לא נאבקות בה, אלא נותנות לה לחלוף מעליהן. הן יודעות שתחלוף ואז שבות למקומן - שלמות, אסופות, נושאות חיים.

ימימה דיברה על סבך רגשי ולמדה עליו דרך שורשי הצמח החבויים בבטן האדמה - על הפקעת כפוטנציאל של חיים המתפרקים לפני שהם נגלים לאוויר העולם.

החוקיות בהתפתחות ההכרה:

"...הדיוק של היישום שבעשייה מאפשר יותר מאוחר כשמקבלים חומר נוסף - הכרה הממשיכה את פעילותה בתיקון. היא תופסת את השליטה על התיקון. הלומדת לא מוכרחה להכין את עצמה במחשבה חוזרת, היא לא מתכוננת, אומרת לעצמה אעשה כך או כך, זאת אומרת, שיש כבר נוכחות הכרתית מבצעת המשך תיקון. ככל שהתיקון נמצא מדייק ביותר, כך הוא ממשיך בתנועה יותר מהירה דרך כוח הדיוק. הכול נראה איטי בהתחלה ופתאום יכולים להשיג השגות שלא עבדנו עליהן, מתוך - מה מזיז את מה, כדי שיהיה מה - זו חוקיות."

הדברים זזים, הקיום בתנועה אין-סופית משתנה מרגע לרגע. המשתנה התמידי בלימוד, בהתחלה זה קצת איטי - אני לומדת לזהות את החלקים, לומדת איך אני מרגישה, איך זה מתחבר לחיים שלי. זה איטי, אני צריכה להשקיע יותר מחשבה - מי אני? מה נלמד? מה חשוב? עיקרי מול משני, עומס מול מהות ועוד.

בשלב ההכרה המתפתחת יש כבר מבנים תפיסתיים חדשים, חלופיים בשדה ההכרה, הדברים נעשים בדיוק מובנה. ימימה ביקשה בשלב התיקון לברר מה בנוי ומה מופר.

אנחנו מחזירות את המערכת לסדר הנכון, כפי שבטבע החוקיות נשמרת לפי סדר קיומי מופלא. ראיית והכרת הטוב לפני המיותר, ואהבה לפני הכול - "ואהבת".

"המילה סדר קשורה לחוקיות והחוקיות באיזה שהוא אופן קשורה למבנה."

יש לנו מערכת אוטומטית, שמייצרת את התגובות האוטומטיות שלנו. כשאנחנו פועלות מתוך כעס עוצמתי, זה אומר שפעלנו מתוך המערכת האוטומטית שלנו, שהגיבה לגירוי שזוהה כפעולה נגדי.

כשההכרה מתפתחת, האוטומט כבר לא אותו אוטומט הנשלט על ידי העומס. באוטומט הזה נכנסו כל מיני תובנות, הבנות, חוויות ודברים שלמדתי מתוך התנסויות חדשות אחרות מהעבר, תוצאות מתוצאות של הבנות אישיות ויישום הכלים. התחזקתי ונבניתי בתהליך הזה, אז זה משתלב באוטומט שלי, שכבר לא כפי שהיה רגיל להגיב מתוך עומס או גירויים חיצוניים, נע ונד ללא ציר כוח מובנה.

עכשיו האוטומט שלי "אומר": "את בעומס - המתיניי!" - זה הפך להיות אוטומטי - הזיהוי של העומס - ההכרה משתלטת על המערכות האוטומטיות שלי.

זה אוטומט שפועל עם מהות נוכחת יותר במערכת, הוא הרבה יותר משוכלל, מסתגל ומותאם למציאות החיים שלי. ואז כשהאוטומט אומר לי "חכי רגע" או "שימי לב" - אני מייד לוקחת מידת רוחק וצופה, נפתחת למהות במרחב שנפתח לי. הוא יהיה גם הכרתי וגם לבבי.

יש שלוש "תחנות" במסלול הכלים ההכרתי:

הראשונה בזיהוי, שמאפשרת עצירה של התפשטות העומס. כשעולה עומס במערכת האישית, ברגע שאזהה אותו, אבין שהוא נוכח, כי אני OVER REACTING, כלומר: חשה הפרה במערכת האישית ואולי מגיבה בהפרזה.

השנייה בהמתנה, שמאפשרת להתרחק מהמקום העמוס למרחב הקשב והבחירה.

השלישית בצפייה, שמאפשרת התבוננות הכרתית במתרחש הפנימי והחיצוני.

כל התחנות מתחברות לתיקון דרך הפעלת מסלול הכלים ההכרתי, החל מכלי ההבנה שהופך להיות כמעט אוטומטי - מזהה, משייך, מתחם, מתוך הפנמה של העומס כמיותר לקיום. מכאן יכולה להפנות רגש לקיום - מפנה את חום ליבי להפרה בתוכי. מקבלת את עצמי, כנושאת עומס ומהות, עוצרת את התפשטות העומס ואז כל דבר שמצליחה לעשות ממקום שמקרב אותי לעצמי או לאחר - הדיוק - שמאפשר לי צמיחה והתפתחות.

1. כשעולה עומס במערכת האישית - ברגע שאזהה אותו, אבין שהוא נוכח, כי יצאתי מהאיזון הנפשי־רגשי שלי, יש בי הפרה כלשהי.

2. ממתינה, לא מגיבה מתוך וכלפי העומס, לוקחת מידת רוחק מהחלק העמוס וצופה במתרחש. שם נעשה בירור בין הכרת המיותר לתיקוני לבין הכרת הטוב והבנוי בתוכי. אני נפתחת להבנה טובה. כך תושג רגיעה מהירה יחסית של המערכת וחשוב יותר, תושג רגיעה כללית של המערכת לאורך זמן - **"תוצאות יציבות, לא מתפרקות."**

3. כשאני צופה על המתרחש, למעשה אני מעמיקה את עבודת התיקון ושם מייצרת התחדשות. הצפייה היא גם פעולה שנעשית מתוך המתנה להבנות. היא מבררת את ההפרה ברמת המרכיב. אינטרוספקציה במיטבה, שמתאפשרת ממידת רוחק מהעומס, מהשדה הנפשי־רגשי של האחר ונעשית במרחב ההכרה מתוך רצון להרחיב את ההיכרות עם העצמי ולחזק אותו.

בהכרה מתקדמת אני לומדת את מפת הנפש שלי, את רצון הלב שלי, את משאת נפשי. משתחררת חדוות יצירה מתוכי באופנים שונים. שמחת קיום נגלית במערכת האישית מעצם הקיום וההודיה

על הטוב ועל היש. דרך מפגש עם עומס בסיטואציה כזו או אחרת אני מזהה את החלקים המבקשים השלמה וריפוי וממלאת אותם באור ליבי.

לא מה האחר יעשה כדי שלי יהיה טוב יותר, אלא מה אני אעשה כדי שלי יהיה טוב יותר, עם מה שמשתקף, שעלה לתיקוני.

מסלול הכלים ההכרתי הראשוני נעשה באופן אוטומטי. אין הכנה, אני לא עושה הכנות וזו חוקיות הצמיחה, דבר מביא דבר מביא דבר, יש התפתחות.

כשיש לי הבנה, גם אם לא הבנתי עד הסוף, גם אם יש לי חלקיות הבנה, גם אם הדיוק שלי הוא יחסי, אני בהתקרבות. אני מיישמת, הדברים מתחברים זה לזה ויש כל הזמן תנועה והתפתחות. כמו בטבע, כל פעם מתחדש תהליך הצמיחה. אם יש עיכוב, חסימה, אני מזהה ומתקנת, בונה ומשחררת.

בהתחלה, כשאנחנו מנסות לעשות שינוי, ייתכן ונרגיש שזה קצת מלאכותי. אני עושה את זה מתוך שינוי פנימי הפוך מאוטומט, הפוך ממה שהתרגלתי אליו.

עוד לא היו לי הצלחות, כי התהליך איטי, ודאי ללב. אני נוטעת בתוכי זרעי אמונה וביטחון בדרך, לעיתים הולכת "קדימה ואחורה". ההבנה החלקית, היישום, המלאכות שמשרתות אותנו על הקרקע מייצרים תוצאות, והתוצאות מלמדות אותי אם דייקתי או לא. אם דייקתי לא רק מתחזקים בי הביטחון והאמון בתהליך, שמתחיל להגיע מהתוצאות שהשגתי והבנות שהבנתי, אלא גם חלקי הנפש שעברו בעצמם שינוי לטובה.

המרכיבים כבר לא במידות שהיו לפני שנה ולפני שנתיים, חלקים שהיו במצר נפתחים, מקבלים מקום, מתרחבים והפוך - חלקים שהיו בהפרזה חוזרים אט אט למידתם.

זה כל הזמן משתנה, הפנימיות שלי משתנה. יש לכך המון משמעות, גם למה שעומד לפתחי. לא אצטרך לחשוב הרבה כל כך על המתרחש.

ויש סיעתא דשמיא, בחיבור לכוחות הבוראים והמקיימים את ההוויה והקיום. הכוחות הפועלים והמשפיעים על כל המהלכים בנו ובבריאה ומתקיימים ללא התערבות ישירה שלנו. על פי האמונה היהודית הם מגיעים ממקור עליון גבוה, עמוק ונסתר, שאנו מחוברות אליו כל הזמן.

אין לי מושג מה באמת מתרחש פנימה ואיך הדברים משתנים. איך תפילה מאפשרת חיזוק הלב, איך כוונה טובה מהאחר כלפיי או ממני כלפי אהוביי מתחברת לסיבי הלב ומקרבת בינינו, נוטעת בנו שלווה וביטחון. איך האמונה בריפוי מביאה ריפוי. איך בלילה הלכתי לישון עייפה, לעיתים כאובה וקמתי מלאת אנרגיה ובריאה. איך נרדמתי, איך קמתי, איך בחלום קיבלתי הבנות חדשות על דברים שקשורים אליי, איך נגלו לי נסתרות, איך הבנותיי נפתחו, איך ליבי חש. לא ההסבר הביולוגי או הפסיכולוגי או האמוני הוא חלקי, אנחנו יודעות.

מה שגלוי לנו

נחזור להתמקד במה שגלוי לנו ובאפשרותנו להבין ולפעול:

"התוצאה תלמד אותך אם דייקת או לא."

פעלת, יישמת ממה שהבנת באותו זמן, ממה שנפתח, ויגיעו תוצאות. התוצאה היא אינדיקציה להתקדמותך בתהליך. תוצאה שמקרבת אותך למהותך הטובה, תוצאה שמסייעת לך לנקות את המיותרים שמבזבזים את כוחך וזמנך.

מה גורם לשינוי המיוחל?

ההשתנות שבאה מההבנות, מההתנסויות, מהלמידה, מהיישום ומהתוצאות המתקבלות - זו באה מכוחם של החלקים שתפסו את מקומם, חזרו לאיזונם, לציר כוחם. יצאו מֵמֵצַר למרחב ואז אנחנו לא מבזבזים זמן ואנרגיה במאבקים.

אני מגלה שאני יכולה להתגמש במקומות רבים, להיות קשובה במצב שקודם הקשב והלב שלי היו סגורים.

איך יש לי פתאום את הכוח הזה?

נניח מול בן זוגי - סיטואציה שחוויתי מולו ואין לי סבלנות לשמוע אותו, הוא מתחיל עם האשמות מוכרות ואני ננעלת.

פתאום אני לא ננעלת. יש לי יכולת נרכשת אחרת, אני מתחילה לחוות זאת אחרת.

"יש מילים ויש מילים, את תביני את המילים שהוא אומר, אבל להבין מה הוא רוצה לומר לך ולתת לליבו ולנפשו תשובה שהוא רוצה במקום נאמר לריב איתו, לפני שהוא אמר מילה זו או אחרת."

כשאני יודעת מה זה קשב חסום ואזהה אותו ככזה, אתחם את העומס שהאחר העלה בי ואצפה על המתרחש. אקשיב לא רק לסערה שבליבי, אלא גם לכאב שלו ואז הקשב ייפתח.

מסתכלת פנימה, מחזקת את הביטחון והפתיחות שלי ללמוד, להתגמש. מקבלת את עליות ומורדות הנפש שלי, עובדת על הפרדת שדות הנפש. אני יודעת שיש אותי, יש את האחרים ויש מקום לכולם. יש את העומס שלי, יש את העומס של האחר ובאותו זמן יש את המהות שלי ואת המהות של האחר. את החיים שיצרנו יחד.

אני מקבלת את מורכבות החיים, מגלה את כוח הלב, הנתינה הנקייה, החום הלבבי, האור שבי. מגלה את כוח הקיום, את הפנימיות שלי ומתחילה לקבל את זה ולצמוח, זה נושא פירות.

אני לא צריכה להתכונן למפגש (ודאי אם אני צופה שיהיה טעון) עם אין־ספור וריאציות אופציונליות מדומיינות של "אני אגיד כך או כך, אעשה כך או כך, כדי להכין את עצמי לכל תרחיש" - הפוך מכך, אני אשחרר אחיזה מתוך אמונה בטוב.

לא אבוא עם מוטיבציה למלחמה על צדקת הדרך בין צד א' לצד ב'. זאת לא הפוזיציה הנפשית להתקרבות בין אנשים.

הפוך מכך - אני אבחר לא להתערבב - לא עם העומס שלו ולא עם העומס שלי.

המהות מדברת מפי, היא לא תכניס לי מילים שמחפשות מאבק, היא תבקש שלום, תחפש מקום שמאפשר חיבור וקבלה.

מהות לא מתחשבנת, היא עובדת על תדרים חיוביים, על חיבור וקשב לבבי, זו פוזיציה נפשית של אפשור.

אם ארגיש את הדבר הזה בלב ואבין בראש שיש פה עומס, אעשה פאוזה, אנשום קצת, אצא לכמה דקות. לא חייבת להגיב מייד. אפתח מרחב לטוב שייכנס ואדייק. כל דבר קטן שיאפשר לי לשמור על השקט והשלווה שלי, על הבריאות הנפשית שלי. לשמור על ערוצי תקשורת פתוחים, את החיבור וההזנה הלבבית ביני לבין האחרים, זאת העבודה המבורכת של המהות. בחירה בטוב. בעין טובה, ברחמים וברכות.

בשלב זה של התפתחות ההכרה יש נוכחות מבצעת הכרתית של המשך התיקון. יש מצב שאני מובילה את עצמי אליו. יש מהלכים שאני מבצעת כדי לצמצם פערים, להשלמה, בצעדים קטנים. זה הולך ונבנה ואני רואה התפתחות, המשכיות, התחזקות.

כשאין הסכמה פנימית לקבל את המקום היחסי שלי, יהיה מאבק. כל הזמן יהיו סתירות פנימיות בין הרצון לדייק כלפי עצמי לבין הרצון לדייק כלפי האחר. אם בתפיסה שלי זה אחד

על חשבון האחר - תהיה סתירה. אם זה אחד לצד האחר ביחסיות המתאפשרת לכל אחד מאיתנו, זאת קבלה, אז תהיה הסכמת הלב ולא יהיה מאבק.

תדייק ותדייק, עד שתדייק

כשאני מדייקת - האמת הפנימית שלי באה לידי ביטוי, אני חיה באותנטיות. הדיוק מחובר לאמת שלי. הסמן שלי קשוב וקשור ללב הבינתי המהותי, שיודע מה טוב עבורי. זה המקום שנכון לי כרגע - מקומי היחסי המותאם ליכולות שלי, לרצון שלי ואני מכבדת אותו, מקבלת אותו ומתוכו אני פועלת.

אומרת "זו היכולת שלי עכשיו", כדי להתקרב יותר למצב מצוי נוכח, זה מה שאני יכולה לעשות כרגע ומקבלת את זה - זה הדיוק היחסי שלי.

מקבלת גם את המקום היחסי של בן הזוג שלי, של האחר - אני לא יכולה להפריד את מקומם ממקומי, כמובן.

להבין את זה, לא להיאבק בזה.

"חומלת על ליבי, מתרחקת ממיותר בתוכי, מתקרבת אל הטוב שבי ובו."

אני מקבלת את המצב הנוכחי, מקבלת שכל אחד נמצא במקום היחסי ובמסע משלו עם עצמו.

תמיד יכולה לבחון את זה - אם מתאים לי או לא, אם מסכימה או לא. אני יכולה להתבונן על מהלך ולהחליט שהוא לא טוב לי, לא מקדם אותי ולשנות את אופי ההתקשרות - גם זאת החלטה.

לפעמים בין בני זוג המסקנה המתבקשת היא שזה כבר לא שם, אבל לפני שמחליטים להפריד כוחות יש הרבה עבודה פנימית

לעשות. היא עשויה להיות הדבר הטוב ביותר שתעשו למענכם, ודאי למען משפחתכם.

כי אם אני לא מטפלת בעומס העולה מהסבך הפנימי שאני נושאת, אקח אותו איתי לכל מקום. הוא ישתקף בכל מערכת שאהיה בה.

לכן קשר בין שניים נבנה מתוך הכרה בקיום האישי, במורכבותו ובעצמאותו של כל אחד, מבלי לצפות שהאחד ישלים את החסר באחר או שיפצה על קושי המתקיים בו, אלא שנינו מתפתחים זה לצד זה, מתמלאים מפנימיותנו, מקבלתנו ומאהבתנו העצמית, עולים כפורחים בשדה הביתי הזוגי והמשפחתי שלנו.

"זה גם מאפשר לא לדרוך במקום, לא לאחוז בקשר שלא קיים ממשית, אם זה לא קיים זה לא קיים, אם זה קיים, קיים. אם הציפיות כפיצוי מביאות אתכן כפיצוי לצפות כל הזמן - אשליה של תפיסה, טעות של תפיסה."

המבנה החזרתי של החלקיק "תדייק ותדייק, עד שתדייק" אומר לנו שזה תהליכי. הדיוק זו פעולה דקה ויחידה וכל פעם אנחנו מוסיפות עוד הבנה על הבנה, עוד דיוק על דיוק, עד שמגיעות למקום שחרור האחיזה במיותר ותיאום המערכת על חלקיה.

מה מזיז את מה כדי שיהיה
מה – זו החוקיות

בעומק ובפנימיות הדברים, המסר פה מדבר על הבינה. המילה "מה" מתייחסת לספירת הבינה הקבלית. כשיש הרמוניה בין שכל לבין רגש הדברים זורמים על מי מנוחות.

בפשטות הדברים - הדינמיקה של התנועות הנפשיות שלנו היא לא רק סיבה ותוצאה, גירוי ותגובה. לפעמים אני מגיבה למשהו, כי היה שם גירוי חיצוני שהדהד ויצר תנועה נפשית ואף תגובה

חיצונית, אבל כמעט תמיד יש לי אפשרות לבחור. הבחירה באה ממקום שיש בו תבונה, מתוך התבוננות, ראייה עמוקה יותר שיש בה גם רגש שמצטרף, מקור של חוכמה עתיקה שנמצא בתוכנו. יש לו אנרגיה נקבית, הוא מקום שמאפשר התפתחות, כמו רחם גדול שנמצא בין הלב ובין ההכרה. יש בו רחמים על כאב, על סבל שסבלנו, גמישות, רוך, התחדשות וחיות פועמת, נוצרים בו חיים חדשים כל הזמן.

לפעמים התנועה היא גם של התנגדות, אבל היא נכונה לסיטואציה במידתה ומדייקת כלפי קיום.

כשמרכיב חוזר למידתו נפתחת חסימה ויש זרימה, כשהבנה טובה מאירה יש הסכמת הלב, יש שחרור של הכיווץ ואז תהיה פתיחות, גאולת הנפש.

"כשבמקום שהיה חלק תפל, מיותר או בצל ואינו שייך לטהרה, ההכרה תופסת את המקום הזה במידה, היא נותנת תשובה. המידה על ידי הבינה שבה יש מחשבה ורגש יחדיו עם כבוד לבריאה, זו בינה מתקדמת. אותה צפייה ללא הרהורים, רק לצפות במיותר ולקבוע, אז ההכרה תקבע את התשובה שלה. כל חלק אשר הוא תשובה בינתית למעשה מקרבת מקומו לקרב את מהותו כי היא נמצאת."

מה = בינה = מחשבה טובה שזורה ברגש חם, כלומר, המקום שבו הלב והמוח משוחחים זה עם זה, פועלים בהסכמה, בקוהרנטיות.

אם רגש עולה מתוכי - המוח מקשיב, לא מתנגד לתחושות הפנימיות. כשהשכל דרך ההכרה מציג לי הבנות של יישום מדויק נרכש והכלים ההכרתיים מתווים לי דרכי פעולה חלופיות, הלב מקשיב ומסכים להצטרף ולא ממשיך במאבק.

ברגע שיש זרימה יש חיים, יש צמיחה - זו החוקיות.

מעשה המרכבה של ימימה

ב'מכון מענה' שבו למדתי הוצע מבנה שבו מוצג עולמנו הפנימי וכיצד הוא פועל, זאת כדי להבין טוב יותר את שיטת ימימה ולאפשר לנו תהליך מתקדם של תיקון.

זו סקיצה והחלוקה היא לצורך המחשה בלבד. בפועל אין הפרדה פיזית או רוחנית בין החלקים. למבנה קראתי "מעשה המרכבה של ימימה".

כמו בגוף האדם הפיזי, שמורכב ממערכות שונות שלכל אחת מהן תפקיד שונה, אך הן פועלות בו־זמנית ומחוברות זו לזו בהתאמה מושלמת ולא יכול להיות מצב שמערכת אחת תפעל בלי האחרת, כך גם בעולמו הרוחני של האדם. יש מרכיבי יסוד המייצגים מהות מסוימת ומכילים, כל אחד ואחד מהם, תתי מרכיבים. בכל אחד מהמרכיבים יש את המשקל היחסי המשתנה בין אדם לאדם ובין מצב למצב ויש את המידה המדייקת בו.

לכל מרכיב הפועל במערכת מתלווים רגש, מחשבה ויחס, כמו גם הבנה ומשמעות אישית.

כל מרכיב הוא חיוני למערכת - ספק, היסוס וגם אמון במידתם. כל רגש חיוני למערכת - שמחה, צער ומכאוב במשקלם היחסי.

חלקי המרכבה

המערכת הפנימית שלנו מורכבת מעשרה תחומים של הנפש וארבעה שדות/מישורים הקשורים ופועלים בתוך המבנה ההכרתי - מוח-לב-נפש.

שלושה שדות בשלוש זוויות המשולש: שדה החשיבה, שדה ההכרה והשדה הנפשי־רגשי.

שדה נוסף נמצא על שלוש פאות המשולש ובו החלקים

"חשיבה הכרתית"
מעשה המרכבה של ימימה זצ"ל

מרכיבים מיידים:
כעס←מאור פנים
נמהרות←שקול דעת
מגשרים
שדה
החשיבה
לב
מהות
מגשרים
השדה
הנפשי
רגשי
שדה
ההכרה
מגשרים
נפש
מרכיבים רגשיים:
מתח בסיסי←שקט, שלווה
עוקצנות←חביבות, נעימות
תחושה של דחייה
מוזנחת←רצויה, נאהבת
כבולה, מוגבלת←חופשייה,
משוחררת
מרכיבים תשתיתיים:
היסוס←ביטחון
ספק←אמון
סגירות←פתיחות
היחסי התמידי
המשתנה

מצטמצמים: היסוס←ספק←סגירות

מתפשטים: ביטחון←אמון←פתיחות

"המגשרים". המגשרים הם הכלים ההכרתיים שבעזרתם נעשית מלאכת התיקון, ודרכם תתקיים קבלת השפע לאחר מכן. להם יש משקל רב באיזון המערכת האישית, הם מגשרים ומחברים בין כל המישורים.

ציר הראש - שדה החשיבה ושדה ההכרה וקו המוח המחבר ביניהם יוצרים את ציר הראש שממנו נעשית העבודה הראשונית והעיקרית של הלמידה והתיקון. שם נקלטות ונפתחות ההבנות. הלמידה ועבודת התיקון משפיעות על השדה הנפשי-רגשי שממנו עולה העומס, אך ממנו גם יבואו ההשלמה והאיזון. בשדה זה נמצאים המרכיבים הרגשיים.

בתחילת תהליך הלימוד והתיקון אין ללומדת יכולת השפעה עליו באופן ישיר או יזום (איני יכולה להחליט שמעכשיו לא אחוש יותר דחייה או אהיה אהובה).

עומס - עולה מהשדה הנפשי-רגשי ומציף את המערכת על כל רבדיה.

מהות - מתפתחת מתוך היש הקיים בתוכנו, מציר הראש המשפיע מלמעלה כלפי מטה לשדה הרגשי.

עשרה תחומים - כל תחום מורכב משני מרכיבים בעלי מהות מנוגדת היוצרים ציר, שצידו האחד בדיוקו מצטמצם והאחר בדיוקו מתפשט.

המרכיבים המתפשטים - במהותם במגמת התפשטות, התחזקות, התייצבות, התרחבות.

המרכיבים המצטמצמים - במהותם במגמת צמצום, תיחום, השתלטות.

על פי רוב יופיעו המרכיבים המצטמצמים מימין והמרכיבים המתפשטים משמאל, אך לא בהכרח.

בשדה החשיבה יש חיבור בין מוח לבין לב, נמצאים בו **המרכיבים המיידיים** (שני תחומים, ארבעה מרכיבים):

כעס ⟵ מאור פנים

נמהרות ⟵ שיקול דעת

בשדה ההכרה יש חיבור בין מוח לבין נפש, נמצאים בו **המרכיבים התשתיתיים** (ארבעה תחומים, שבעה מרכיבים):

ספק ⟵ אמון

היסוס ⟵ ביטחון

סגירות ⟵ פתיחות

היחסי - התמידי - המשתנה

בשדה הנפשי־רגשי יש חיבור בין נפש לבין לב, נמצאים בו **המרכיבים הרגשיים** (ארבעה תחומים, שמונה מרכיבים):

מתח בסיסי ⟵ שקט/שלווה

עוקצנות ⟵ חביבות/נעימות

תחושה של דחויה/מוזנחת ⟵ רצויה/נאהבת

כבולה/מוגבלת ⟵ חופשייה/משוחררת

- בפירוט המרכיבים הרגשיים מופיעים מספר מרכיבים קרובים, כי בחלקי הלימוד הם הוזכרו לעיתים כך ולעיתים אחרת.

רצוי, מצוי ומה שביניהם

כמו כל תהליך שמבקש לבחון את עצמו, הפער בין רצוי לבין מצוי הוא מצב טבעי למערכת לומדת ומשתכללת. הערכת הפער בין רצוי למצוי מתקיימת בכל שלבי הלימוד וצמצומו מתרחש ביישום הנלמד ובדיוק היחסי.

לעיתים לומדת תחוש שהיא מתקיימת בתוך הפער, כלומר,

תחווה יותר תחושות אכזבה, החמצה וחוסר שביעות רצון כללית מההישגים, זאת בגלל התמקדות יתרה בפער.

מלאכת התיקון תהיה לברר ולדייק את המצב הרצוי ולבחון מחדש את המצב המצוי. זה ייעשה בשימוש בהכרת הטוב, הכרת היש, ביחסיות, בניקוי תפיסות אשלייתיות ובשאר הכלים ההכרתיים. תהליך הבירור המעודן יסייע לצמצם את הפער ולקבל את הלימוד והחיים כתהליך מתמשך של התפתחות הדרגתית מתחדשת, כמו הבריאה. התהליך יחזיר את המערכת לכוחה.

את המצב הרצוי כל אדם מגדיר לעצמו, בכל מצב לכל דבר. יש לכך קשר לתרבות, לסביבה ולניסיון אישי. את המצב המצוי מעריך כל אדם לפי קריטריונים אישיים. ההערכה תלויה במצב הפנימי, התפיסתי ובפרשנות אישית סובייקטיבית. וכך גם אומדן הפער ביניהם.

"רצון עמוס אינו זורם, נחלש, מושפע, משהה."

מצב רצוי קשור לרצון, רצון אישי, רצון עצמי. לעיתים אני רוצה דברים טובים, למשל, אני רוצה שיהיה לי בן זוג מדהים, אני רוצה שילדיי לא יחוו כאב, אני רוצה שלא יהיו מלחמות, אני רוצה שלא יאכלו בעלי חיים וכו'. אף על פי שאני רוצה דברים טובים, אני לא מחוברת למציאות הקיומית. זה הכול או לא כלום. אין יחסיות, אין הערכה אישית להישג שמתקבל במנות קטנות. לעיתים אני רוצה משהו כאן ועכשיו, דורשת לקבל את מה שאני מרגישה שחסר לי, שמגיע לי. לעיתים אני רוצה שיתקיים רצוני ולא מתחשבת ברצון האחר או במציאות החיים.

אלה רצונות ילדיים, אוטופיים, שאינם מתקיימים. יש כאלה שבורחים מהתמודדות עם המציאות הקיימת. אין כל רע בלשאוף גבוה, להתפתח ולצאת למקומות חדשים, אך לחלום על חיים מושלמים יוצר קושי.

הגדרת רצוי צריכה להיעשות בראייה נוכחת ואז לא יהיו אכזבות רבות או תפיסות אשלייתיות של המציאות והחיים. הדרך הטובה ביותר לחיים אותנטיים ובתחושת מלאות היא לגלות את היש במצוי. במצוי בתוכנו יש אין־סוף טוב והוא העיקר לקיומנו. הוא כבר נמצא, טמון בנו, מבקש להתגלות.

זה לא שעלינו להסתפק במה שיש, אלא לגלות ולהתפעל, להודות ולקבל באהבה את מה שעוד ועוד יש בנו.

רצוי קשור גם לריצוי. כאשר המצב הרצוי הוא מילוי חוסר מתמשך, שאני לא יודעת למלא מתוכי, יש בי רצון חלש שלא מתממש. אני עשויה לרצות את האחר, כדי לתפוס את מקומי במרחב החברתי או הבין אישי. כאשר אני חווה אהבה בחסר, אני רוצה להיות נאהבת, רוצה לחוש אהבה שתפצה על תחושת הריקנות והדחייה שבתוכי, אני מרצה את האחר שיפנה כלפיי את חום ליבי שחסר לי, לעיתים מנמיכה את עצמי לעומתו, כדי לזכות בהערכה.

לעיתים המצב המצוי נחווה בהחסרה, כלומר, בפועל יש לאדם המון כישרונות וכישורים, יצירתיות, טוב לב, זוגיות, משפחה, עבודה, כסף, אך הוא חי בתחושה שאין לו - ריקנות. יש והמצב המצוי שלו הוא של חוסר בגלל השוואה מול אחר חיצוני. האידיאל הסטריאוטיפי שנבנה בהשפעות חוץ של תרבות, העמדות פנים ותקשורת מתעתעת ומחלישה שמספרים לנו איזו עבודה שווה יותר או פחות, איך נראה אושר, מהי משפחה אידיאלית, מהי זוגיות מוצלחת, מיהו בן הזוג האופטימלי, מהי אימהות מוערכת, איך גוף נשי צריך להיראות ועוד, ואז נוצר פער - אין הערכה טובה למה שיש לאדם בפועל, ועולם הפיקציה מנצח.

היכרות עם מפת הנפש שלי

עבודה ברמת המרכיב היא עבודת עומק, שמגיעים אליה בשלב מתקדם בלימוד.

נרחיב את המבט על המרכיבים המרכזיים בחשיבה הכרתית:

המרכיבים המיידיים:

נמהרות ← שיקול דעת.

תחום נפש זה שייך לתיקון הדיבור ולאיזון המחשבה. למשל, כאשר ישנה הפרה במרכיב הביטחון, אנחנו נראה מופעים של גאווה יתרה ופה שנמהר להגיב. מהצד השני של התחום נמצא את ההמתנה ושיקול הדעת שמתאפשרים גם בזמן שהנפש סוערת. זו חוכמת הלב ויש בה מתינות ודיבור מדוד ומדייק.

"הנמהרות שייכת לגאווה ולצל. הזהיר והשקול שקלא וטריא בחלקיקים הנלמדים שהפה נפתח רק כשצריך. [...] הזהירות זה השיקול. השיקול בא מחוכמה ואם פה יודע מלאכתו, שותק כשצריך."

כעס ← מאור פנים

הפעלת מסלול הכלים ההכרתי מאפשר ללומדת לזהות את הכעס בהפרזתו ולפעול להפחתתו. עם זאת, אני יכולה להפחית את כעסי ועדיין לא להיות מאירת פנים כלפי סביבתי. בשלב זה, כאמור, אני פונה אל המרכיב ההופכי שהוא מרכיב מאור הפנים ומודיעה על החסר ועל ההשלמה. מדוע "מודיעה" ולא רואה? כי מדובר בעבודה מודעת, פעילות הכרתית "ערה להבין".

לשם כך נעזרת בכלי ההמתנה, התיחום וההפרדה, למשל: חזרתי הביתה כעוסה מהעבודה, אני מודעת לכך ולכן ממתינה לפני

הכניסה לביתי ויוצרת תיחום והפרדה בשדה ההכרה בין העבודה לבין הבית. נכנסת לביתי מאירת פנים, גם אם אני כועסת על עניין בעבודה. ההפרדה מאפשרת לי את זה, אני שמה מחיצה ושומרת עליה. בהלבשת מאור הפנים אני ניזונה מההיזון החיובי המתקבל מהסובבים אותי.

"אם התקרבת לשני, למעשה התקרבת לעצמך. ככל שתשפרי בחוץ, תהיי ניזונה מהשיפור, כי השיפור אינו יבש, טמון בו השיזור של חשיבה, והכרה ורגש מסכים להצטרף."

כאמור, אדם מעלה עומס בצורת התנגדות, מסיבות שונות. לעיתים קרובות ממה שזה מזכיר ללב ומחלקים שאינם באיזון במערכת האישית.

אני מודעת לכך, שהאחר מעורר את החלקים שאינם מאוזנים במערכת האישית שלי, זה שיקוף שלהם ולכן אתחם ואפריד אותם ממני. זה לא האחר אלא ההשלכה, הייחוסים שהמערכת עשתה באופן אוטומטי. ההתנהגות של האחר היא שמעלה בי דחייה, אני מרגישה דחוייה, דוחה אותו וכך הלאה. ההבנה שזה שיקוף וזה מה שמשתקף.

לא תמיד אני צריכה לעשות ניתוח מצב אלא פשוט לקבל אותו, לכשעצמו זה יוריד הרבה מתח, זה ניקוי המיותר.

לקבל את המצב מתוך הנחה שיש שונות בין אנשים, לא כולם חושבים/מבינים/רוצים כמוני. יש מורכבות בי ובאחר.

זה לא אומר שהאחר קיבל ציון עובר על כל הפרמטרים שאפשר לבחון אדם לפיהם, זה מיותר ואין צורך. יש לו את ענייניו לטוב ולרע וזה הוא. אני מתחילה בנקודת מוצא של לקבל את האחר כמכלול וביחסיותו. זה גם משפיע על התפיסה העצמית שלי כנושאת מורכבות ומקבלת אותה.

כשאני מפחיתה את האנרגיות השליליות במערכת, אני באה ממקום אחר, והאחר מקבל אותי מהמקום האחר הזה. משם הוא מפנה כלפיי אנרגיה טובה וזה מזין את החיבור הלבבי.

מאור פנים מאיר את הפנים שלנו (INSIDE)

לומדת: מה אם אני מתקשה להיות במאור פנים? בדרך כלל מה שאני מרגישה זה מה שאני מראה החוצה, אחרת אני מרגישה כאילו אני מזייפת משהו לא אמיתי. לפעמים אני הולכת עם זה החוצה יותר מדי, בקורבנות הזאת, במסכנות הזאת.

מורה: יש לנו אפשרות "להלביש" על עצמנו מאור פנים, כמו אסתר שלבשה מלכות. גם אם בהתחלה תהיה הרגשה מלאכותית ולא טבעית, גם אם זה לא יהיה תואם את המצב הפנימי שלי.

אם זה לא משקף את מה שאני מרגישה, האם זה אומר שאני מזויפת?

מצד אחד "אל תשחקי משחקים", כשהפה והלב מדברים בשתי שפות שונות ואני מנסה בכל מיני דרכים לדחוק ולהדחיק את האני האמיתי, או שאני עושה ופוגעת ואז מכחישה - "מה כבר אמרתי?" זה קשור ליושרה וליושר פנימי - זה משהו אחר, זה מאבק וקשור לעומס.

להלביש מאור פנים זה לא להעמיד פנים. כמו שבזמן קושי העומס משתלט, זה עדיין לא אומר שלא מתקיימים בי באותו זמן עוד חלקים, כמו רגשות, תחושות, איכויות שאני יכולה להתחבר אליהן. אם אני מרגישה עמוסה וממתינה, ואז מבינה ממהות שהגעתי הביתה כרגע כועסת מהעבודה, אבל מצד שני יש חיים בבית ויש ילדים - זה משנה הכול. אני בוחרת לתחם את הכעס למקומו ואז חוזרת למקומי, בוחרת להתחבר לתדר החם, הלבבי ולהיות מאירת פנים.

יש ניסוי מוכר בפסיכולוגיה, שמראה איך תינוק מגיב להבעות הפנים של אימו. כשהיא מחייכת הוא מחייך וכשהיא קפואה או לא מחזירה לו מבט חם הוא מִבועת ובוכה - סרטון קשה.

יש מחקרים שמראים כיצד הבעות פנים, שאנחנו מזהים ומתחברים אליהן, מעלות בנו מייד תחושה זהה, זה כלל עולמי, לא מתווך שכלית, ולכן כשאני מודעת להשפעות שיש להבעות הפנים שלי על האחר זה משנה את הבנתי.

זה משהו שלא קשור להעמדת פנים, זה כביכול העמדת פנים, אבל לא העמדת פנים. זה כן לגייס את היכולת המופלאה שלך להאיר כלפי חוץ מהחלקים שמאירים אצלך מבפנים, כי יש בך חלקים כאלה. הם לא נעלמים גם כשאת כועסת על משהו. להתחבר אליהם זה להתחבר לאור ליבך ולהאיר משם. יש פה עשייה מתוך בחירה בטוב, עבודה ממהות עם כוונות להיטיב עם ילדייך ומהם בהיזון חוזר אלייך.

אותו דבר במקרה שיש לי קושי במקום אחד, למשל מול ילד אחד מסוים. המקרה השפיע עליי לרעה, אני עדיין נמצאת בתוך מעגלים של השפעה, ודאי כאימא לילדים נוספים, כרעיה.

האישה, כמו מגדלור, מגדל של אור. זה לא נאמר כדי להגדיל את רמת הציפיות מאיתנו, אלא להבין כמה עוצמה יש בנו.

להבין שאני מקור הזנה ויש לי כוחות ועוצמה לא רק בשביל אחרים, אלא גם בשביל עצמי, למען ההתחזקות שלי, המלאות שלי, הכוח שבי.

אז אני מתחמת את הכעס מהעבודה ומפרידה אותו מהמתרחש כעת ואז מתפנה להביא משהו מהפנים (INSIDE) שלי למעלה לפנים הגלויות. אני מתחברת לאור הלב שלי ומקרינה החוצה והלאה, מפרידה ומתחמת מהחוץ פנימה או בתוך הבית, מפרידה בין התרחשויות.

מה זה עושה כשאני במאור פנים בבית?

משפיע, גם אם בני הבית לא יגיבו לזה ישירות, את תסתובבי עם משהו אחר על הפנים שלך. זה משהו בראשיתי, שנוסך בבני הבית תחושה של ביטחון. כשאנחנו במתח - רואים את זה על הפנים שלנו - פנים נפולות, שפתיים קפוצות. כולם מתמודדים עם דברים, אלו הבעות פנים שמושכות אלינו תגובות בהתאם ואז דבר מוביל לדבר. כשאין תיחום הכול מתערבב והעומס משתלט.

עלינו להעלות את מאור הפנים למודעות ולקבוע רצון לתקן ולדייק אותו בתוכנו גם אם קיים פער.

אתן תראו מה זה עושה לכן - תנסו - תחייכו - זה מדבק.

מי מעמידה פנים?

מה זה לכעוס במידה?

הכרה מתקדמת מתחילה לקבל חלקי נפש בהפרה, לא להתנגד להם, לא לכעוס על עצמך על כך שאת נוחה להיעלב, כי כך את מעצימה את ההתנגדות, נאבקת במאבק שמתקיים בך ומגדילה אותו. במקביל תייצרי התקרבות לעצמך, חוויה מתקנת, שתקבע רצון לתיקון.

השאיפה שלי, שהכעס יהיה במידה וככלי בידי ההכרה לזהות הפרה, כמו שכאב פיזי מסמן פגיעה פיזית. הכעס משמש סמן למשהו הניתן לבחינתי, ומשעה שעלה במערכת אני אפעל. אם הכעס רב, עוצמתי ובתדירות רבה, אפעל לא רק לצמצום שלו אלא גם לעשייה נוכחת ומדייקת, שבסופו של דבר תשפיע על מידת המרכיב המשלים - מאור הפנים.

מצד אחד לצמצם את מידת הכעס עם כלי ההבנה - אני כרגע כועסת על משהו מסוים, זה זיהוי, צפייה, תיחום והפרדה.

מצד שני להרחיב את מאור הפנים - הבנה והסכמת הלב להתחבר למהותי הטובה ולהאיר פנים, לראות את הטוב הקיים, להשפיע ממהות. כלומר, יש פה הבנה מתפתחת בשדה ההכרה.

מתחיל זיהוי של עומס - אני מזהה אותו ככעס, שמציף את המערכת האישית - הרגיזו אותי בעבודה.

קליטתו כקיים - זה משהו שהתעורר אצלי, זה בתוכי, לתיקוני.

תיחום - זה לא שהעבודה שלי לא בסדר, אלא משהו נקודתי ביום הזה, אולי מישהו מסוים, בנושא מסוים, שהרגיז אותי. להתייחס לזה נקודתית, כדי להכניס לפרופורציה - לתחם, להכניס למידה. לא להעצים אותו ולא להגיב מתוך זה.

הפרדה - זה קרה לי בעבודה. עכשיו אני נכנסת הביתה. אני מתקיימת ומקיימת עוד כמה מעגלים בחיי ומפרידה את מה שהיה בעבודה מהבית. נכנסת למקום אחר, שמה את זה רגע בצד. ההפרדה מצמצמת את העומס. אני עוצרת, נושמת, מתחברת לאור הלב ומלבישה עליי מאור פנים באופן יזום, מבחירה בטוב, מכניסה אור מתוכי לתוך הבית שלי. מפרידה בין חוץ הבית לתוך הבית, בין עבר להווה, בין האירוע בעבודה (או עבודה בכלל) למקום שלי בבית.

הכעס נחשב למידה רעה בעיני החסידים. המידה בחסידות היא תכונה ולא בהכרח עניין של מידתיות, כפי שימימה כיוונה אליה בעבודה ההכרתית. יש התייחסויות של חז"ל, עד כדי הוקעת המידה הזו מתוך האדם, כחלק מרכזי ב"עבודת המידות", כמו גאווה ולשון הרע. יש חלוקה של טוב ורע ברורים יותר, כמובן, שבאופן כללי גם ימימה כיוונה לעבודת המידות.

עם זאת, התפיסה היא שכעס חשוב במערכת, כאמצעי שקל לזיהוי ושמתריע מפני פגיעה במקום האישי.

במידה מצומצמת הכעס חיוני לתפקוד של מערכת בריאה, הוא

חלק ממנגנון ההשגחה/ההגנה שפועל בנו עם מערכות נוספות מאוד מתוחכמות, שנועדו לשמור על בריאות הגוף והנפש ועל ההכרה של האדם וזכותו לחיות חיים מוגנים והוגנים.

כשיש טוב ורע ברורים זה נעשה הרבה יותר קל וברור, אבל כשאנחנו אומרים לא - ומייד אחר כך - למה לא? זה מבלבל. לפעמים ההתגמשות היא לטובה.

כאמור בעיני המקובלים והחסידים הכעס הוא מידה רעה, מעין דרישה. אני לא מקבל את מה שמגיע לי. מה שקורה עכשיו הוא נגדי, לא צודק, אני חושב שמגיע לי יותר. יש חוסר שביעות רצון מעצמי, חוסר שביעות רצון מהעולם שלי, מהחיים שלי, תרעומת כלפי שמיים. יש נוקשות, אכזבה, קוצר רוח, אין הודיה, אין ראיית היש, אין הכרת הטוב, אין ענווה - שהיא המרכיב ההופכי.

אומר הרמב"ן באיגרת שכתב לבנו:

"תִּתְנַהֵג תָּמִיד לְדַבֵּר כָּל דְּבָרֶיךָ בְּנַחַת, לְכָל אָדָם וּבְכָל עֵת, וּבַזֶּה תִּנָּצֵל מִן הַכַּעַס, שֶׁהִיא מִדָּה רָעָה לְהַחְטִיא בְּנֵי אָדָם. וְכֵן אָמְרוּ רַבּוֹתֵינוּ ז"ל: כָּל הַכּוֹעֵס - כָּל מִינֵי גֵיהִנּוֹם שׁוֹלְטִים בּוֹ, שֶׁנֶּאֱמַר: 'וְהָסֵר כַּעַס מִלִּבֶּךָ, וְהַעֲבֵר רָעָה מִבְּשָׂרֶךָ'. וְאֵין 'רָעָה' אֶלָּא גֵיהִנּוֹם, שֶׁנֶּאֱמַר: 'וְגַם רָשָׁע לְיוֹם רָעָה'. וְכַאֲשֶׁר תִּנָּצֵל מִן הַכַּעַס, תַּעֲלֶה עַל לִבְּךָ מִדַּת הָעֲנָוָה, שֶׁהִיא מִדָּה טוֹבָה מִכָּל מִדּוֹת טוֹבוֹת, שֶׁנֶּאֱמַר: 'עֵקֶב עֲנָוָה, יִרְאַת ה''.

וּבַעֲבוּר הָעֲנָוָה, תַּעֲלֶה עַל לִבְּךָ מִדַּת הַיִּרְאָה, כִּי תִתֵּן אֶל לִבְּךָ תָּמִיד: מֵאַיִן בָּאתָ, וּלְאָן אַתָּה הוֹלֵךְ."

כלומר, אותו אדם שכועס לא באמת רואה מה עומד מולו. הכעס שולט בו במקום הלב הטוב, המהות. כשאתה פועל לא מכעס זו בבחינת הצלת נפשות. ההודיה על הטוב הזה מביאה להתפשטות המידות הטובות האחרות, כמו ענווה ויראה. כי תיתן אל ליבך תמיד - על ידי כך תמשיך להזין את הלב שלך בטוב, באור.

"אם התקרבת לשני, למעשה התקרבת לעצמך." בסופו של דבר אם העומס משתקף באחר ואני מתקרבת לאחר, אני בהכרח מתקרבת גם לעצמי, כי אם אני פחות שיפוטית, פחות ביקורתית ופחות ממהרת להגיב, לכעוס ולחסום, אני יותר מאפשרת התקרבות וגם על הפנימיות שלי זה עובד. מרכיב השיפוטיות הוא שיפוטיות, מרכיב הדחייה הוא דחייה. זה נכון שיכול להיות מופנה פנימה או החוצה, אבל עדיין זה אותו מרכיב, אותה תנועת נפש שמתקיימת בתוכי גם כשזה משתקף באחר.

אז **"השיפור אינו יבש"** - מתקנת בחוץ, מתקנת בפנים.

המרכיבים התשתיתיים

אמון-ביטחון-פתיחות

ספק-היסוס-סגירות

נאמר בלימוד, כי מרכיבי התשתית משפיעים וקשורים זה לזה:

אם אני מאמינה בעצמי, ביכולותיי, בחיים, למשל, זה יבוא לידי ביטוי במידת הביטחון שלי ובפתיחות שלי, וההפך. אם אני ספקנית זה יפריע לי בתהליכי קבלת החלטות ועל העשייה שלי, מן הסתם, אגלה היסוס רב בתוכי והנטייה תהיה להיסגר, להימנע מעשייה או מקבלת החלטה.

הספק מול האמון משלימים זה את זה, כלומר, במקום שיש ספקות, מידת האמון שלי תהיה חלשה. חיזוק מרכיב האמון והאמונה ישפיעו בהכרח על מידת הספקות בתוכי. במרכיב האמון אני בהבנתי, בוחנת את מערך האמונות הפנימיות שלי בתהליך הבירור שנעשה בתיקון. שם אני מנקה את המיותר ומרחיבה את האמון בטוב, במתקיים ובידיעה שהטוב תמיד נמצא.

הדבר משפיע על מידת הביטחון שלי - בירור הרצון והנכחת הקול הפנימי שלי - מחזקים את מידת הביטחון העצמי. כך גם פיתוח ציר הכוח, שבא מהדיוק ומאי הישענות על החוץ. ההיסוס שנכח קודם במערכת ייחלש, כי כבר הושגו השגות ותוצאות מכל אותן פעמים שדייקתי כלפי קיומי ונתתי עיקר לקיום שלי. כל אלה ישפיעו על מידת הפתיחות. הגמישות, הקבלה, הביטחון והאמון יאפשרו שוב את פתיחת הלב ואת הפתיחות לחוויות, שהיו מושפעות קודם ממאבקים שיצרו סגירות. דבר משפיע על דבר, הן על פני שדות הנפש במרכיבים השונים הן במערך הכולל של פנימיות הנפש.

"באם יש מרכיב מה קורה כתגובה לאימא או לאבא והנה נמשכת כנגד כולם. תנסו לעמוד בפני החלק ולבדוק מרכיבים עוצרים - מה קודם ומה אחר כך מתרחש ממנו ומאיפה התיקון? מהבנה? מה הם הקשיים?"

לומדת: את ההיסוס אני מזהה בקלות יחסית, למשל, כשאני מול הילד שלי ומהססת איך נכון או לא נכון להגיב לנעשה. מה הסגירות פה? איפה יש פה סגירות?

וממשיכה - יש לי פער בין מחשבה לבין רגש, במקרה שהילד שלי עושה משהו לא בסדר. הראש אומר לי שהוא עשה משהו לא בסדר ועליי להעניש אותו על כך, אחרת הוא לא ילמד. הלב אומר לי לא להעניש, אלא להסביר, להבליג, כי הוא רק ילד. ואז אני בספק בין מה למה לבחור? בין הרגש לבין השכל? הפער ביניהם הוא שיוצר אצלי ספק.

מורה: המקום שבו את מפעילה שיקול דעת, הקשור ל"איך כדאי לי להתנהג במצב כזה וכזה". מצד אחד יש מוכנות ברציונל איך כדאי להתנהג מול הילד בסיטואציה כזאת - הפעלת שיקול דעת - מחשבה. מצד שני, להבנתך, המקום שבו את אומרת "אבל... קחי בחשבון ש..." ואז כל החלק האמפתי שאת מפעילה. זה התחום שאת מכנה - רגש.

החלוקה הזאת, שבה חלק בא מהמחשבה וחלק בא מהרגש שגויה, כי כשאני מפעילה שיקול דעת ונכון שזה מרכיב שכלתני, שמופעל על ידי השכל, הוא תמיד נושא רגש כלשהו כלפי הקיום ומחובר ללב.

מחשבה בלי רגש, שמסכים להצטרף, יוצרת קונפליקט. רגש חם שנתקל במחשבה מתנגדת יוצר קונפליקט.

ראשית, עליי להבין בפנימיות שלי מה זה אומר.

כשחילקתי את זה למחשבה ואת זה לרגש זו חלוקה לא נכונה ויש לה שורשים בעומס.

בכל פעולה שאנחנו עושים יש את המרכיב המחשבתי ואת החלק הרגשי שמתלווה אליו. הם שייכים לשני מרכזים שאנחנו עובדים איתם בו־זמנית - המוח והלב.

השאיפה שתהיה לנו היא לאחד את שני המרכזים האלה, שיעבדו בתיאום. מה שאני חושבת שהוא הנכון, אני גם מסכימה עליו בלב, ברגש.

מה קורה כשאני באמפתיה? התחושה הזאת היא רגש חיובי. רגש יכול להיות גם שלילי, אבל להגיד שזה רק רגש - לא נכון.

אמפתיה היא מחשבה טובה, מחשבה נושאת מהות ויש בה רגש חם, חיובי.

כל דבר שאעשה, כל החלטה שאקבל תמיד יהיו בה שני המרכזים האלה.

ספקות מול ילד - כשאני שוהה בתוך הפער שבין המצב הרצוי למצב המצוי, אני עדיין בהפרה ולכן מפלס הספקות לא יורד.

כשאזהה דפוס שחוזר על עצמו - המקום הזה שארצה להנכיח את מה שהשכל שלי אומר שהוא הנכון ולא תמיד זה מסתדר,

כי אני בספק אם זה הדבר הנכון. לא תמיד הילד פועל לפי המהלכים שאני מכוונת אליהם או רוצה שיעשה אותם ואני חווה תסכול.

הפער ניזון מתפיסה ילדית. ייתכן שכילדה חוויתי הורות נוקשה ולא מתפשרת ונעשיתי צייתנית. זה נקנה בייסורים. אני לא רוצה שהילד שלי יחווה אותי, כפי שאני חוויתי את הוריי התובעניים.

או במצב שהילד לא עושה מה שהוא אמור לעשות וכאשר אני בוחנת את הנסיבות, אני מבינה שעליי להפעיל גמישות, ודווקא הגמישות הזאת מכניסה אותי לקונפליקט. מצד אחד אני רוצה להיות גמישה, להבין את נסיבות המקרה, אני רואה את התמונה הכללית. מצד שני יש לי אחריות כהורה, לעמוד על כך שהילד יפעל לפי נורמות וסטנדרטים מסוימים. אם לא אבצע את תפקידי ההורי אולי אגרום לילדי נזק בעתיד? שוב, עומס שניזון מהחלק המופר במערכת שלי, מהפחדים, מחוסר שנרשם במרכיב האמון ומעורר ספקות, מחסיר במרכיב הביטחון.

מה אני עושה עם הציפיות שלי מילדי, מהציפיות שיש לי ולחברה ממני כהורה?

האם אני יכולה להרשות לעצמי לוותר לו? ואם אני מוותרת מה זה אומר על הסמכות ההורית שלי? האם אני לא מפספסת פה משהו כמו חינוך וגבולות?

מערך הציפיות של זה מול זה יוצר היסוס במערכת, ודאי קונפליקט פנימי. חינוך והצבת גבולות, כסימן להצלחה במשימה ההורית לעומת התגמשות וויתור מול ילד עקשן וסרבן.

"המצפה מתאכזבת. המילה מתאכזבת מאוד מעמיקה הולך לחיסרון גדול להתאכזב."

ציפייה היא מקור לתסכול, חוסר שביעות רצון והתרחקות. יש בה

תפיסה צרה של המציאות, כפי שהיא אמורה להיות בעיניי או לתפיסתי וכל דבר שלא נופל בהגדרה הזו מייצר אכזבה.

כשאנחנו בציפייה למשהו טוב, אנחנו מפספסים את הטוב שנמצא עכשיו, ממתין שנגלה אותו.

לפעמים נדמה, שדווקא במקום שיש לנו הרבה ידע הוא זה שמעורר בנו ספק - האם אני עושה נכון או לא נכון, האם אני פוגעת או יוצרת מרחב התפתחות?

אין תשובה חד משמעית, כי בסוף יש היזון חוזר. אני מוזמנת לראות את התמונה הכללית. מצד אחד יש לי רצון להתוות דרך, יש עקרונות מסוימים שחשובים לי מול הילדים, מול בן זוגי. יש לי עקרונות שהם "האבנים הגדולות", ערכים שחשובים לי כאדם באופן אישי. כל אחד שם את הדגש על משהו אחר וזה אישי ומסומן כעיקר ומשני. זה נבחן ומשתנה מעת לעת. מצד שני יש את מה שיש.

"כאשר ישנה צפייה לטוב מתוך הכרה לטוב ומתוך הכרה לטוב המוחלט אז אין אכזבה, זאת אומרת אין שרשרת גדולה של העומס עד הכעס".

ימימה שאלה אותנו "האם העיקר יקר לך?"

אז אני ממקדת - מה חשוב לי בעניין חינוך הילדים או במערכת היחסים שיש לי עם הילד, ויש את מה שזה מזמן למערכת היחסים. ילד מגיע עם מרכיבי נפש ונטיות משלו, הוא בעל דחפים, רצונות ומחשבות, הוא מורכב. עם זאת, אנחנו כהורים רוצים לעצב את הדחפים, את האישיות שלו לטובה, ולחנך על פי הערכים שאנחנו מאמינים בהם.

אם אני בהבנה שיש פה אדם קטן, שנושא מורכבות שאותה אני עוד לא רואה או לא מבינה בעצמי, אני מאפשרת לו מרחב התפתחות כיצור נפרד ממני, אבל עדיין שומרת עליו. כל פעם מפעילה שיקול

דעת מחדש איפה אני שמה גבול ואיפה יכולה להתגמש. אף פעם זה לא יהיה משהו חד ערכי, זה דינמי ומשתנה.

רובנו רוצות משהו ברור, אחיד וכולל, כללים ברורים. לא רוצות להתלבט כל הזמן מה נכון ומה לא נכון, מה עלינו לעשות ואיך להגיב. האם לכך התכוונה ימימה כשביקשה להרחיב את מרכיב שיקול הדעת במערכת? את הגמישות?

לא.

לא בכל פעם אתלבט.

במקרים מסוימים, כשאני שמה גבול ומבחינה שיש הרבה התנגדויות ומאבקים, עליי לבחון מחדש.

יש דברים שאני צריכה לשים גבול, מראש מחליטה מה חשוב ומתמקדת בעיקר. מבינה שעשיתי בחירה מלב טוב ובחרתי במשורה ובשיקול דעת.

מעבר לאותם עיקרים, יכולה להיות גמישה יותר לגבי ערכים ומצבים. שיקול דעת על שיקול הדעת.

מפעם לפעם מסמנת עיקרים ומייקרת אותם מתוך הבנה, שמצד אחד אני רוצה לחנך, להשפיע מטובי, לעזור לילד להתעצב ולהביא לידי ביטוי את האיכויות שלו בתוך מרחב בטוח, נכון ומאוזן, לשם כך גם שמה גבולות. מצד שני יש את הילד ואת ההתרחשות בפועל. אם אני חושבת על פתרון קסם, נוסחת פלא, זה בלתי אפשרי.

העולם משתנה, הכול יחסי, הכול בתנועה.

אם בזמן מסוים חשבתי שכך עליי לנהוג, וקדמה לכך חשיבה והסכמה לבבית שזה הדבר הנכון, גם אם הילד יתעקש או יבכה, אני אעמוד על כך.

ואם תעלה בי מחשבה או רחמים - שהוא מסכן, עייף וכו' - אני

אבדוק אם היא מגיעה מהקושי שלי לשים גבול. אפריד בין העומס הנפשי־רגשי של הילד לבין העומס הנפשי־רגשי שעולה בי. זו כבר הפעלת כלי הכרתי ודיוק דרך מהות מתפתחת. אנסה לדבוק בהחלטה שקיבלתי בשיקול דעת, שאני יודעת שנעשתה לטובת ילדי. מה שאצליח ליישם הוא הדיוק שלי ומה שלא אצליח ליישם זה בגלל היכולת שלי באותו זמן.

אני לא אתייחס לזה כאל החלק הלבבי שלי שבא לעזרתי, לא תמיד זה כך. לעיתים זה רק ערבוב של העומס, שהדבר העלה בי ובלבול בין התפקיד ההורי שלי לבין המקום הילדי שלי הפגוע.

לפעמים כל מה שאני צריכה זה להפעיל את מילת הקוד **"תדייקי".** בלי מאבק, בלי מאמץ נפשי, באופן מותאם לי ולילדי.

אם לאורך זמן באותו עניין של עיקר, שביקשתי להנכיח לאחר שיקול דעת (שבוע ימים, מספר התרחשויות סביב אותו נושא), אני לא רואה שום דבר שמשתנה אצלי או אצל ילדי ועוצמת ההתנגדות שלו גדלה, ודאי אבחן דרך אחרת.

אני אתגמש בדרכים שלי להביא אותו למקום טוב יותר עבורו. אקשיב למה שהוא מפנה כלפי, בלי שיפוטיות, בפתיחות, כמוכנה לקבל אותו ולראות את היש הנמצא בו.

תהליך הגילוי העצמי מזמין באותו אופן שהוא מוצע לי, את ילדי, כלומר, לראות את ילדי באור שלו. במה שיש בו, כפי שהוא, להאיר אותו ולחזק אותו, לקבל אותו במורכבותו, ביחסיותו. חינוך לילד על פי דרכו.

וזה רק ילד, בל נשכח, כל החיים לפניו. הוא הפוטנציאל, כמו הפקעת בבטן האדמה. יש בו תהליכים סמויים מהעין שאת לא רואה, אבל הם יוצרים בו חיות ומצמיחים אותו. מהמילים הטובות שלך, מחום ליבך, מהצחוק שלך. תרבי לצחוק גם כשאת שוגה. קבלי את עצמך ואותו בגמישות. האהבה, החיבור וההקשבה, הם

הדשן הטוב ביותר, ויהיה לך מזה הרבה אם תתני גם לעצמך מקום להיות ביחסיותך - היא המלאות שלך.

המרכיבים הרגשיים

בשדה הנפשי־רגשי, בחיבור בין הנפש ללב, נמצאים המרכיבים הרגשיים.

ארבעה תחומים, שמונה מרכיבים: מתח בסיסי ← שקט/שלווה, עוקצנות ← חביבות/נעימות, תחושה של דחויה/מוזנחת ← רצויה/נאהבת, כבולה/מוגבלת ← חופשייה/משוחררת.

יש צד אחד של מרכיבים, שהתנועה הטובה שלהם במערכת האישית בהצטמצמות, ומצד שני יש מרכיבים שהתנועה הטובה שלהם בהתפשטות.

מתח בסיסי ← שקט/שלווה

מתח - מתח מתקיים תמיד בתוך הקיום שלנו. יש מידה של מתח פנימי במערכת שנשמרת, נמצא אותה בדריכות, בהקשבה, במשיכה, בהשתוקקות, בציפייה ועוד. זה קשור למערך החיים שלנו, אך השאיפה היא שלא נהיה מתוחים מדי.

מתח נוצר על רקע חיובי (חתונה שמתקרבת, פרויקט להגשה, בחינה) ועל רקע שלילי (עצבנות, נוקשות, חרדות), אלה יוצרים חוסר שקט פנימי.

מול המתח יש שלווה, שקט - שמחה, נינוחות, שלום פנימי, גמישות, קבלה, תחושת סיפוק, מנוחה פנימית, מלאות.

למה ההשלמה של חוסרים במערכת האישית נמצאת במרכיבים הרגשיים?

העומס עולה מהשדה הנפשי־רגשי, ממרכיבים מצטמצמים שיצאו

מאיזון וממרכיבים מתפשטים שנכנסו למצר. כשאני מצמצמת את ההפרה ברמת המרכיב, אני מחזירה אותו למידתו.

אני מזהה את העומס בשכל, מרגישה שהעומס עולה במערכת, אני משייכת עם השכל ואומרת זה עומס והוא שלך, וקובעת רצון לתיקון. עומס הוא עומס. הוא מיותר לי - זה מבנה שטבוע בתוכי.

אני לא צריכה לחטט בתוך הקונקרטי, יכולה לבחור לא להיות במקום הזה. באותו רגע להגיד לעצמי "אני לא רוצה את זה". הרבה פעמים בשלב הזה זאת החלטה שאני יכולה לעשות ברגע. לא תמיד, אבל בהרבה פעמים כן.

האם אני יכולה להיות שמחה אם אני כרגע עצובה? כן.

זה נקרא נשיאת הפכים.

כמו שאנחנו יכולות להחזיק בדעות סותרות לגבי נושאים מסוימים או לחשוב על מספר דברים בעת ובעונה אחת, כך גם ברגש. אני יכולה להיות שמחה על דבר אחד ועצובה על דבר אחר וזה מתקיים באותו זמן ברבדים שונים.

כשאני מבינה שהכעס הזה או הפחד הם לא רציונליים, מזיקים לי או לא שייכים לסיטואציה, אני קובעת רצון להפריד אותם ממני.

אני בוחרת לתחם את מה שמעלה בי עצב או כל רגש שלילי ומעבירה את ההכרה, את המחשבות שלי לכל הדברים הטובים האחרים שמתקיימים בי ממש עכשיו. המהות נזכרת ומתמלאת מהם באור, בשמחת קיום.

כשאני מפחיתה את הכוח של העומס להשפיע עליי, המהות והטוב שבי מתפשטים והפוך.

יש לנו אפשרות גם להתמקד בהרחבת המהות, למשל:

אני רוצה לחוש שמחה יותר בחיי, מסופקת יותר.

כל אחת לומדת מה מרים אותה, מה מקרב אותה לעצמה.

לאחת זה יהיה לקבוע לוח זמנים לעשייה הזו ולאחרת לשחרר עצמה מלוח זמנים קשוח.

כתיבת מלאכות, יצירה, חברותא, עבודה, פעילות גופנית, מדיטציה, התנדבות, טיול בחיק הטבע, בישול ואפייה, גינון, שירה, ריקוד, להתחמם מקרני השמש המאירה באוויר הפתוח, במקום להתכנס עוד ועוד לתוך העצבות.

מינון עשייה ומנוחה, תזונה איכותית, גם שוקולד מדי פעם.

תחשבי טוב על עצמך, תהיי טובה לעצמך.

אם תהיה התקרבות ואחוש הקלה של כמה רגעים ואז שוב העצב ישתלט - אני שוב אאסוף את המחשבות הטובות והפעולות הקטנות שיוציאו אותי משם.

"בכל יום קמה כמבראשית."

בכל דקה יש זמן לתיקון ולעלייתה של הנפש.

זה לעשות פעולות יזומות קטנות, שוב ושוב, לטובתך. גם לנוח ולא לעשות כלום - מותר לך.

להכיר את הבורות שלך, מצד אחד ואת הדברים שעוזרים לך לצאת מהם, מצד שני. מכוח הפנימיות שלך. מההבנה שלך, מההיכרות שלך את עצמך.

"תתקרבי כל פעם למשפט אחד ותנסי לרשום מה שמקרב אותך ומה שמבריח אותך, כדי שתכירי את ההתקרבות שלך לעצמך ואת ההתרחקות, על מנת שנעמיד את הסתירה."

לא תמיד העבודה על חיזוק הנפש נעשית מניתוח ההבנה השכלית של מה ולמה.

לא תמיד זאת עבודה תודעתית של מה עלה עכשיו, מה זה מזכיר לי, איזה מרכיב בהפרה, מה קרה לי בילדות - אני לא בהכרח צריכה את זה.

לפעמים אני נכנסת לסחרור, להרגשה ירודה, זה לא טוב לי.

כל שאני מתבקשת זה להניח לעצמי להיות בתוך זה ולנוח.

להניח לי להיות ולהרגיש מה שעולה בי. להתחבר ללב שלי ולהרפות.

"מה שיכולה לתת טוב מעצמך ולתת טוב לעצמך, ולשמור את הטוב. כל יום מחדש, כל יום מחדש, לבחור בירוק ולא בקוצים ואפילו פעם ביום..."

עוקצנות ⟵ חביבות/נעימות

שימו לב שגם פה אנחנו מדברות על תיקון הדיבור.

עוקצנות היא מרכיב נפשי־רגשי. מי שעוקץ לעיתים קרובות, פועל מעומס.

משהו שלא נראה לי, אני מתנגדת לו, קשה לי להגיד את זה ישירות, אז עושה זאת בעקיפין בצורה לא טובה, בעוקצנות.

הרבה פעמים הדיבור משקף את מה שהנפש שלנו נושאת, מעבר למחשבה ולרגש. המילים שאנחנו בוחרות. ביקורתיות יתר ודאי יכולה לבוא לידי ביטוי בעוקצנות.

עוקצנות זה ממש לפגוע במישהו אחר. זה תיקון חשוב שמגיע מתוך לחץ פנימי. אם אזהה את זה בי - ודאי לתיקוני, אם אזהה אצל האחר - להבין שזה בא מחולשה ומצביע על קושי פנימי שהוא חווה בסיטואציה הנוכחית. מחוסר היכולת שלו להתמודד עם משהו שעומד מולו עכשיו או משהו שזה מזכיר לו, מקומו לא נשמר. מהפגיעות שלו, מקנאה - כל מיני סיבות אפשריות.

מספיק שאני לא עונה, לא מוכיחה אותו, מבינה שזה מתוך הקושי שלו, זה כבר מאפשר לי לפתוח את הקשב שלי ולהתגבר על החסימה שיוצרת העקיצה, כשהיא מופנית כלפיי או כלפי אדם קרוב אליי.

ואז להפנות רגש לקיום, לחוס, לחמול, האחר יירגע ויתפנה לעשות את התיקון שלו.

כשאדם שוגה, הוא בדרך כלל יודע ששגה. כשאדם פוגע, ודאי עוקץ ומעליב, הוא יודע שהעליב. זה בא מחולשתו, ודאי מצטער על כך בליבו.

חביבות ונעימות

"**שימי לב איך את פונה אל אחרים,**" אמרה ימימה.

תקשיבו למילים שלכן, האם אני פונה בדרישה, בתביעה, בטרוניה או בחביבות, בנעימות.

שימו לב ותדייקו.

פעם חשבתי שאני לא צריכה להיות חביבה לכל אחד, שזה משקף חולשה - מין מחשבה ילדית שאולי קיבלתי מהסביבה שבה גדלתי. הרגשתי שאני מנסה לרצות, אף על פי שהייתי שנים בריצוי ואולי משום כך.

כשמרכיבים אחרים לא במידתם, זה משפיע במקום אחר. המערכת שלמה - מרכיב אחד משפיע על האחר, כשיש הפרה במקום אחד יש הפרה גם במקום אחר.

אותו דבר התיקון, כשיש דיוק ותיקון במקום אחד זה משפיע על המערכת כולה.

דחויה/מוזנחת ⟵ רצויה/נאהבת

תחום זה הורחב רבות בכתיבה השוטפת של הספר. למעשה זה

התחום המשמעותי ביותר לקיום האישי, האנושי, ולכן העמוק ביותר וזה שנמשיך לפגוש השתקפויות שלו לאורך השנים. כולנו מבקשים לחוש אהבה. להיות אוהבים ונאהבים, לחוש שייכות, שאנחנו רצויים וחשובים לאחרים המשמעותיים לנו. להתקבל. מאחר שתחושות אלה נרכשות בראשיתן על ידי החוץ, כל רישום חוסר יכול להשפיע. הלימוד מראה לנו כיצד אנחנו יכולות למלא את המקום הזה בתוכנו על ידי העצמה אישית בחיבור ליש הנמצא בכל זמן, דרך ראיית הטוב וההודיה. יש לנו מרכז רגשי והכרתי, שיודע להתמלא ולמלא את עצמו בתחושות הללו מבלי להישען על אחרים. לטפח בנו תחושת ערך ולצמות. רצויה ואהובה מעצם קיומי.

כבולה/מוגבלת ⟵ חופשייה/משוחררת

בכל מקום שארפה את הכיווץ הלבבי, שגרם לי העומס ויצר מאבק בלב, אחוש שחרור וחופש לבחור. חופש לפעול או לא לפעול, לקום, ליפול, להתנסות, לנסות, לטעות, להיות אני. חופשייה ומשוחררת מכל "צריכה", "חייבת" ו"מוכרחה". חופשייה ממגבלות שנוצרו מנסיבות חיים. להיות עם חופשי בארצנו מתחיל בלהיות חופשייה בחיי, לדעת שיש לי מרחב בחירה בתוכי תמיד וישראל היא הלב, האמת, הדיוק.

ההכרה מתקדמת, כך גם עבודת התיקון. כשמעמיקים בהתבוננות על מרכיבי התשתית, כמו אמון וביטחון, ספק וסגירות, ומשלימים את ממדיהם החסרים ברגשיים. העומסים והמיותרים מגבילים אותנו, יוצרים תחושה שאנחנו כבולות, לא משוחררות לפעול כפי שהיינו רוצות, שאין לנו ברירה. בתיקון אנחנו לומדות לשחרר את עצמנו מהכבלים התודעתיים הללו. אנחנו הולכות ומפתחות את ההכרה שלנו ואת הקשר שלנו עם חלקים ימימאיים, כדי שכל חלק כזה, כל מרכיב וכל כלי שמדברים עליהם ירחיבו עוד את ההבנות הטובות שלנו לחיים אותנטיים.

אנחנו מבקשות לקשור קשר המיטיב עם עצמנו, להבין טוב יותר את עצמנו. הרבה פעמים אני רוצה לדעת למה - למה זה היה ככה ולפעמים יש לי תהיות. לא תמיד אקבל תשובה, אבל אני רוצה לדעת אם יש איזשהו היגיון מאחורי הדברים. אם יש סדר, מהו אותו סדר נכון שימימה דיברה עליו. לבחור בתיקון, כי הוא זה שמאפשר את ההתחזקות, מעין חוויה מתקנת. להכניס ריפוי למקומות שנמצאים במצר, לחזק את הפנימיות שלי, לחזק את ציר הכוח שלי ובסופו של דבר לא להגיע לאיזו נירוונה, אלא למצב מאוזן, שלום פנימי, שמאפשר לי לחוות את החיים שלי בשמחה, למרות הכול.

חוויית החיים היא לחוות אותם על כל הגוונים שלהם. גם את הרגעים השקטים, הרגעים הסוערים, את הדברים הקטנים והגדולים ולתעל את האנרגיה הנפשית הזמינה שלנו לדברים טובים, לטוהר, למאור הלב.

המימוש שלנו בחיים המודרניים גמיש ופתוח יותר, הוא קשור לתחומי העיסוק והעניין שלנו וגם ברצון לקשר מיטיב עם עצמנו ועם אחרים. לחוות זוגיות מעצימה עם בן זוג, בת זוג, כל אחד ואהבותיו. ליצור משפחה, זה משהו אנושי. אומנם יש כאלה שחושבים שלא, כלומר, בחירה מודעת בחיים ללא תולדות. היהדות לא רואה זאת בעין יפה מהרבה סיבות, אבל אנחנו כחברה מודרנית מאפשרים פתיחות רבה, כי בסופו של דבר לאדם יש סוף סוף את הזכות לבחור.

להיות משוחרר, לבחור בחירה שתהיה כמה שיותר קרובה למהות הפנימית. לא כתגובה לטראומה. יש מקומות קשים שיוצרים הנעה חיובית, אנחנו משתמשות בהם דווקא כדי להפוך חולשה לעוצמה.

יש מקומות שאנחנו מגלות במסע לתוכנו, שמביאים אותנו לידי ביטוי ומייצרים עוד ועוד הנעות לפעולות, להתפתחות, גדילה והעצמה אישיים, להישגים ולתגליות.

התפתחות הכרתית

כשאנחנו מדברות על התפתחות ההכרה דרך הכרת הטוב וניקוי המיותר, על עומס נפשי־רגשי ועל מהות, בתוך הדבר הזה יש את ההבנות האישיות שלנו, את המציאות שאנו חוות דרך החוויה האישית. יש את מערכות היחסים והקשרים שאנחנו מייחסות להם את מערך ההבנות והאמונות שלנו. הייחוסים שאנחנו עושות. יש את הרגשות שמתעוררים בנו ויש את ההתנהגות שלנו הלכה למעשה. מה אני עושה ביום יום, כיצד העשייה שלי באה לידי ביטוי עם כל המערך הפנימי הזה. גם הדיבור.

ימימה אמרה **"יש לזה צורה"**, כי כל מחשבה נושאת בתוכה תוכן שיש לו משמעות, לפעמים חשובה ולפעמים פחות.

אם ההבנות לא מיושמות הן נשארות בגדר פילוסופיה במקרה הטוב, כאב ראש במקרה הפחות טוב.

אם אין הסכמה לבבית למחשבה, הסתירה ממשיכה להתקיים ולכן ימימה אמרה:

"מחשבה מתקרבת היא בהמתנה להבין ולהסכים, לא להבין כדי להבין."

ימימה לא ניתחה אירוע מסוים, לא ירדה לקונקרטי. את זה עושות הלומדות במלאכות שלהן. לא בחיטוט אלא בצפייה, בהתבוננות.

כלומדות ימימאיות, נשאף ללמוד מכל אינטראקציה משמעותית. להתבונן וללמוד. הלימוד מכוון בעיקר למה שקורה בפנימיותנו, שקשור גם אל מתחת לפני השטח, למתרחש מתחת לסף ההכרה.

יש אנשים שנכון להם יותר להגיע לקבוצות שבהן משתפים אירוע אישי ואז כל אחד מחברי הקבוצה תורם את הבנתו לניתוח

האירוע, והמנחה מתווה או נותן המלצות קונקרטיות לפעול בעניין. יש אנשים שהולכים לקבוצות תמיכה למיניהן.

זאת לא דרכה של החשיבה ההכרתית.

הבסיס של שיטת ימימה הוא לימוד אישי בקבוצה. בלימוד ניתנים כלים ונקלטות הבנות ראשוניות גם על היישום שלהם. חלק עיקרי מההבנות יבואו מהחיים, אבל החיים עצמם מזמנים אין־סוף אפשרויות ומעגלים, ולכן לנסות לקחת מקרה מסוים ולהקיש ממנו על האחרים זו סטייה מההבנות האישיות.

יש שיתוף, יש הכוונה אישית המותאמת להיכן שאותה לומדת נמצאת והלומדות האחרות ניזונות ממנה, אך בהקשר המדויק ללומדת ששיתפה ולא בבחינת מה הייתה אמורה לעשות, היכן שגתה, איך אני חושבת שהיא הייתה צריכה לפעול, אלא מה אני מבינה מזה - ורושמת.

"...כל אחת נקלטת לחומר נוסף. כל אחת למדה מכולן. הלימוד הוא למעשה מכל אחת שיושבת, כי ברגע שאת בפתיחות, לא מתערבת עם היושבת שעל ידך, מכבדת את מילותיה, לא דוחה אותן וגם לומדת כשהיא מקבלת חלקים, כי אז תהיי קשובה ורושמת הבנות בלי מאמץ, כנוכחת על מקומך."

אנחנו נמצאות בתוך תהליך דינמי, כלומר, ההבנה שיש לי עכשיו, היכולת והסיפור שאני מתמודדת איתו כרגע הוא ספציפי וככזה אני מתחמת אותו ופועלת ביחסיות הזו. חלק מהכלים שאני משתמשת במקום אחד ישמשו אותי גם במקום אחר, באינטראקציה אחרת, מול אדם אחר בזמן אחר וזה לא קשור כרגע לעניין עצמו אלא למערך התפיסתי שלי.

זה מביא אותי לעניין ציר הכוח. במבנה ציר הכוח יש לי תחושה פנימית שמתחיל להיבנות בתוכי איזה שהוא סנטר (CENTER) והוא משדר לי: 'היום את חזקה יותר, כי את כבר מבינה דברים

אחרת. את נותנת לחוץ פחות להשפיע עלייך, את יודעת מה טוב לך, סומכת על עצמך, על נפשך, יש לך מקום ללא מאבק'.

אם בעבר עשית משהו והאחר אמר לך "איזה יופי מה שעשית", ואת התלהבת ממה שאמר, או כשהאחר אמר לך שמה שעשית לא היה משהו או לא הגיב כלל על מה שעשית ונפלת מזה - את כבר פחות נמצאת שם.

את מתחילה לבנות ציר מרכזי, שבנוי על קבלה עצמית. היכולת שלך לתת משוב לעצמך לא כדי לבקר את עצמך. אם הצלחת - תחזקי את המקום הזה, אם לא הצלחת - תחזקי גם את המקום הזה. תקבלי את המקום הזה ותודי על האפשרות ללמוד, לשגות. זוהי נוכחות הכרתית, הפוך מביקורתיות ושיפוטיות יתר. מפעילה את המנגנון הזה מתוך העצמיות שלך שמאפשרת להתחזק בפנים, פחות להישען על אחרים, אף על פי שאנחנו לא חיים בריק. אפשר לקבל משוב אם נבקש אותו, אבל במשורה, עד גבול מסוים. את קובעת.

פרפר ופרח - הוא מתקיים ואת מתקיימת, כל אחד עולם ומלואו, זה נמשך לזה, פנים לפנים, לב ללב, מקיימים עולם, בוראים עולמות חדשים.

מבנה ציר הכוח

המבנה - נכון שאני מרגישה אותו כמו ציר, אבל המבנה שלו הוא סך כל המבנים החדשים שנוצרו בשדה ההכרה מהיישום וההטמעה של הכלים ההכרתיים, סך כל החלקים שחזרו למידתם, סך כל הדיוקים שלי.

כשאני בציר שלי אני אסופה, מלוקטת רוח.

"יש לדעת שכל חלק שניתן נושא את חלקיו, והם חלקיקיו והכול מתוחם. נושא ציר תיחום, מאפשר ציר. מחשבה כשנאבקת, מתרוצצת, מתנגשת, נסערת, מתפזרת, תופסת הרבה מקום אבל

אין לה ציר. מחשבה כשמתחזקת, ההפך מזה. בודאי צירה, כוחה, תמצותה."

כדי לשנות את זווית הראייה שלי או את חוויית החיים שלי - זה לימוד, זה תהליך. לשנות הרגלים שאינם טובים לוקח זמן.

לשם כך עליי לבנות מבנה הכרתי אחר, למשל, מבנה שנלמד והוטמע באופן יחסי: כלי ההמתנה והפורמט - מקשיבה־ממתינה־עונה ויישומם בזמן התרחשות.

הווה אומר, שבפועל לא אמהר לענות. אשתדל להמתין, גם אם מה שמולי באותו רגע גרם לתנועה נפשית, שעוררה אותי לענות מייד. תגובה מתוך עוררות ללא הבנה, ללא המתנה היא ממערכת אוטומטית, תגובתית. הקשב חלקי, ההבנה חלקית.

המהלך ההכרתי שאני משתדלת לעשות כמעט בכל אינטראקציה, שמסעירה את המערכת האישית. כשמסגלת אותו זה יוצר בי מבנה הכרתי, שמאפשר מרחב תגובה, מאפשר לעשות את החיבור למהות, לפתיחת קשב חסום, להפניית רגש כלפי קיום. הוא זה שמאפשר, בסופו של דבר, גם הפעלת שיקול דעת.

זה מבנה שאני לא חושבת עליו, הוא יהפוך להיות הרגל תודעתי, שייבנה על בסיס מסלול תפיסתי שכלי ולבבי המתקיים כמבנים בשדה ההכרה. מבנים חדשים, מסתגלים, שמאפשרים יציבות וגמישות במערכת.

בשבריר שנייה יש לי הוראה פנימית שאומרת - המתיני! אל תמהרי להגיב, אל תמהרי לענות, גם אם זה מפעיל אותך ואז הקשב נפתח, ההבנה נפתחת, כמובן בהנחה שנמהרות ו"פה נמהר להגיב", הוא ה"חולשה שלי". ימימה אמרה: **"פה שותק הומה חיים."**

אם אני נוטה להשתתק אז ההשלמה היא הפוך, לדבר.

מבנה כזה ועוד אחד ועוד אחד. כל המבנים שנוצרו עם השימוש במסלול הכלים ההכרתי, ההבנה והיישום, מביאים לתוצאות. לדיוקים, לרגיעה, לאיזון ולשמירה על העצמי, ודאי להתקרבות.

זה אישי ועושה לי טוב, זה עובד טוב עם הילד שלי, עובד טוב מול בן זוגי, משפיע טוב על העבודה שלי ועוד. אני אוספת את כל הדברים שמייצרים תוצאות יציבות, שמותאמות לי אישית. בבית שלי, מול האנשים שקרובים אליי, למי שהם ולמי שאני ואז המערכת תרצה להשתמש בהם, גם אם באופן אוטומטי יעלו דברים אחרים שבריר שנייה קודם לכן.

זה לא מה שנכון מבחינת התיאוריה. תיאוריה זו רק תיאוריה, הכול טוב ויפה.

יש מצגות וכתבות מדהימות על מה רצוי ומה כדאי, אך בסוף חשוב שאבחר מה נכון לי, לפי היכולת שלי, הרצון העצמי שלי, לפי מפת הנפש שלי ולפי מי שעומד מולי. כשאסגל לעצמי מחשבות כאלה ואבין את העולם באופן הזה, אחזק את עצמי מבפנים. יש לי משהו ששייך לי, שהכי טוב לי, שתפור למידותיי!

אני לא אחקה מישהו אחר, כי הוא אמר "תעשי ככה כי זה הנכון," זה הרבה יותר עמוק, פנימי, קשוב, נבנה מפנימיותי, מההבנות שנפתחות לי, מהיישום ומההיזון החוזר. מכל פעם שאדייק במקום של הפרה, לאט אתחזק ואחוש בנוכחות המרכז (הסנטר) הזה, שייצב אותי יותר ואהיה פחות תנודתית. זה ישפיע על הכול, הטוב משפיע טוב וכדברי ימימה: **"מוסיפה טוב על טוב."**

הללויה.

חלק שלישי

בינתי - חשיבה הכרתית ברוח קבלית

"אני ישנה וליבי ער"

אישה משכילה החיה בעידן המודרני, חווה את הפיצול בין תנועת ההשכלה לבין עולם הרוח; את קידום מעמד הנשים מול הליכתן לאיבוד בתוך עולם תובעני ומבלבל. לעיתים את פירותיו הבאושים של תהליך המודרניזציה ואת נטייתן הפסיכולוגית להפנות אכזבה ותסכול כלפי עצמן. מתוך כל אלה נוצר משבר.

מהמשבר הזה היא תלקט ניצוצות.

ימימה פנתה אל הנשים דרך ההבנה, מתוך אמונה עמוקה שכולנו נבראנו בצלם אלוהים. הפוטנציאל למימוש עצמי ולחיים בעלי משמעות קיים בכל אחת מאיתנו, אך כוחות הרסניים המתקיימים במלכות, הוא העולם שבו אנו חיים, מתקיימים במסווה של "ידיעת טוב" מוטעית. לכן יש לבצע פעולות שיסייעו ללומדת דרך חיבור מדייק לבינתה, להנביע מחדש את שנעלם ולאפשר להווייתה לחזור למצב התקין של הזרמת השפע. לחבר רוח לחומר, כי ההפרדה אינה טבעית ואנושית.

כיצד המבנה הפנימי שלנו בנוי? מרבדים רבים המקפלים בתוכם זיכרונות, התנסויות ורישומים. חוויות חיים חיוביות יאפשרו התפתחות תקינה של האישיות על מרכיביה השונים, ימימה כינתה זאת מהות. לחוויות חיים שנחוות דרך חסר מתמשך ימימה קראה סבך והוא נכרך במרכיבי נפש שונים ברובד החשיבה, ההכרה והשדה הנפשי־רגשי. כריכה זו יוצרת הפרה באיזון הפנימי. ההפרות הנוצרות יוצרות קשיים, שימימה כינתה עומס. המהות והעומס נחווים בהווה אך מושפעים מסך כל ההתנסויות שלנו. מערכת אישית שיצאה מאיזונה מבקשת תיקון - השבתה לציר כוחה, זרימתה, שירתה.

המרכיבים הקלים לזיהוי ועיבוד יעלו משדה החשיבה ויזוהו בקלות יחסית. העמוקים והקשים חבויים ונסתרים יותר לעיתים ללומדת עצמה, שכן מעוצמת פגיעותם וכדי לשמר את המערכת ביציבותה היא בנויה באופן כזה שכל מה שאנו לא מסוגלים לעכל ולעבד על ידי הנפש "ייבלע" למעמקי התודעה. זו תכליתו של הרובד הפנימי העמוק ביותר, כמו חדרי המלך בפירוש הזוהר של הפסוק "הביאני המלך חדריו".

ימימה בדרכה הלכה אחרי רבי שמעון בר יוחאי זצ"ל, שאמר "זאת המהות ולכן יש לכבד אותה. אין לחטט, לפרוץ בכוח" (הכוונה אולי לגישות טיפוליות הדוגלות ב"לדבר על הכול", "לפתוח את הפצעים").

ימימה אמרה: **"אתן הולכות להתנסות, לנסות לבדוק את עצמכן קצת, אבל בבקשה ללא חיטוטים. האחריות של החיטוטים היא על המחטטת."** הדרך להתמודד ולטפל ברישומים קשים היא לא בחיטוט וחשיפה.

ככל שהלומדת תתקדם בתהליך התיקון ועם השבת ציר הכוח והפעלת מסלול הכלים בשלב האוטומטיזציה, היא תרגיש שינוי מהותי בכל הרבדים בחייה מתוך התקרבות לעצמה, מאור ליבה,

מהתקרבות לאחר, מחיבור לשפע ממקור אור אין־סוף יתברך.
מתוך קבלה עצמית וקבלת הניתן לתיקונה בשמחה, שמחת הקיום
ואחדות החלקים. סיפור חייה של הלומדת יסופר אחרת.

במהלכו של מסע לתוך עצמה, תתקיים הבנה טובה יותר את עולמה
הפנימי, את החיבור המדייק על כל חלקיו, הקשר הבריא והבונה של
עולמה הגשמי ועולמה הרוחני שחד הם. המהויות השונות שהיא
נושאת בתוכה יפעלו בהרמוניה, בתנועה קלה וזורמת, חיה ונושמת,
מכיילת את עצמה ומזרימה לתוכה אור וברכה דרך צינורות השפע
המחוברים לשורשיהם העליונים, וממנה בבחינת משפיעה חזרה
על הסובבים אותה וכלפי שמיים.

מערכת הספירות

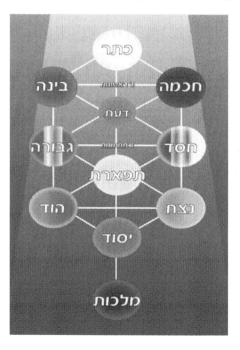

בספר "יצירה", מהקדומים בספרי הקבלה שמיוחס לאברהם אבינו, נמסרו פסוקים, מעין צפנים לפענוח סודות היקום, הקיום והקריאה בפנימיות התורה.

בפרק א, פסוק א נרשם: "בשלשים ושתים נתיבות פליאות חכמה חקק י"ה יהו"ה צבאות את עולמו בשלשה ספרים בספר ספר וספור".

בשלושים ושתיים, שהן עשר הספירות, עם כב' אותיות הא"ב העברי המרכיבות לב' נתיבות פלאות חכמה חקק את עולמו. פלאי הבריאה חקוקים בשלושים ושניים נתיבי לב.

והוסיף בפסוק ב: "עשר ספירות בלי מה במספר עשר אצבעות חמש כנגד חמש וברית יחוד מכוונת באמצע במלת לשון ובמלת המעור".

הוא הצביע על הקשר בין המבנה הפיזי של האדם ובין זה הנושא את רזי הבריאה. עשר האצבעות, חמש כנגד חמש וביניהן ברית ייחוד. כלומר, הברית המקשרת בין האדם ובין הבורא/הבריאה גם לבריאה חדשה, כמו הולדה, יצירה, המשכיות. זו ברית המילה ויש לה דו-משמעות.

המילה הנאמרת, כלומר, הכוח הדברי של האדם, נזר הבריאה וברית המעור החקוקה בבשר החי, בברית המילה.

בספר בראשית מסופר שאלוהים ברא את העולם **בדיבור** (פרק א, פסוקים א-ה):

"בְּרֵאשִׁית בָּרָא אֱלֹהִים, אֵת הַשָּׁמַיִם, וְאֵת הָאָרֶץ. ב וְהָאָרֶץ, הָיְתָה תֹהוּ וָבֹהוּ, וְחֹשֶׁךְ, עַל-פְּנֵי תְהוֹם; וְרוּחַ אֱלֹהִים, מְרַחֶפֶת עַל-פְּנֵי הַמָּיִם. ג וַיֹּאמֶר אֱלֹהִים, יְהִי אוֹר; וַיְהִי-אוֹר.

ד וַיַּרְא אֱלֹהִים אֶת-הָאוֹר, כִּי-טוֹב; וַיַּבְדֵּל אֱלֹהִים, בֵּין הָאוֹר וּבֵין הַחֹשֶׁךְ. ה וַיִּקְרָא אֱלֹהִים לָאוֹר יוֹם, וְלַחֹשֶׁךְ קָרָא לָיְלָה; וַיְהִי-עֶרֶב וַיְהִי-בֹקֶר, יוֹם אֶחָד".

חוכמת הקבלה מספרת על סוד "עץ החיים" מגן העדן שמוזכר בסיפור הבריאה, כמורכב מעשר ספירות. בהקדמה לספר הזוהר מתואר מבנה הספירות כמתקיים בגוף האדם. הוא מובא בהמשך.

על פי תורת הצמצום של האר"י הקדוש, כדי לברוא את העולם הבורא צמצם את עצמו, כלומר, פינה מקום בתוך אור אין־סוף. זה החלל הפנוי, אך יש בו "רשימו", מעין רישומים שהותיר בו האין סוף יתברך. לתוך החלל הפנוי הוא יצק את העולמות ואת הספירות שמשתלשלות לעולם המעשה, האחרון מבין אבי"ע - ארבעת העולמות העליונים: אצילות, בריאה, יצירה, עשייה או בשמו הנוסף, עולם המלכות - זה העולם שבו אנו חיים (עולם המלכות כולל גם את גרמי השמיים).

הספירות הן מעין הנהגות, שבהן הבורא מתגלה בבריאה, כשבמקביל בכל אחת מהן נכללות כל עשר הספירות עד אין־סוף. לכל אחת מהן יש שמות נרדפים, שמרחיבים את ההבנה על מהותן. כל צמצום פותח מרחב נוסף. אנו חיים במרחב ספירת המלכות, שמורכב מחלקיקי חומר ואנרגיה.

אמר רבי חיים ויטל:

"דע כי טרם שנאצלו הנאצלים ונבראו הנבראים היה אור עליון פשוט ממלא את כל המציאות ולא היה מקום פנוי בבחינת אוויר ריקני וחלל, אלא הכול היה ממולא מן האור הפשוט ההוא [...] והנה אז צמצם את עצמו אין־סוף בנקודה האמצעית אשר בו באמצע ממש, וצמצם האור ההוא ונתרחק אל סביבות הנקודה האמצעית ואז נשאר מקום פנוי ואוויר וחלל ריקני. ואז המשיך מהאור אין־סוף קו אחד ישר ובמקום החלל הוא האציל וברא ויצר ועשה את כל העולמות כולם".

במהלך הדורות הוסיפו חכמי הקבלה עוד ועוד הרחבות והעמקות ברובד הסוד של המקרא. התנועה החסידית, שהחלה דרכה במאה השבע-עשרה ובראשה רבי ישראל בן אליעזר זצ"ל המכונה "הבעל שם טוב", חידשה שבכל אחד ואחת מאיתנו מתקיים המבנה הרוחני הזה.

לכל דמות מקראית יש ייצוג בנפש האדם. לכל האירועים המתרחשים במקרא יש קשר הדוק ומתקיים בכל רגע ורגע בתוכנו ובינינו. אדם נקרא עולם קטן ובו השתקפות הפלאות. התורה אינה אירוע היסטורי של משהו שקרה בעבר. האלוהות אינה רחוקה בשמיים ואינה מושגת, "כי קרוב אליך הדבר מאוד."

לתורת ישראל ולחוכמת הקבלה יש אין-ספור מפרשים, מדרשים וספרים. החוכמה וההעמקה הם אין סופיים.

לכל ספירה יש את הצד "הטוב", "המהות" שלה ואת הצד "הרע" שלה - "הקליפה". החל מספירת חסד (שהיא הרביעית במספר) מוצמדת גם דמות מקראית לכל אחת מהן. בעשר הספירות מיוצגים גם שמות האל השונים ובעומק סודם שם הויה.

שלוש הספירות הראשונות נקראות ג"ר = ג' ראשונות וגם ספירות המוחין: ספירת כתר היא קוצו של יוד, ספירת חוכמה היא האות יו"ד וספירת בינה היא האות ה"א. אלה הן ספירות מופשטות כל כך, שאין לתבונה האנושית יכולת המשגה שלהן.

אחריהן יש ספירות ז' תחתונות. הספירות חסד, גבורה, תפארת, נצח, הוד ויסוד הן שש ספירות המעשה ובבחינת האות ו"ו שהיא כסולם יעקב. כל השפע המשתלשל מלמעלה למטה ועובר מספירה לספירה עד ספירת יסוד, שמתחברת לתוך ספירת מלכות שהיא האות ה"א והיא, כאמור, הספירה שבה נמצא היקום שבו אנו חיים.

קיימת חלוקה/ספירה נוספת של מערכת הספירות, שבה הספירה "כתר" לא נזכרת, מאחר שהיא שייכת לעולמות גבוהים שאין לנו השגה בהם כלל.

ואז ג' ראשונות הן ספירות חוכמה, בינה ודעת ולאחריהן ז' תחתונות.

ספירת "דעת" היא ספירה חסידית.

מה מתקנים?

האדם טוב מיסודו ומנשמתו - זו תפיסה קבלית מובהקת. במלכות ניזון האדם ממקורות השפע, אבל כשיש חסימות, עיכובים וחסר, נפער חלל שלתוכו נכנסים כוחות הטומאה, שנמצאים בקליפות ומקורם מהסיטרא אחרא - הצד האחר. ימימה דיברה על מהות ועומס - טוב ממקור עליון, שלעיתים מופר ומשם העומס, ההפרה, הקלקול ואחריהם הצורך בתיקון.

התיקון מאפשר איזון המערכת הפנימית, אחדותה, תיקון המידות, כדי להשיב ללומדת את כוחה ואורה שהלך ונסתר ממנה במהלך חייה. לחדש את החיבור והקשר הישיר, החם והמזין בין אדם לאדם ובין בורא לנברא. גם כל פירוש לתורה הוא תיקון, כל חידוש הוא לבוש. בארמית, שפת הזוהר, תיקון זה מלבוש/תכשיט. כל קריאה, הבנה בטקסט הזה הם מלבוש נוסף לתורה, שהיא החוכמה האלוהית האין סופית שירדה לעולם. כל הבנה של הלומדת על עצמה ועל חייה הם מלבוש חדש לנפשה.

הכול בסדר

לכל הנמצא בתוכנו ומחוצה לנו יש סדר מופלא, וכשלומדים להכיר אותו מבינים.

הזרע שנטמן והתהווה לעובר ברחם אימו, מגיח לעולם המלכות וממנה יונק את ראשית צמיחתו. האם משפיעה מחום ליבה וממאור פניה על ילדה והם עיקר החומרים שנצרכים בו בשלב ראשוני זה. הכוח הנקבי בהוויה מתקיים מהחיבור בין הבינה המשפיעה מאורה כלפי מטה לבין השכינה העוטפת ומעלה את האור חזרה כלפי מעלה, וביניהן האם האנושית הנושאת את הרחם שבו נוצרים החיים, וכולן ישפיעו על התינוק מאורן וברכתן.

הכוחות הנקביים מתקיימים גם בזכר וגם בנקבה. האדם הוא זכר ונקבה.

הכוחות הזכריים המתקיימים בספירות חוכמה, חסד, גבורה, תפארת, הוד ויסוד ישלימו את המערך המופלא המאפשר את הקיום האנושי.

יום ולילה, עונות השנה, מעגלי חיים, צמיחה וקמילה, נעוץ סופן בתחילתן. אין־סוף מתקיים בבריאה שהיא, כביכול, הסוף. הסוף הוא אין־סופי בממדיו, רגעיו, מצביו, מופעיו.

דם אש ותימרות עשן

האדמה בוערת. אש לוהטת מתחתינו, אש לוהטת מעלינו, אש מבעבעת, אדמה מפעפעת. מאות אלפים, מיליוני מיליונים עד אין־סוף יחידות, חלקיקים מסוגים שונים מתחברים ומתפצלים, נעים בתוך מעגלים, עוברים בין חי, צומח, דומם ומדבר, פושטים ולובשים צורות, חלקיקים ואנרגיה, גופים ואור, כולם מתקיימים בו־זמנית מאין־סוף לאין־סוף. התגבשויות שיוצרות צורות דינמיות שלעינינו המוגבלות נראות שלמות, שלוות, אך שום דבר אינו

שקט, הכול רוחש וגועש, לוהט וצונן, קפוא ואד. הכוחות פועלים זה על זה, וזה בתוך זה בו־זמנית בסדר מושלם שמתפרק ומתחבר בכל רגע ובכל זאת נשמרות הצורות. הנה הדם מקיים את הנפש, חם וקר זורם ונשפך - דם, אדם, אדמה.

אני חוזה בנשימת הצמחים, שואפים ונושפים היישר לתוכי, רוחם ברוחי, והשמיים והמים והאדמה שואפים ונושפים, מתאחדים ונפרדים.

הכול זז סביבנו, אודים עשנים ותהום נפערת ונסגרת חליפות, אנחנו מהלכים על הלוחות, מדלגים מעל התהומות, נאחזים אלה באלה, משוועים ללוחות.

אני צופה בכוכבים ומחוללת עם החלקיקים, נישאת על גבי סיבים של אור, אין הזמן והמרחק מוכרים שם. אני פה ואני שם באחת, והבריאה כולה יחד שרה את שירה ומחוללת את מחולה. היא מושלמת. יש חיבורים גדולים ויש חיבורים קטנים, אבל גם קטנים עד כדי שלא נראה שהם גדולים ומפוארים וכולם כולם מעשה האלוהים.

נפש האדם על פי חז"ל

"בִּינָה לִבָּא וּבָהּ הַלֵּב מֵבִין."

השתקפות הספירות	שמות נפש האדם	סדרם מלמעלה למטה
אור אין־סוף המקשר בין הספירות	יחידה	החוט המקשר לאור אין־סוף
כתר	חיה	מעולם האצילות
חוכמה ובינה	נשמה - מרכזה במוח	מעולם הבריאה
חסד, גבורה, תפארת, נצח, הוד, יסוד	רוח - מרכזה בלב	מעולם היצירה
מלכות	נפש - מרכזה בכבד	מעולם העשייה

הסביר **הרמב"ם** זצ"ל בהקדמה לפירוש מסכת אבות על נפש האדם וכוחותיה:

"...הנפש - אחת: דע, שנפש האדם אחת, ויש לה פעולות רבות, חלוקות, יקראו קצת הפעולות ההן "נפשות". ויחשב בעבור זה שיש לאדם נפשות רבות. כמו שחשבו הרופאים, עד ששם ראשם, שהנפשות שלוש: טבעית וחיונית ונפשית. ופעמים ייקראו "כוחות" ו"חלקים", עד שיאמר: "חלקי הנפש". וזה השם ישתמשו בו הפילוסופים הרבה. ואינם רוצים באומרם: "חלקים", שהיא מתחלקת כהתחלק הגשמיים. אבל הם מונים פעולותיה החלוקות, שהן ל"כלל הנפש" כחלקים, ל"כל" המחובר מהחלקים ההם".

הצורך בידיעת הנפש

הרמב"ם זצ"ל המשיך:

"...ואתה יודע, שתיקון המידות הוא ריפוי הנפש וכוחותיה. וכמו רופא, אשר ירפא הגופים, צריך שידע תחילה את הגוף אשר ירפאהו בכלל וחלקיו - מה הם, רצוני לומר: גוף האדם, וצריך שידע אילו דברים יחלוהו וישמר מהם, ואילו דברים יבריאוהו ויכוון אליהם, כן רופא הנפש הרוצה לתקן מידות האדם, צריך שידע הנפש בכללה וחלקיה, ומה יחלה אותה ומה יבריאה..."

חמישה שמות לנפש האדם וזה סדרם ממטה למעלה: **נפ"ש, רו"ח, נשמ"ה, חי"ה, יחיד"ה.**

הרב חיים ויטאל זצ"ל, שכתב וערך את כתבי האר"י, פירט את סדר הרוחניות באדם בהקדמה א לספר "שער הגלגולים":

"בכוח, לא בפועל" - היינו הזכות לקבל יחידה רוחנית ניתנת לאדם מכוח מעשיו. הנפש מעולם העשייה, הרוח מעולם היצירה, נשמה מעולם הבריאה, חיה מעולם האצילות, יחידה היא הקשר של כל נברא לבוראו, החוט המקשר כל אחד לאין-סוף. האפשרות לזכות

ביחידות רוחניות היא כפי הכנת הכלים. הרוחניות היא אור, אור קדוש המחפש כלי קדוש להכנס לתוכו.

מתוך מילון ינון מאת הרב חיים ינון לוי:

"...נפש - נמצא במלכות, נפשות - היא המלכות שממנה מחצב הנפשות, בסוד שמקבלת עליה הרוח והנשמה שהם תפארת, והבינה" (זהר תרומה, דף קעא).

הסביר **הרב זמיר כהן** על הרבדים של הנפש המתקיימים באדם:

נפש - הרובד הנמוך היא הקרויה גם הנפש הבהמית היא הייצרית - מרכזה בכבד.

רוח - הרובד השני והגבוה מהנפש, שאר רוח נושא רגשות וחוכמת הלב - מרכזו בלב.

נשמה - הרובד הגבוה ביותר בתוך האדם המתעלה בזכות לימודי תורה - מרכזו במוח.

ולפי הסדר מהגבוה לנמוך נקבל ראשי תיבות של מל"ך.

ומלכה מה?

סוד ה' כבסוד שם הויה המשקף את מערכת הספירות:

י' ספירת חוכמה שנכנסה לרחם ונוצרה ה' היא ספירת בינה, ו' הן שש ספירות המעשה ו-ה' נוספת היא ספירת מלכות. שתי הספירות הנקביות בינה ומלכות נקראות גם "אימא עילאה" ו"אימא תתאה" - מקבלות את האותיות ה' משם הויה. הן בעלות אנרגיה נקבית ואפשר לדמות אותן לרחם שקולט ונוצרים בו חיים, הן קולטות, ונקלטות, מקבלות לתוכן ונושאות את התולדות והמשכת נס הבריאה מחוה אימנו ועד עולם וראו מעשה בשרי היא שרה אימנו.

ימימה זצ"ל הסבירה:

"...לא מפרידים בין רוחניות וגשמיות, זה כמו הגוף הוא גשמי ויש
את חיבוריו הרוחניים במוח. הנקודה העיקרית של הלב שמחוברת
גם לנקודה הפנימית של הנפש לנשמה במוח. בר-דעת. כשישנה
דעת אז המוחות הנה התקרבו ואפילו הקרקע דרך דעת שהיא לא
הדעת הרגילה אלא הדעת - החיבור בין חוכמה לבינה."

יסודות ומושגים בתורות הקבלה והחסידות השזורים בתורת ימימה זצ"ל

הקבלות רבות ליסודות מרכזיים מהקבלה והחסידות שזורות בתורת ימימה ורשומות תחת מילים לעיתים שונות לעיתים דומות, המתארות מושגים דומים. כמו כן, בתוך החלקים והכלים ההכרתיים שימימה זצ"ל העבירה ללומדת בתהליך התיקון.

"פתח אליהו"

ב"**פתח אליהו**" המופיע בהקדמה ל"תיקוני הזוהר" (וגם בסידורי התפילה) נושא אליהו הנביא דרשה יפהפייה ובה פורש את יסודות תורת הקבלה כמעשה מרכבה. בדרשה סודות מורכבים ועמוקים מאוד המתארים את הבורא ואת מעשה הבריאה, את מערכת הספירות, את עץ החיים, את יצירת העולמות ואת האדם מהתהוות היקום ועד התפתחות החומר. את צמצום אור האין סוף ואת החיבור, ההזנה וההשפעה של העולמות העליונים והעולמות התחתונים. החיבור לנברא כמשקף את יכולותיו והנהגותיו של הקב"ה אריך אנפין בזעיר אנפין. זה חיבור מכונן ורבים מהסודות, המושגים ומהרוח שבו שזורים בתורת ימימה כחוט השני.

"פָּתַח אֵלִיָּהוּ הַנָּבִיא זָכוּר לְטוֹב וְאָמַר: רִבּוֹן עָלְמִין דְּאַנְתְּ הוּא חָד וְלָא בְּחֻשְׁבָּן, אַנְתְּ הוּא עִלָּאָה עַל כָּל עִלָּאִין סְתִימָא עַל כָּל סְתִימִין, לֵית מַחֲשָׁבָה תְּפִיסָא בָּךְ כְּלָל; אַנְתְּ הוּא דְּאַפַּקְתְּ עֶשֶׂר תִּקּוּנִין וְקָרֵינָן לוֹן עֶשֶׂר סְפִירָן, לְאַנְהָגָא בְהוֹן עָלְמִין סְתִימִין דְּלָא אִתְגַּלְיָן וְעָלְמִין דְּאִתְגַּלְיָן, וּבְהוֹן אִתְכַּסִּיאַת מִבְּנֵי נָשָׁא. וְאַנְתְּ הוּא דְקָשִׁיר לוֹן וּמְיַחֵד לוֹן. וּבְגִין דְּאַנְתְּ מִלְּגָאו כָּל מָאן דְּאַפְרִישׁ חַד מִן חַבְרֵיהּ מֵאִלֵּין עֶשֶׂר אִתְחַשִׁיב לֵיהּ כְּאִלּוּ אַפְרִישׁ בָּךְ. וְאִלֵּין עֶשֶׂר סְפִירָן אִנּוּן אַזְלִין כְּסִדְרָן חַד אָרִיךְ וְחָד קָצֵר וְחַד בֵּינוֹנִי. וְאַנְתְּ הוּא דְּאַנְהִיג לוֹן. וְלֵית מָאן דְּאַנְהִיג לָךְ לָא לְעֵילָּא וְלָא לְתַתָּא וְלָא מִכָּל סִטְרָא. לְבוּשִׁין תַּקַּנְתְּ לוֹן דְּמִנַּיְהוּ

פַּרְחִין נִשְׁמָתִין לִבְנֵי נָשָׁא. וְכַמָּה גוּפִין תַּקַּנְתְּ לוֹן דְּאִתְקְרִיאוּ גוּפָא לְגַבֵּי לְבוּשִׁין דִּמְכַסְיָן עֲלֵיהוֹן וְאִתְקְרִיאוּ בְּתִקּוּנָא דָא. חֶסֶד דְּרוֹעָא יְמִינָא. גְּבוּרָה דְּרוֹעָא שְׂמָאלָא. תִּפְאֶרֶת גּוּפָא. נֶצַח וְהוֹד תְּרֵין שׁוֹקִין. יְסוֹד סִיּוּמָא דְּגוּפָא אוֹת בְּרִית קֹדֶשׁ. מַלְכוּת פֶּה תּוֹרָה שֶׁבְּעַל פֶּה קָרֵינָן לָהּ. חָכְמָה מוֹחָא אִיהִי מַחֲשָׁבָה מִלְּגָאו. בִּינָה לִבָּא וּבָהּ הַלֵּב מֵבִין. וְעַל אִלֵּין תְּרֵין כְּתִיב הַנִּסְתָּרוֹת לה' אֱלֹהֵינוּ. כֶּתֶר עֶלְיוֹן אִיהוּ כֶּתֶר מַלְכוּת..."

ובפירוש חופשי שלי:

פתח אליהו הנביא הזכור לטוב ואמר: ריבון העולמים, אתה אחד ולא בחשבון (לא האחד שאנחנו מכירים בספירה המספרית של אחד, שתיים, שלוש) אתה עולה על כל הדברים העליונים (הגבוהים מהבנתנו, השגותינו). סתום (לא מובן בהבנה אנושית) מעבר לכל הדברים הסתומים הקיימים.

אין המחשבה שלנו יכולה לתפוס מי ומה אתה. אתה שיצרת עשרה תיקונים (מלבושים, תצורות, מהויות קיומיות) וקראת להם עשר ספירות להנהיג בהן עולמות סתומים (שאינם מובנים, עלומים) עולמות שאינם גלויים ועולמות גלויים ובהם התכסיתָ (כיסית/ הסתרת את עצמך) מבני האדם. אתה הוא שקושר אותם (את העולמות והספירות שיצרת) ואתה הוא שמייחד אותם, הופך אותם לאחד, מחבר ובשל כך כל מי שמחסיר אחד מעשרת החברים באילן, הספירות המחוברות ונקשרות בעץ הספירות - כאילו החסיר ממך, פגם או פגע בשלמותך.

ובאילן הספירות זה סדרן: צד אחד ארוך (צד ימין - חוכמה, חסד ונצח) צד אחד קצר (צד שמאל - בינה, גבורה והוד) וצד שלישי בינוני (קו אמצעי - כתר, תפארת, יסוד ומלכות).

אתה הוא שמנהיג אותן ואין מי שמנהיג אותך, לא למעלה ולא למטה ולא משום צד. מלבושים התקנת בעץ הספירות שמהן

פורחות ועולות נשמות בני האדם. כמה גופים התקנת להם הנקראים גוף, אלו מלבושים המכסים עליהם ונקראים בתיקון: חסד זרוע ימין, גבורה זרוע שמאל, תפארת גוף (אמצע) נצח והוד שתי השוקיים, יסוד סוף הגוף ובה סימן לברית הקודש (ברית המילה בבשר הזכר, הסרת העורלה וגילוי העטרה) והמלכות היא הפה, היא התורה שקראנו לה תורה שבעל פה. חוכמה היא המוח, המחשבה, ובינה היא בינת הלב ובה הלב המבין. על האילן השני כתוב הנסתרות לה' אלוהינו. כתר עליון הוא כתר מלכות.

ימימה:

"מבנה שאנחנו לומדים זה הלבוש הפנימי לחיות הפנימית שייך לעץ החיים..."

"כל הלימוד כל החומר בחלקים יחסיים כמו פזורים כביכול אבל בסדר המופלא שלהם, חלקים שמקרבים את הימין בחוכמה ושמאל בבינה, כדי לקרב המוחין וכדי שהדעת תהיה והחיבור אז מתהווה..."

"ברגע שגובר הלומד על צידו השמאלי, הכול, החלקים המיותרים שבו [...] והנה איחוד בין ימין לשמאל קשור לקו האמצעי [...] אלומה זה הרבה סיבים כשכל סיב מתוחם (יסוד). אוחז ביד ימינו - החסד, זה מקו האמצע של מוחו, זה רחמים."

"הקו האמצעי - היסוד מלכות תפארת. כתר זה לא לאף אחד."

"יש פה רעיון. כל חלק נסתר במערכת [...] כל סיב באור צריך הד לסיב אחר. האור מתפשט. כאשר החלקים עמוסים [...] הם מכוסים קליפות."

"החיבור קיים גם על חלקיו הנסתרים כשצורתו תיאום של שלמות, לא מדברים כי השלם הקדוש ברוך הוא, אבל השלמות של תנודות האור."

"ההתרחבות, ההתפשטות שבהתרחבות יכולה לגלות, זאת אומרת, ההכרה דרך אורה מגיעה לגילוי היראה. זה לא דרך מחשבה, זה מגיע לבד כי זה קיים בתוכנו, כולנו דומים."

"לשם יחוד קודשא בריך הוא ושכינתיה בדחילו ורחימו ליחד שם י"ה בו"ה ביחודא שלים בשם כל ישראל..."

(נאמר לפני הנחת התפילין)

ימימה:

"הלימוד הוא כלי בידי הלומדת להשכין בגופה ובנפשה, בסיעתא דשמיא, אורה של שכינה ועל ידי כך חושפת ופותחת מעברים ושקט להחלמה מהירה לחיים טובים. היו ברוכות."

"השמחה משתררת [...] עומדת בפני עצמה כהשתקפות של האור הרוחני המתמלא במערכת, כמובן ממקור חיצוני = סיעתא דשמיא. כלומר, אורה של שכינה המתמלא בכלי במקום שהתפנה בעבורו."

"מִן-הַמֵּצַר, קָרָאתִי יָּהּ; עָנָנִי בַמֶּרְחָב יָהּ"

(תהילים פרק קי"ח, פסוק ה)

ימימה:

"...'לב סגור' - מקומו קטן, קוראים לו מצר, כי צר. החזרת מקום הלב זה להחזיר את ממדיו וזה 'לב פתוח'. לב בפתיחות, חוזר למהותו משתחרר ממצרו, חוזר לנתינה, לכוחו, לשמחתו. 'לב סגור' זה ההפך, יש אפילו חוסר שמחה, עצבות."

"...התנודות האלה, של סגירה, סגירות והסתגרות, הם מצר של המערכת. התיקון מאפשר פתיחות."

"וכאן רעיון שההבנה מתרחבת, בהכרה המתרחבת זה שוב רעיון. ההתרחבות, ההתפשטות שבהתרחבות יכולה לגלות."

"...לב מתנקה משתחרר מן המצר."

"וַיַּחֲלֹם וְהִנֵּה סֻלָּם מֻצָּב אַרְצָה וְרֹאשׁוֹ מַגִּיעַ הַשָּׁמָיְמָה וְהִנֵּה מַלְאֲכֵי אֱלֹהִים עֹלִים וְיֹרְדִים בּוֹ"

(בראשית כח, פסוק יב)

רבי יהודה אריה ליב זצ"ל מתוך הספר "שפת אמת" על חלום יעקב (ספר בראשית, פרשת ויצא):

בפסוק **"וְהִנֵּה סֻלָּם מֻצָּב אַרְצָה..."**

"כתוב מֻצָּב ולא כתיב נִצָּב, כי סולם זה צריך האדם להעמידו כאשר מתקן מלוא קומתו והוא הוא הסולם שגופו למטה ונשמתו מגיעה השמיימה ומלאכי אלוקים עולים ויורדים בו. כי גופו למטה מהם, ושורש נשמתו למעלה מהם. לכן אדם נקרא מהלך בכל אלה המדרגות של הסולם. כי בוודאי סולם זה כולל כל שורשי נשמות בני אדם ונודע כי כל מה שנמצא בכלל נמצא בפרט, כי האדם נקרא עולם קטן לכן יש בכל אחד ככל אלה המדרגות."

ימימה:

"יש סדר מופלא של הדברים, מכל מדרגה שאנו עומדים עליה כבר נשקפת המדרגה הבאה."

"לא מבקשים תיקון שלם בבת אחת, הכל יישאר יחסי למהות הפנימית הקיימת, דרגתה, ליכולת של האדם לרצות."

"...הבנה יש בה הכול אבל יש גבול וכל אחד בגבולו ואיזה מדרגה הוא ימצא כשהוא נכנס להבנה אז באיזה מדרגה הוא נמצא. לומדים שלוש: אחת משתקפת ומשקיפה על השנייה עולה ועולה ליסוד."

"חָכְמַת אָדָם תָּאִיר פָּנָיו"

(קהלת ח, פסוק א) – ליקוטי מוהר"ן ח"א – תורה א:

"אַשְׁרֵי תְמִימֵי דָרֶךְ, כִּי אִישׁ הַיִּשְׂרְאֵלִי צָרִיךְ תָּמִיד לְהִסְתַּכֵּל בְּהַשֵּׂכֶל, שֶׁל כָּל דָּבָר וּלְקַשֵּׁר עַצְמוֹ אֶל הַחָכְמָה וְהַשֵּׂכֶל שֶׁיֵּשׁ בְּכָל דָּבָר כְּדֵי שֶׁיָּאִיר לוֹ הַשֵּׂכֶל, שֶׁיֵּשׁ בְּכָל דָּבָר

לְהִתְקָרֵב לְהַשֵּׁם יִתְבָּרַךְ עַל יְדֵי אוֹתוֹ הַדָּבָר כִּי הַשֵּׂכֶל הוּא אוֹר גָּדוֹל וּמֵאִיר לוֹ בְּכָל דְּרָכָיו

כְּמוֹ שֶׁכָּתוּב: "חָכְמַת אָדָם תָּאִיר פָּנָיו".

ימימה:

"כאשר מתקרבים למקום, המהות מתקרבת אלינו בחומה, הוכחה לחייה בכוחה, היא מודיעה בשכל, מודיעה ברגש, ואז נחה שקטה וגם שמחה כי יש אור בה."

"החומר ניתן מלמעלה ישירות כלפי הראש וחודר להכרה, אז השכל צומח ומתפתח מבפנים כלפי מעלה."

"גם אם עובדים על כיוון אחד, משתחררים כיוונים אחרים בו־זמנית. לא נדע מהו הרעיון הכולל מאחורי זה, כי אין צורך. אנחנו מבקשים להיכנס לאור, לשנות מצב. מי שבאור הוא בשינוי."

"מִצְוָה גְּדוֹלָה לִהְיוֹת בְּשִׂמְחָה תָּמִיד ולהתגבר - להרחיק העצבות והמרה השחורה בכל כוחו וכל החולאת הבאין על האדם, כולם באין רק מקלקול השמחה.."

(מליקוטי מוהר"ן - תורה כד).

ימימה:

"ברוחניות יש הרבה שמחה והיא אמיתית, לא חולפת. מעצם הקיום הפנימי, על בסיס הכוח שמתעורר, יש את השמחה. השמחה היא מהאור המתיישב..."

"מהי התחושה של התמלאות באור הזה? זוהי השמחה. השמחה שאינך חושבת עליה אולם היא מקיימת אותך באורה, אורה של שמחה."

"...שמחה אינה אמצעי לתיקון, היא צריכה להיות תוצאה של איזון היזון חוזר. תוצאה של הבנה שמאפשרת שמחה."

"לֹא-תִקֹּם וְלֹא-תִטֹּר אֶת-בְּנֵי עַמֶּךָ, וְאָהַבְתָּ לְרֵעֲךָ כָּמוֹךָ: אֲנִי, ה'"

(ספר ויקרא פרק יט, פסוק יח).

ימימה:

"קבלה עצמית מתוך קבלת העבר, קבלת ההורים, רחמנות ונועם וגמישות כלפיהם מתוך 'ואהבת לרעך כמוך'."

"אולי נבחר אז בדרך שבה נענה לשני, באופן זה נכנס דרך חוט דק אפילו כשערה לכיוון של 'ואהבת לרעך כמוך'..."

"כך המתקן והמגדיל לתקן והמרחיב את גלילו ישאף לעוד אהבה

ועוד אהבה כלפי האחר והכול בחזקת 'ואהבת לרעך כמוך' שזוהי תמצית הלימוד כולו. משפט זה הוא הוא מהות הנפש היהודית..."

"עשר ספירות בלי מה במספר עשר אצבעות חמש כנגד חמש"

(מתוך ספר יצירה פרק א, פסוק ב).

ימימה:

"אדם מתרחק ממהותו הפנימית עד חשכה והוא נעזב, צריך להתקרב כדי להתברך, השמחה היא ברכה, איזון בין עשר ספירות כמו שתי כפות ידיים, חמש מכאן וחמש מכאן."

"אלו עשר ספירות בלימה, אחת רוח אלהים חיים, שתים רוח מרוח, שלוש מים מרוח, ארבע אש ממים, ושש קצוות רום תחת מזרח מערב צפון דרום."

(מתוך ספר יצירה, פרק א, פסוק יד)

ימימה:

"יש את המושג של המערב והמזרח הדרום והצפון של השש מתחת ומעל המרום, מעל יש את הימין והשמאל האיזון = חיבור של כל החלקים האלה על מרכזם."

(מתוך שיעור לחודש אדר)

חיבור מערכת הספירות ומרכיבי הנפש בתורת ימימה

בחלק זה אבקש לחבר בין מערכת הספירות המשתקפת בספירת מלכות ומתקיימת בתוך כל אחד ואחת מאיתנו ובין תחומי הנפש והמרכיבים בתורת ימימה.

זו חלוקה של הנפש ליחידות, חלקים ומרכיבים ומי שמחבר את כולם הוא האור הפנימי הנמשך מאור אין־סוף. כל החלקים הם רפלקציות של הספירות בראי הנפש במהותן האנושי.

כמו מערכת הספירות, כך גם התחומים בתורת ימימה יוצרים אחד שלם. זה לא עשרה שיוצרים כוחות נפרדים. הקב"ה קושר ביניהם, מאחד אותם, שם הוא נמצא ולנו אין אחיזה או תפיסה בפעולה הזו כלל.

אין הלימוד בבחינת ידיעות של השכל, אלא בהבנות רוחניות שבהן הראש והלב מתואמים ומאוזנים. התהליך להנהגה עצמית מתרחש באופן הבא:

ציר הראש הוא הנשמה המחוברת למרכיבי הנפש, דרך הלב והרגש שהם הרות. מי שאחראי על מנגנון הפיקוד, השליטה והבקרה הוא השכל באמצעות ההבנה, המחשבה וההכרה המתפתחות. החוכמה במהותה והבינה במהותה מחוברות בנפש ללב, לרגשות ולחושים.

כאשר הנפש עמוסה, גבולות המרכיבים נפרצים, אין תיחום ונוצרות הפרזות והחסרות. כאשר נרשמים רישומים בילדות נוצר חוסר וכניסה של כוחות טומאה. אף הם נכרכים במרכיבי הנפש ויוצרים סבך. ההפרות באות לידי ביטוי חיצוני ופנימי בקשב, בדיבור, במעשה ובהנהגה העצמית.

מאחר שאין אנו יכולים לשנות את עוצמת הרגשות שלנו בפעולה יזומה הפונה ישירות ללב, הדרך חזרה למצב מתוקן ומאוזן נעשית

באמצעות לימוד ויישום הכלים ההכרתיים הנמסרים בשיעורי הרוח. הלימוד הוא לא רק לידיעה, זה לימוד יבש לדברי ימימה, אלא התפתחות רוחנית הכרתית כבספירת דעת, שמחברת בין חוכמה ובינה, בין חסד וגבורה דרך שער הרחמים, שער הלב עד כוחו, אורו. יש הבנה, יישום, תוצאות והיזון חוזר המביאים לאיזון של כל המערכת הפנימית.

תהליך זה הוא מתמשך, נבנה, הולך וגדל, כמו שנאמר על יצחק אבינו: "וַיִּגְדַּל הָאִישׁ וַיֵּלֶךְ הָלוֹךְ וְגָדֵל עַד כִּי גָדַל מְאֹד" (בראשית כו, פסוק יג). צמיחה של מקום, כפי שאפשר ללמוד גם מהחוקיות של הצמיחה בטבע.

מרכיב חשוב נוסף בתורת ימימה הוא היחסי התמידי המשתנה. הכול יחסי. הכול בתנועה ובהשתנות מתמדת. כפי שניתן ללמוד היום מהמדע והמחקר בתחומי הפיזיקה והביולוגיה.

המבנה המוצע נוצר בהשראה ואין בו יסודות מחקריים. הוא על פי הבנתי האישית ואין בו כדי להעיד דבר על אמת מוחלטת. כרוב החיבור הזה הוא נרשם בלשון נקבה, החשיבה ההכרתית היא שיטה שיש בה לרוב איכויות נקביות. חשוב לזכור, שבכל אחד מאיתנו מתקיים המבנה כולו עם האנרגיות הנקביות והזכריות שלו.

מודל ביןתי - חשיבה הכרתית ברוח קבלית

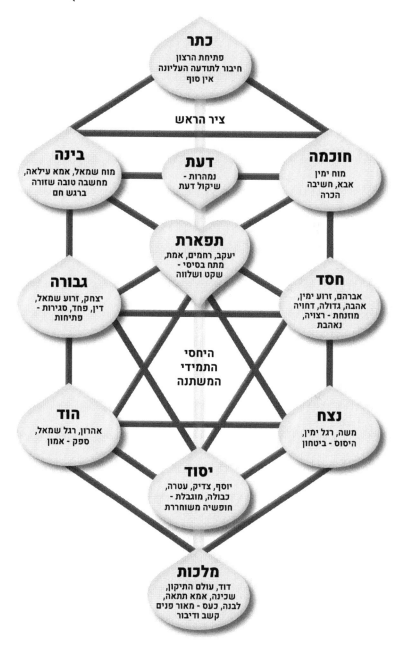

כתר
פתיחת הרצון
חיבור לתודעה העליונה
אין סוף
ציר הראש
בינה
מוח שמאל, אמא עילאה,
מחשבה טובה שזורה
ברגש חם
דעת
נמהרות -
שיקול דעת
חוכמה
מוח ימין
אבא, חשיבה
הכרה
תפארת
יעקב, רחמים, אמת,
מתח בסיסי -
שקט ושלווה
גבורה
יצחק, זרוע שמאל,
דין, פחד, סגירות -
פתיחות
חסד
אברהם, זרוע ימין,
אהבה, גדולה, דחויה
מוזנחת - רצויה,
נאהבת
היחסי
התמידי
המשתנה
הוד
אהרון, רגל שמאל,
ספק - אמון
נצח
משה, רגל ימין,
היסוס - ביטחון
יסוד
יוסף, צדיק, עטרה,
כבולה, מוגבלת -
חופשיה משוחררת
מלכות
דוד, עולם התיקון,
שכינה, אמא תתאה,
לבנה, כעס - מאור פנים
קשב ודיבור

ספירת כתר –
רצון הבורא מול רצון הלב

כתר
חיבור לתודעה עליונה (אא"ס)
פתיחת הרצון
רצון הכרתי מתפתח

כתר היא הספירה הראשונה במערכת הספירות. היא התחלת ההתחלות, התחלת הצמצום. כתר מתחבר למלכות, למלך. המלכות, שהיא הספירה שבה אנו מתקיימים, ממליכה על עצמה מלך. חכמי הקבלה אמרו "אין מלך ללא עם" וגם "סוף מעשה במחשבה תחילה".

עולם המעשה שבו אנו חיים, תחילתו במחשבת הבריאה, ברצון הבורא ליצור לעצמו ממלכה, שהוא מלכה ובאמצעות הספירות הוא מנהיגה.

בספירה זו על פי הקבלה יש שלושה מרכיבים מרכזיים, **רצון, אמונה ועונג**. כל דבר מתחיל ברצון, ללא פתיחת הרצון לא יתחיל תהליך בריאה ולא יתקיים החיבור המופלא בין הבורא לנברא, בין האין סוף עם הסוף. זה גם רצון האין סוף לקבל משמעות, המסע של האין סוף בתוך הספירות אל המשמעות הסופית ותנועתו מלמעלה למטה.

במקביל מתקיים תהליך הפוך מלמטה כלפי מעלה. רצון הלב באישה מתעורר מתוך חיבור המתקיים בבריאה לבורא בתוכה. כוח החיים. מכוח האהבה, משאלת הלב, בינת הלב, הכיסופים. "ועשו לי מקדש ושכנתי בתוכם" - זה רצון פשוט לחיות בטוב וכדברי שלמה

המלך: "מי האיש החפץ חיים, אוהב ימים לראות טוב."

יש רצון פשוט הדומה בתנועתו לדחף שנוצר מהחסרה כלשהי במערכות הביולוגיות שלנו. חוסר־השלמה־איזון קריטיים לשימור הקיום במערכות מורכבות הפועלות בגופנו, ויש חיבור שמתחיל כשהנפש במצר. אז נוצר חסר הבא לידי ביטוי בקשיי פעולה או במציאות מטלטלת, מצרה, שפותחת את תנועת הרצון להשבת האיזון. כשהקיום מוטל בספק וממחיש את ארעיות החיים, נשאלות שאלות קיומיות, ניסיון להבין את מה שנשגב מבינתנו. זו התעוררות רוחנית. תחילתו של רצון הנברא לצאת למרחב ולהתחבר לכוחות גדולים ממנו, השיבה.

יש רצון הכרתי מתפתח, כתוצאה משינוי פנימי, מתוצאות המתקבלות עם הפעלת מסלולי הכלים ההכרתיים בתהליך של הבנה־יישום־תוצאה. רצון תבוני נקי מרישומים מיותרים, שמאפשר הבנה עצמית מעמיקה.

"רצון משקף עצמיות" נאמר בלימוד - רצון עצמי מול רצון האחר. אחד הפרמטרים לבחינה ובירור בתהליך הלימוד הוא עד כמה אנחנו מבטאים את הרצון העצמי ועד כמה הרצון שלנו משקף לעיתים את רצון האחר. במצב כזה תיתכן הפרה שתבוא לביטוי בהחלשות הרצון, מאחר שלא מדובר במשהו שמשקף רצון עצמי, ולכן קשה יותר להחזיק אותו לאורך זמן מבלי לחוש כלפיו רגשות שליליים.

- מה דוחף/מניע אותנו לפעולה - הרצון העצמי להשתכללות או הפחד - דחף-פחד - היפוך אותיות.
- מה הדבר שמסב לנו עונג - האם הוא מחובר לרצון הבורא? האם נושא פירות? ענג או נגע?
- מהן האמונות שאנו פועלים לפיהן - האם אני פועל מתוך אמון בטוב או מתוך המיותר - הספקן?

ספירות חוכמה ובינה

חוכמה	בינה
מוח ימין, אבא ימימה - חשיבה, הכרה. דומיננטית אצל הגבר	מוח שמאל, אימא ימימה - מחשבה טובה שזורה ברגש חם. דומיננטית אצל האישה
בהוויה - רשימו - אינפורמציה קוסמית, השתלשלות מהנעלם לגלוי, "מי". באדם - כל המידע הגנטי, מרכז פיקוד שליטה ובקרה, מערכות חישה ותפיסה, התרכובות, הנוסחאות, הזיכרון.	בהוויה - התחלת היווצרות מרחב וזמן, זיווג, "מה". באדם - הבנות, תובנות, דבר מתוך דבר, קונספטים, שירה, סיפורים, יצירה, מה שמבקש הסכמה של הלב נמצא בבינה.

ספירות חוכמה ובינה על פי הקבלה הן ספירות מחוברות, עליהן נאמר: "תרי רעין דלא מתפרשין" היינו הן קשורות זו בזו, אי אפשר להפריד ביניהן ואי אפשר להבין את האחת ללא האחרת. ספירות אלה אף מכונות "אבא" ו"אימא". אלה ספירות טרום תודעתיות, אין בהן דיבור, אין מילים. בספירת הבינה העליונה יש ראשית של תהליך היווצרות מרחב וזמן.

אף שהן העליונות שבספירות ואין לנו יכולת להבין אותן במלואן, אנחנו יכולות לנסות ולאחוז בהשתקפות שלהן בעולם המלכות - בנו.

חוכמה ובינה הן התגלות הנשמה, ובהן נמצאים מרכזי החשיבה, ההכרה והידע. חוכמה היא המוח, החשיבה הפנימית היא הבינה - חוכמת הלב ובה הלב המבין.

יש הממקמים את החוכמה בצד הימני של המוח ואת הבינה בחלקו השמאלי, אלה גם ממקמים את ספירת הדעת החסידית כגזע המוח המחבר ביניהן.

מכאן, שכל המפרשים הקבליים תמימי דעים לגבי מיקום
השתקפות שתי הספירות העליונות האלה באיבר הראש. בראש
יש שכל ויש פנים. כל האיברים שיש בפנים קשורים לתיקון הפנים
(INSIDE) - אוזן/קשב, אף/נשימה, עיניים/התבוננות ראיית הטוב,
פה/דיבור. האינטראקציות בין פנים וחוץ נעשות על ידי החושים.
החיבור שלנו עם החוץ, עם מה שמחוץ לנו הוא בחושים.

החוכמה והבינה באות לביטוי במחשבות שלנו, ביכולת הקליטה
ובעיבוד הנתונים, בהמשגות שלנו, בתובנות, באופן שבו אנו
קולטים ומעבדים את הפנים והחוץ. יש בהן מחשבות, רעיונות,
תפיסות עולם, אידאות, ביקורת עצמית, ניתוח מצבים, מחשבות
על מחשבות, לוגיקה, חקירה, לימוד, זיכרון, אמונות ועוד. יש בהן
יכולות מתמטיות, כמו לספור ולחשב, יכולות יצירתיות, כמו ליצור
ולהמציא, דמיון, יכולת אימפרוביזציה וביטוי אישי במוזיקה, בציור
ובכל סוגי האומנות. יש בהן דיבור פנימי וחיצוני, הנכחת רעיונות,
שירה וסיפור.

לספירת דעת נחבר את התחום:
נמהרות - שיקול דעת

ספירה/מרכיב	מהות	עומס/קליפה
דעת	זיווג, התקשרות חוכמה ובינה, התבוננות, מודעות, הנבטת הנבטות	ידיעות מוטעות/ מוטות, הקשבה לעומס
נמהרות	זריזות, תגובה מהירה כנדרש בזמן סכנה מוחשית, חדות מחשבה, חדות לשון, הגנה	קשב חסום, חוסר סובלנות, תוקפנות, התפרצות, גאווה, ייחוס שגוי, הסקת מסקנות שגויה
שיקול דעת	המתנה, מידת רוחק, דיבור מתומצת, מחשבה נחה	יהירות, נוקשות, שמרנות, חוסר גמישות

דעת היא ספירה חסידית. אם סופרים אותה, אז כתר לא נחשבת בספירה, כך שתמיד נקבל מערכת של עשר ספירות.

דעת זה לא רק לדעת מתוך ידיעות מוכחות המוצגות במלכות, דעת היא רוחניות בונה.

יש ידיעה מלשון זיווג בין זכר לנקבה, כמו שאדם ידע את חוה אישתו. הספירות הן במצב של נותן-מקבל, משפיע-מושפע זכר-נקבה. הזיווג הוא החיבור בין שני הצדדים. כוחות בעלי תנועה זכרית, שיוצאים החוצה וכוחות בעלי תנועה נקבית של קבלה והכלה.

גם החיבור בין הבורא לנברא מתקיים באופן דומה של השפעה מלמעלה למטה ומלמטה למעלה.

כשאנו יודעים את קיום החיבור הזה ושורשיו, שמגיעים מן ועד האין סוף, אנו מבינים שכוח החיים וכוחות הנפש הם מאותו מקור.

"...התבוננות, דהיינו דעת - בחינה הממוצעת המחבר ומזווג חכמה עם בינה הוא הדעת, דעת הוא לשון התקשרות. שיהיה מקושר בעומק נקודת הלב במחשבת הבינה שמתבונן, מה שאין כך בינה לבדה הוא היות האופן במחשבה לבד ואינו נוגע לעצמותו דהיינו לליבו כלל, אבל שיהיה רעותא דליבא התלהבות לבבו ודבקותו בהענין שמחשב בכל חושיי גופו וזה נקרא דעת, והוא גורם שיתחבר בחינת חכמה לבינה דהיינו שיגרום ברוב חוזק ההתבוננות עד שיהיה בהבינה בחינת ראיה ראיית הנשמה כנ"ל וד"ל, ולכן כל עיקר אמיתת עבודת ה' המוטלת על האדם הוא הדעת, דהיינו להשים כל עומק מחשבתו בהתבוננות רק בגדולת הבורא וכל ענין אחדות הוי' ויחזק ויתקשר כל עצמותו בהתבוננות עד שיהיה תמיד דבוק בה' וממילא יבוא לבחינת ראיה שיהיה יראת ה' על פניו" (התבוננות - מתוך "ליקוטים צמח צדק" - רבי מנחם מנדל שניאורסון).

מרכיב נמהרות לפי עבודת המידות החסידית ודאי אינו מרכיב שנרצה לתת לו מקום בתוכנו, כמו הגאווה. אך בתפיסה הקבלית לכל מרכיב יש מקום, ודאי לאלה שמובחנים כל כך בנפש האדם.

במהותו ישקף יכולת תגובה מהירה וללא מחשבה שנייה, והוא הכרחי על פי רוב במצבים שיש בהם מידת סכנה ויש צורך לפעול מיידית.

אינסטינקט הישרדותי, כמו למשוך ילד מלהתפרץ לכביש סואן או לצעוק צעקה גדולה, כדי למשוך את תשומת לב האחר, אם הוא בסכנה שאינו מודע לה, אבל אתה כן. בנמהרות יש שורש שקשור לאינסטינקט הישרדותי המגן על התפיסה העצמית.

נמהרות בקליפתה מתגלה בדיבור, בפה הממהר להגיב, מילים

שאין מאחוריהן חשיבה יתרה וכן נמהרת להבין - הבנה חסרה ומצומצמת שיש בה לעיתים גבהות הלב.

המרכיב המשלים הוא שיקול דעת, שגם הוא כמו ספירת דעת, אינו משקף ידיעות בלבד אלא נושא הבנה מורכבת משכל ורגש. בלי משקלים, המשפטים הנאמרים הם כמו ידיעות, אך ברגע שהם היזון חוזר הם משקלים. התגובה מתאפשרת ממרחב בחירה. יש שיקול דעת מדייק ויש מופר שנבנה על ידיעות מעומס.

לספירת חסד נחבר את התחום: דחויה מוזנחת – רצויה, נאהבת

ספירה/מרכיב	מהות	עומס/קליפה
חסד	אהבה ללא גבול, אהבה ללא תנאי, מסירות נפש, נתינה אין סופית, יראה, התמסרות	פגיעה בשיקול הדעת, החלשת הביקורת העצמית, פגיעה ביכולת השיפוטית, נתינת יתר, ויתור יתר
דחויה	זיהוי פנימי למתרחש פנימי וחיצוני שמרחיק אותי מסיבה כלשהי ובחינה מחודשת של המתרחש	פגיעות, החלשה, מופנמות, נטייה להרס עצמי, דחייה עצמית, חרדת נטישה, דיכאון
מוזנחת	נראות חיצונית המשמשת אזהרה לאחר על מצבה הרגשי הרע של המוזנחת ונקיטת פעולה של חסד	עצבות, מתביישת בעצמה, פסימית, מאוכזבת מעצמה ומהחיים, ממורמרת, דחויה

ספירה/מרכיב	מהות	עומס/קליפה
רצויה	פורחת, מוקסמת, נמרצת, שייכת, מלאה שמחת חיים, משתוקקת	ביתר - תחושה של מיאוס מהאחר דבקות בחסר - מאוכזבת, מתמלאת תחושה של שנאה עצמית, רצייה עד כדי התבטלות בפני האחר
נאהבת	מאושרת, שמחה בחלקה, טובת לב, קשובה לעצמה ולאחר, עטופה, משפיעה, חיונית, נמרצת, אופטימית, מודה	ביתר - אדישה לסביבה, אגואיסטית, חסרת רגישות למצוקות האחר. בחסר - רחמים עצמיים, שימוש בחיצוניות ובמיניות למילוי מלאכותי של החסר

ספירת חסד היא הספירה הראשונה מבין שש ספירות המעשה והראשונה שמוצמדת לה דמות מקראית - אברהם אבינו. זו ספירה שמדברת בעיקר על אהבה, אהבה ללא גבול, אהבה ללא תנאי כאהבת אברהם אבינו את אלוהיו.

אברהם, אבי האומה, אבי הדתות המונותאיסטיות, סמל הברית בין האדם לאלוהים, אלוהי ההוויה המופשטת, אלוהי הרוח והאין סוף. הוא הראשון שזכה להתגלות האלוהים פנים מול פנים. אברהם קיבל את ההבטחה לברית עולם, חיבור זה הזרים שפע אין־סופי גשמי ורוחני. הארה זו באה לו לאחר שמשהו בתוכו עורר אי שקט, הנעה פנימית שעוררה בו רצון לשינוי. נפתח צוהר לצאת למסע, לך־לך. מחד זה מסע גשמי ממקום למקום, מאידך מסע פנימי והתבוננות פנימית עמוקה לתוך הנפש, אל המקום שמבקש טוב

עבורו. הנעה פנימית דרך היענות לקריאה, שבאה מעומק ההוויה או מעולמות עליונים, מיסטיים. כשאברהם גילה את אלוהיו, הוא בחר בו מאהבה לא מפחד. הוא היה מוכן למסור את כל היקר לו עבור אהבה זו. אברהם הבין שמעל כל מה שנמצא בהישג האדם יש למעלה ממנו והוא יוצר הכול.

אברהם מתואר כמכניס אורחים ובעל חסדים רבים, אבל מאהבתו לאלוהיו גם עקד את יצחק, בנו, ומאהבתו לשרה גירש את ישמעאל בכורו ואת הגר אם בנו.

המסר החברתי לאורך הדורות, לפיו האידיאל הרוחני הנשי הוא להיות במקום שכולו נתינה - כולו חסד ועשייה למען האחר - יש לנהוג בו בזהירות. תחום זה בהפרתו גורר מהר מאוד נפילה לתוך נתינת יתר וויתור יתר. זוהי ספירה רגישה בנפש האישה אם משום שמטבעה נבראה לשאת את המשך החיים ברחמה ומכאן גם קיבלה תפקיד מרכזי בגידול הילדים וטיפוח המשפחה, אם משום שמצופה ממנה לעשות זאת תוך התמסרות, אהבה ללא גבול ונתינה מעצמה ואם כמי שמחונכת מילדות לשים את רצון האחרים המשמעותיים בחייה לפני רצונה. עקב כך, מתנגשים רצונותיה הילדותיים והבוגרים עם רצון ההורים ורצון החברה שבה היא גדלה ונוספים בהמשך גם רצון בעלה ורצון ילדיה. הדרישה החברתית, כמו גם נטייתה הטבעית להעניק מלוא תשומת לב ממנה לאחר (לב בכוחו, באורו הוא לב בנתינה כפי שימימה אמרה) יוצרת מתח פנימי.

כשהתחום באיזונו וספירת החסד נמצאת בהתפשטותה ובמשקלה המדייק, תתנהל האישה תוך גמישות וסלחנות כלפי עצמה וכלפי הסובבים אותה ממקום של קשב פנימי שיודע ליצור איזונים, לתחם את המרחב האישי שלה, מרחב הקיום שלה, למקם את עצמה במרכז, לא מתוך אגואיזם אלא מתוך הבנה פשוטה שהיא צינור השפע שממנו ניזונים הסובבים אותה. כדי להעניק היא

צריכה להתמלא, להתחבר אל מקור הנביעה העליון, ליצור מקום טוב עבורה לפעול, מרחב מאפשר, מכיל ומכבד אותה, את עולמה הפנימי, את ישותה, גופה ונפשה. לאהוב את עצמה.

העקרון הרוחני שעליו מושתת הלימוד הוא "ואהבת לרעך כמוך". הרשב"י, שימימה זצ"ל קיבלה השראה ממנו, אמר בפתיחת הכינוס הגדול "אדרא רבא" של ספר הזוהר: "אנן בחביבותא תליא מילתא" - אנחנו באהבה תולים את הדבר. החיבור של אדם לאדם, של אדם לאלוהיו ושל אלוהים לעולם כולו מושתת על אהבה. העולם נברא מאהבה ואהבה היא הסיבה והתכלית.

לספירת גבורה נחבר את התחום: סגירות - פתיחות

ספירה/מרכיב	מהות	עומס/קליפה
גבורה	יצירת כלים, גבולות, חוקים, סדר, כוח, התגברות, הבדלה, אש, תשוקה, חוקיות הצמיחה	אלימות, פחד, דמים/ לידות קשות, הפלות, מוות, הגבלת החופש
סגירות	תיחום, הפרדה, שמירה, הגנה, פרטיות, אינטימיות	חשדנות, ריחוק, בדידות, עצבות, ירידות נפש
פתיחות	חיבור, תקשורת, הזנה, השפעה, קבלה	פריצות, ערבוב שדות נפש, פגיעות

"דע שיכולין לצעוק בקול דממה דקה בצעקה גדולה מאוד ולא ישמע שום אדם כלל רק הצעקה היא בקול דממה דקה וזה יוכל כל אדם..." (שיחות הר"ן - הרבי נחמן זצ"ל פרק ט').

ספירת גבורה היא הספירה השנייה מבין ספירות המעשה ומכונה גם ספירת הדין. זו ספירה של צמצום גבולות, של חיתוכים ושל משפטים. ללא גבול תתפשט ספירת חסד לממדים הרסניים ואי אפשר יהיה להכיל את השפע, כך שגבורה היא למעשה כלי לקבלת השפיעה של החסד. לספירת גבורה מוצמדת הדמות של יצחק. במבט ראשון תעלה תהייה - הכיצד? הרי ספירה זו אף נקראת "פחד יצחק". יצחק העקוד, הרדוף, הסגור, האם הוא ראוי לתואר הגבורה?

בלימוד סיפור חייו של יצחק מתגלה אדם שעבר תהליך של תיקון ושינוי התפתחותי עצום. הסיפור מתחיל ממקום סגור וחשוך ומסתיים במקום פתוח ומואר. זה סיפור של התגברות על מחסומים וחרדות, שנוצקו בו מילדות לאחר סיפור העקדה המצמרר. בשם האמונה והאהבה האין סופית של אברהם אביו את אלוהיו, הוא שילם מחיר כבד. הוא הסתגר ונמנע מחיבור עם הזולת או עם אלוהי אביו עד גיל מאוחר, אבל ברגע שאזר אומץ לגעת במקום הכואב שלו, נפתח פתח והתחיל תהליך של ניקוז הכעסים, הפחדים והעיכובים, שנכרכו בנפשו ושדרכם התנהלו חייו עד אז ומנעו ממנו חיים של צמיחה והתפתחות.

יצחק נסע לגרר בעקבות רעב כבד בארץ. יש כאן שיקוף לדרך שבו מתחיל להתפתח רצון האדם לתיקון, דרך החסר נוצר צורך לצאת למסע. לא מן הנמנע שהקב"ה עצמו יצר את החסר, כדי ליצור הנעה אצל יצחק לאחות את השברים ולהתקרב, להתחבר חזרה זה לזה.

יצחק הוא מהות התיקון. אברהם התחיל במסע לך־לך לתוך פנימיותו מאהבה לנשגב העליון. אברהם ושרה יצרו רישומים בנפשו של יצחק כל אחד ממקומו. יצחק עבר טראומה שיצרה שיתוק ופגיעה כללית בתפקודו. הוא התנהל בתוך הרישומים בכללותם ונסגר בתוך תוכו. זאת הייתה ההגנה על עצמו ועל נפשו. אך סגירות יתר אינה טובה לכשעצמה, ודאי לא מאפשרת ריפוי.

הקב"ה יצר תנועה פנימית, שגרמה לפתיחת הרצון לשינוי אצל יצחק, גם אם לא במודע. הוא יצא למסע, כביכול, כדי למלא חסר גשמי, אך כפי שנראה הוא בעצם נכנס לפנימיותו וביצע תהליך של תיקון וחיבור לעצמו, למקום הדין והפחד שאפשר ממנו ללמוד הבנות חדשות ולעלות. ההבנות אפשרו ליצחק לתקן את הקשר עם אביו, עם הקב"ה ולהיות שלם כנושא את כל הווייתו. משם יצחק הלך וגדל.

גם באבימלך המקראי יש מהות המכילה מעין תיקון למשבר אמון. שמו 'אבי מלך' מרמז על שילוב של אברהם וה' מלך מלכי המלכים.

אם כך, הסגירות במהותה חשובה כדי להכיל את השפע, לייצר תיחום וגבולות. ימימה הדגישה את הצורך ההכרחי לקיום האישי ביצירת תיחומים וגבולות פנימיים בנפש האדם, שאם לא, נקבל ערבוב שדות ודבר בדבר היוצרים עומס. התפשטות המרכיבים ללא גבול ותיחום יוצרת החלשה של ציר הכוח, יוצרת בלבול, פיזור, עליות וירידות של הנפש.

לכן ההפרדה בין מהות לבין עומס חיונית, כמו גם בין מהותי למיותר, בין מה שמקדם למה שמעכב וכן הפרדות ותיחומים במרחבי הקיום האישי: הפרדה בין פנים הבית לחוץ, הפרדה ביני לבין האחר והפרדה בין הילדה שהייתי לאישה הבוגרת שאני עכשיו. אם אין הפרדה יש ערבוב, בלבול, השלכות.

זה תיחום שמאפשר חיים, כמו שלתא חי יש קרום. הקרום מייצר את הצורה של התא, המאפשר את קיומו. הוא יוצר גבול דיפוזי, חי ונושם, גבול ששומר. שמאפשר כניסה של חומרים חיוניים ויציאה של פסולת החוצה. כמו העור שעל גופנו, עוטף ושומר, חי ונושם.

נאמר גם שרישומים מילדות יוצרים חסימות, עיכובים ועצירת התפשטות האור במערכת הפנימית. בתהליך זה, כאשר נפגע האמון נוצר ספק שיוצר היסוס וגורר סגירות.

לכל מרכיב, כמו לכל ספירה יש נוכחות חיונית בעצם קיומנו, כך אנו פועלים ומתנהלים בעולם. השאלה היא באיזו מידה? באיזה אופן? כל אחד והמינון שלו, בזה אנחנו שונים. במינונים, בעוצמות התדרים, בפיינטיונינג (fine tuning) של כל אחד ואחת, כמו טביעות אצבע, אין שתיים זהות. ימימה זצ"ל כינתה את זה משקלים של רגש, מידה של מרכיב.

גבורה היא ספירה שיש בה חיתוך. חיתוך לשם יצירת כלים, שניתן להכיל בהם את השפע, כמו רעיונות שנכתבים במילים, נעימה שנרשמת בתווים, תובנה שמובאת בשפה מתמטית או נגר שיוצר שולחן מפלטת עץ. ללא החיתוך לא היה שולחן. כמו הדיבור, הכוח הדברי.

לספירת תפארת נחבר את התחום: מתח בסיסי - שקט שלווה

ספירה/מרכיב	מהות	עומס/קליפה
תפארת	איזון, אמת, דיוק, השתנות, זרימה, רחמים, ישראל, יושרה	קנאה, חוסר יושר, עיוות תמונת המציאות, בריחה, יעקב בראשית ימיו
מתח בסיסי	הנעה פנימית לעשייה, בירור עצמי, דינמיות, מוכנות, עוצמה, ערנות	חרדה, לחץ, מתח נפשי, דריכות יתר, תגובות הישרדותיות, מצר
שקט שלווה	התקרבות לעצמי, חמלה, קבלה, שלום פנימי, סיפוק, רכות, נחת, מחשבה נחה	מופנמות, אפתיה, ריחוק אדישות, ניתוק, חוסר מוטיבציה, רצון עצמי מוחלש

תפארת היא הלב של הספירות, היא נמצאת בין חסד לגבורה, על הבריח התיכון במבנה הספירות. מעליה ספירת כתר - החיבור לרצון ולקב"ה ומתחתיה ספירת יסוד המקבלת את כל ההשפעה מכלל הספירות ומזריעה אותה בתוך ספירת מלכות. ספירת תפארת היא האמצעית בקו האמצע עליו מוצב סולם יעקב ודומה במלכות לאדם המוצב ארצה וראשו מגיע השמיימה.

תפארת מייצרת את האיזונים בין הצדדים, בין החסד לגבורה, בין אהבה ללא גבול לבין הנהגת הדין, בין יעקב לישראל כמו בסיפור המקראי של יעקב אבינו ובתהליך שעבר מהיותו דחוי כיעקב עד הפיכתו נאהב כישראל.

משכך, ספירת תפארת מייצגת את תהליך התיקון הרוחני. התיקון המושג על ידי דיוק במטרה, כדי להשיב את האיזון הפנימי. איזון מרכיבי הנפש בהפרתם, השבתם למידתם, ניקוי המיותר והתפשטות המהות. התיקון, כך אנו מבקשים, ייעשה ברחמי הלב. רחמים על הלב, דרך שער הרחמים. הרחמים המתעוררים במערכת יוצרים הנעה לפעולה, שמקרבת אותנו לטוב הקיים בתוכנו, לטוב בקיום בזמן הנוכחי.

בספירת תפארת אישה מדייקת תהיה בעלת לב טוב וראייה רחבה. היא תימנע ממלחמות מיותרות, תהיה נוטה לסלוח ולחמול. תפעל עם השכל ותתחשב ברגש. לא תפנה גב למצוקת הזולת ותנהג בענווה להשכין שלום, בגמישות הלב, באור הלב.

מידת הרחמים כלפי האחר תעורר לפעולה מתקנת, בעוד שמרכיב זה בהפרתו יעורר רחמים עצמיים, יפנה את האחריות למצב הנוכחי כלפי האחר וימנע ממנה לפעול לתיקון המצב, השלכה ותפיסה קורבנית.

הדרך לאיזון שמשרה שקט ושלווה, שלום וביטחון, שמחת קיום - קיימת. כל אחת בדרכה שלה. זו מטרת הלימוד, זה המסע שעלינו

לעבור. זה תהליך התיקון אותו ימימה זצ"ל לימדה ועבורו יצרה את
כלי ההכרה והריפוי. במסע הזה תחדשי את בניית ציר הכוח, תשובי
אל אחדותה של המערכת הפנימית ואל חיבורה עם אור אין־סוף
ברוך הוא, כדרך חיים.

לספירת נצח נחבר את התחום:
היסוס – ביטחון

ספירה/מרכיב	מהות	עומס/קליפה
נצח	מנהיגות, יושרה, אומץ לב, חזון, נחישות, ענווה	נוקשות, ריחוק, ניתוק
היסוס	מחשבה שנייה, שיקול דעת הבחנה/אבחנה, בדיקה עצמית, ביקורת ושיפוטיות בדיוקם	ביתר - דריכה במקום, פגיעה בתהליך קבלת החלטות, דיבור חלש, מחשבות טורדניות בחסר - פזיזות, חוסר שיקול דעת, אפשרות לשגות בתהליך קבלת ההחלטות
ביטחון	ביטחון בעצמי, נחישות, עשייה, הובלה, נמרצות, נועזות, הצבת מטרות, עקביות, דבקות באמת הפנימית, אופטימיות, מנהיגות	ביתר - גאוותנות, זלזול, סיכון עצמי, ניצול בחסר - תחושת חוסר ביטחון כללית, פחדים, הימנעות, התרחקות, התמכרויות, הישענות, הזדקקות, תלותיות

לספירת הנצח מוצמדת דמותו של משה רבנו. כשליח האל הוא ניצב מול פרעה וקרא תגר עליו. הוא שינה את תודעת המלכות והעבדות בעולם הישן ובאנשיו. בהנהגת משה יצאו בני ישראל מעבדות לחירות, ממצרים שהיא המצר התודעתי למרחב, למדבר סיני בדרכם לארץ המובטחת. שם במרחב הם הפכו לעם. עם ישראל. משה נבחר לקבל ולמסור את התורה לעם ישראל. כל אלה הם בבחינת פעולות שיש להן התחלה ממשה והן מתקיימות עד עצם היום הזה, מכאן ועד עולם, לנצח.

אבל משה התחיל את שליחותו בהיסוס. הוא לא היה בטוח שהוא האדם הנכון לתפקיד המצביא הנבחר. אלוהים נסך בו ביטחון וסייע לו בכל מיני אמצעים להתגבר על המכשולים שצפה מראש, וכך בביטחון ובאמונה הוא ביצע את שליחותו. מדי פעם הוא שב ומהסס ביכולותיו להתמודד עם הקשיים שעמדו לפתחו, פנה לאלוהים ואלוהים נסך בו שוב את הביטחון שהיה זקוק לו. על פעם אחת יותר מדי, כששוב היסס, הוא נענש.

דו השיח בין צמד המרכיבים בתוך הנפש הוא חיוני לקיומנו האישי ולתפקודנו היום יומי. כל מרכיב לעצמו חיוני במידתו.

משה כמהות המתקיימת בממד הנפשי, מכריע את האופן שבו אתנהל מול הניתן לפתחי. בביצוע והובלת מהלכים או בהימנעות מפעולות, בהנכחת עצמי בתוך אינטראקציה אנושית כלשהי מתוך עוצמה או בהיבלעות בתוכה, בקבלת החלטות או באי קבלת החלטות.

לספירת הוד נחבר את התחום:
ספק – אמון

ספירה/מרכיב	מהות	עומס/קליפה
הוד	משימתיות, הנהגה פנימית, דבקות, אדיקות, יושרה, נקיון כפיים, הדר, הודיה	גאווה, הסתנוורות, מורם מעם, חשיפה לפיתויים תחושה של "מגיע לי"
ספק	עוררות למחשבה שנייה, הרהור, תהייה, שאילת שאלות לעיתים קיומיות, תחילת התעוררות, מנגנון בקרה פנימית וחיצונית, השתכללות	ביתר - דשדוש, דריכה במקום, עיכוב, תקיעות, ציניות בחסר - פנאטיות, ריחוק, נוקשות מחשבתית, ניתוק מהמציאות, צרות אופקים, צרות מוחין
אמון	אמון בטוב, בניתן, בקיים בי ובאחר, אמונה, מוגנת, שלווה, מאוחדת, שקטה, רגועה, נינוחה, אסופה	ביתר - אמונה עיוורת, גורואיזם, אמונות מגבילות בחסר - ציניות, ספקנות, תחושת נבגדות, פקפוק, חולשה, פחדים וחרדות

ספירת הוד מיוצגת במערכת הספירות בדמותו של אהרון. אהרון הכהן בנוסף להיותו אחיו של משה רבנו ועוזרו האישי, הוא עצמו וכל משפחתו נבחרו לעבוד את האלוהים בקודש להמשך הדורות. עבודת השם במלוא הדרה ויופייה מתגלה בתיאור מלבושי הכהן הגדול וכל פרט ופרט בהם יש בו פנים וחוץ, כמו הספירות. כל חומר וצבע נבחרו כנושאי מהויות וכוחות שונים, אך בספירת הוד ההתמקדות ביופי ובהדר לכשעצמם, היא הצד השלילי שלה.

אהרון היה אדם מאמין באלוהי ישראל באמונה שלמה, להבדיל ממשה, אהרון הקשיב לרחשי העם, הבין לליבם, ראה את חולשותיהם, הבין את הספק שכרסם בהם, למרות הניסים והנפלאות שנגלו להם במדבר. זיכרונם של האנשים קצר הוא. הם מחפשים אלוהי מסכה, אין להם יכולת להכיל רעיונות נשגבים לאורך זמן. אהרון התחבר לחסר הזה באנשים והזין את הספק שלהם על ידי יצירת פסל. בכך חטא בחטא העגל.

מתוך אובדן האמון בהורה, שהחסיר או הפריז, מתערער המרכיב ופוגע באמונה בכלל. האמון בטוב האדם, בטובה ובטיבה של ההוויה בכללותה נפגע. האמון בעצמי שמתערער בנפש האישה, מוביל לספקות בנוגע לעצמה, לכישוריה, ליכולותיה ומחליש אותה מאוד. לחסר הזה נכנסים כוחות עגל הזהב, שממקדים אותה במסכות, בהחצנה, במשיכה לכוחות אשליתיים, ליופי חיצוני בכיסויים מתעתעים. זה הופך להיות העיקר, ומהותה משנית לה.

לספירת יסוד נחבר את התחום: כבולה, מוגבלת - חופשייה, משוחררת

ספירה/מרכיב	מהות	עומס/קליפה
יסוד	העברת שפע מהספירות העליונות למלכות, זיווג עם מלכות, הזרעה, השפעה	יהירות, ריחוק, אדישות, בדידות, נידוי, פריצות, אי שמירת הברית
כבולה	שייכות, אחריות	שיתוק, אי יכולת לפעול, תחושה של חוסר ברירה
מוגבלת	תמצות, מקסום, מיצוי	מחנק, הצרת צעדים, דחיית הניתן, דחיית האחר
חופשייה	מרחב בחירה, הבעה, בהירות, שמחה, צמיחה, לאפשר גם לטעות	בלבול, חוסר יציבות, פיזור
משוחררת	גאולת הנפש, אותנטיות, תנועה, יכולת ביטוי עצמי, התפתחות אישית, עצמאות	סחרור, אי לקיחת אחריות, היעדר יכולת להחזיק בקשר זוגי או מחוייבות

יסוד היא ספירת הזיווג, הספירה של הדיאלוג בין שני אנשים ושל התולדות.

סיפור יוסף שאחיו כפתו והשליכו אותו לבור, ומשם בדרך ארוכה ומורכבת הגיע לשחרור ולגדולה, ממחיש כפשוטו את התחום הזה. סיפור יוסף כמהות (יוסף הצדיק) בפירושיו הקבליים הוא מהמרתקים שיש.

אף שנושא המיניות הנקבית משויך לרוב לספירת מלכות, בגלל היותה ספירה נקבית, "נוקבא", אדגיש את הצד הזה בסיפור יוסף בפירושו הקבלי ואראה, שלמעשה המקום שבו יוסף הבין את ההפרה שנוצרה בפירוש שלו את היופי יוצא הדופן שניחן בו, את הנהגותיו ויכולתיו הנבואיות ואת הסכנות האורבות בתוכן, הוא המקום שבו התרחש החיבור לייעוד האמיתי שלו. כאשר ניתק עצמו מזרועות אשת פוטיפר, זו הייתה התחלה של חזרה לפנימיות המדייקת שלו עם עצמו. לאחר מכן הוא גם הבין נכון את פשר החלומות שלו ושל פרעה.

ספירת יסוד משתקפת באיבר המין הזכרי בברית, שנחתמת בבשר ויוצרת חיבור וברית עולם. לאישה יש רחם, שהוא מעין כלי ליצירת חיים חדשים, ורחם כתנועה נפשית פנימית ליצירת מהויות שונות בחייה. יש לה יכולת להכיל, לשאת, ליצור מרחב התפתחות וצמיחה כאדם וכנושאת תפקידים מעשיים ורוחניים, כמו בת זוג, אם, אחות, בת או חברה.

תחום זה במהותו נושא מודעות למיניות ממקום של עוצמה פנימית המעוררת את התשוקה לחיות את החיים במלואם, ובמערכת זוגית מחיה ומתחדשת כל הזמן.

תחום זה בהפרתו ניתן למצוא ולשייך לתפיסה רדיקלית של נשים בעידן המודרני, כפרטים או כקבוצות, המגדירות אישה מאושרת כאישה חופשייה ומשוחררת לעשות ככל העולה על דעתה וחשקיה בתחום חיי המין שלה, ובכלל זה לבחור את בן זוגה באופן אקראי או לא, לאפשר כל סוג של קשר אינטימי ללא התחשבות במשך הקשר, בתדירותו ואיכותו, בכמות בני הזוג ובגילם. אם מצב זה אינו מתאפשר מסיבה כזו או אחרת, המסר הוא שכובלים ומגבילים אותה.

ראוי לציין את הסכנה הטמונה בתפיסה זו בממד הגשמי, בחשיפה לפגיעה פיזית, להטרדה מינית, אונס, בפגיעה בבריאותה, בקבלת והעברת מחלות, בהיריון לא רצוי, בהפלות ועוד.

בצד הנפשי־רגשי לאורך זמן, יש שחיקה בערך העצמי של האישה, כיוון שרוב הקשרים שיצרה עם בני המין השני לא הגיעו לסיפוק יתר הצרכים שלה - הנפשיים, הרוחניים והתודעתיים או לא הבשילו למערכת יחסים יציבה ואוהבת. היא תיטה להאשים את עצמה או תפתח דחייה של התקשרות ממוסדת ויציבה, שנדרשת להקמת תא משפחתי (ייתכן שלא במודע).

בהקשר לעניין זה וביחס לנראות החיצונית של האישה, ככל שתדייק ביחסה לעצמה ותהיה קרובה לעצמה, כך הצורך במיניות מוחצנת יצטמצם.

המצב המדייק בתחום זה הוא חיבור עם בן זוג, שהוא בן אדם שלם כמוה, מופלא ומורכב מאישיות רחבה ומגוונת. הזיווג המוצלח יהיה למצוא את מרב נקודות החיבור ברבדים השונים של אישיותם. חיבור כזה דורש נכונות לעבודה משותפת, ללמוד זה את זה, לאיפוק, לסובלנות הדדית, לנתינה, להקשבה ולכבוד הדדי. החיבור ייצור תשתית רחבה ועמוקה של קשר בונה שיזין את שני הצדדים, כפי שניתן להבין גם מתוך סודות בריאת האדם בספר היצירה.

לספירת מלכות נחבר את התחום:
כעס - מאור פנים, קשב ודיבור

ספירה/מרכיב	מהות	עומס/קליפה
מלכות	חיים, תולדות, מערכות יחסים, "ואהבת לרעך כמוך", עשייה, מימוש עצמי	קנאה, שנאה, כניעה לייצר הרע, מוות
כעס	כלי ליצירת התראה מפני הפרה במערכת הפנימית	פגיעה בעצמי ובאחר, כאב לב, תסכול, מרמור, יצירת חיץ, חומות, ריחוק, מאבק
מאור פנים	שמחה, השפעה של חום וטוב לב, אהבה והזנה לאחר וממנו בהיזון חוזר כלפי	כבויה, מכורכמת, חמיצות, התרחקות האחר, ניכור, סבל
קשב	קשב פתוח, מהותי, נוכח, פנימי וחיצוני, קשב הכרתי מודע למורכבות	קשב חסום, חלקי, סובייקטיבי, מעוות את הנאמר, אטימות
דיבור	בריאה, התקשרות, משפיע, מדייק, נושא מחשבה ורגש מתואמים, כלי להעברת מסרים, צלילים, שירים, סיפורים, רעיונות, אידאות, ברכות, תפילות	ביתר - לשון הרע, פיזור, הכבדה, הסחת דעת, בלבול, חסימת קשב בחסר - גמגום, חוסר הבנה, קצרים בתקשורת, חוסר התחשבות בדעתה שאינה נשמעת, השתקה

ספירת מלכות היא האחרונה במערכת הספירות. האדם מקבל את השפע מהספירות העליונות דרך ספירת יסוד וממנה אל תוך המלכות. היסוד יוצר זיווג בבחינת מזריע/משפיע עם ספירת מלכות, המדומה כולה ככלי לקבלת השפע האלוקי. האדם מתקיים בתוך ספירת מלכות בעולם המעשה, שהוא עולם התיקון.

כאשר תחום זה נמצא בהפרה הוא ניתן לזיהוי מיידי ומורגש במידת הכעס באדם. כשהמערכת הפנימית באיזונה, האדם יהיה במצב של מאור פנים. זה וגם זה משתקפים בפנים (בפרצוף) והחוצה, אך מעידים רבות על מצב פנימי.

ספירת מלכות גם היא כמו תחום המרכיבים המיידיים - כעס, מאור פנים, נמצאת בצד הגלוי החוצה של הספירות. דרכה אפשר לראות ולהבין עד כמה אנו מדייקים במעשינו מול האין סוף הטוב.

מרכיב מאור הפנים במידתו מתהווה בשלב מתקדם של הלימוד והופך בעצמו לכלי לקבלת היזון חוזר חיובי מהסביבה אל הלומדת ובחזרה. בשלב זה המערכת הפנימית מסוגלת לעשות הפרדה בין מרחב הקיום של הלומדת כמתקיים ומבצע תהליכי עיבוד ותיקון מתמשכים להרחבת הכלי, להתמלאות באור מהצד הנקבי לבין מרחב הקיום של האחר המתוחם ממנה. הוא מבחינת הצד הזכרי של המרכיב, המשפיע מאורו ומחומו על הסובב אותה. בשלב מתקדם של הלימוד ותהליך התיקון מתפתחת הבנה ויכולת לתחם ולהפריד בין מצבים רגשיים, כשאחד מעורר כעס והאחר באותו זמן יכול באופן יזום לעורר חלקי מהות ולהאיר את פנים הנפש.

מאור פנים בקליפתו הוא אותו פרצוף מחויך, יהיר או מתנשא, המורגש על פי רוב, אך לא תמיד. זה המביע שמחה שלא מלב חם, צחוק שלא מלב נקי ואהדה מעושה הנקראת גם צביעות.

הכעס במידתו המדייקת מאפשר לנו זיהוי מהיר ומיידי של משהו מופר ומיותר העומד לפתחנו. עם זיהוי ההפרה וביצוע תהליך מתקן יישכך הכעס במהרה והמערכת תחזור לאיזונה.

הכעס בקליפתו מתקיים ומתעצם, ככל שההפרזות וההחסרות במרכיבי הנפש רבות או שהעומס גדול ואחוז עמוק. את תהיי נוחה לכעוס, תחווי טלטלות, עליות וירידות של הנפש ועל פנייך ישתקפו מרירות וחוסר שביעות רצון. תחת מרכיב זה נכנסים גם שאר מרעין בישין, כמו חרדה, תסכול, עצב ודיכאון.

המלכות היא גם הפה, הדיבור. על פי הקבלה, הדיבור הוא שיוצר את המציאות. אלוהים ברא את העולם בדיבור, האדם נקרא גם "מדבר", כי הוא בעל יכולות דיבור. הכוח הדברי (ר' אברהם אבולעפיה) מתגלה באדם וגם יכולת הבריאה, כמו אלוהים ולכן הוא מועלה לדרגת "נזר הבריאה". משקל רב מאוד ניתן ליכולת זו וכבר נאמר "חיים ומוות ביד הלשון".

על פי ימימה הדיבור משקף באופן מובהק את מצבנו הפנימי. הוא מבטא ומנכיח את עולמנו הרוחני הפנימי במציאות הגשמית. גם חוסר יכולת להביא את הרצון הפנימי לידי ביטוי משתקף בדיבור חסר, ולכן יש להקשיב לתדרי הלב, לשתיקות.

תחום המרכיבים ישתקף גם בדיבור הפנימי כלפי עצמה וגם בדיבורה כלפי האחר. מתוך כעס היא תדבר במילים קשות, אך במאור פנים דיבורה יהיה רך ונעים. הכעס יוצר תקשורת הורסת, מאור הפנים יוצר תקשורת בונה.

מקשיבה - ממתינה - עונה.

תיקון הקשב מנקה את הנפש מהמיותר. זה בא לידי ביטוי גם בפה המדבר, באופן שבו נאמרות המילים, בצליל, בתדר, בנאמר ובמה שלא נאמר.

"הקשר בין הבנה ועשייה הוא בהבנה מתקיימת בדיבור. דיבור לנפש, ללב, להכרת מקומך, מקומו. אין ערבוב שדות."

במצב מאוזן יהיו פיה וליבה שווים והשכינה שורה בביתה.

מגן דוד – היחסי התמידי, המשתנה

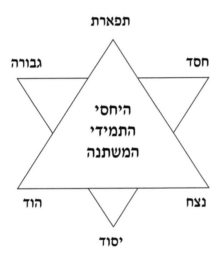

מגן דוד המחבר בין שש ספירות המעשה, משקף את מרכיב היחסי התמידי, המשתנה, שהוא בעל חשיבות רבה בתהליך התיקון ובהבנה שלנו את עצמנו. התיקון הוא תהליך, מכאן שהלימוד מתפתח, אין יום כמשנהו ואין שיעור אחד כשיעור אחר. בכל יום אנחנו משתנים, הבנות חדשות נפתחות ומתפתחות התובנות בתוכנו, על פי הרצון והיכולת האישיים, על פי מידת היישום של הנלמד בפועל ועל פי התוצאות.

בסמל עצמו יש סודות גדולים, אזכיר רק שכל שש הספירות
שהוא מחבר, שייכות לתיקון הנפש, כדי לייצר קשר מתוקן
לבורא, לעצמי, לנבראים ולעלות בסולם ההתפתחות האישית
הנשמתית. אומנם זה מגן דוד המלך ובספירת המלכות תיבחן
הגשמיות והיותנו אחוזים בקרקע, אך בפנימיות החיבורים
מרחפת רוח האלוהים, מחברת, מאחדת ומאירה את הכלי באור
אין־סוף יתברך. שנזכה.

אחרית דבר

לימוד שיטת ימימה משנה חיים, מציל חיים "וכל המציל נפש אחת מישראל כאילו הציל עולם ומלואו."

בספר "תורת ימימה ספר ראשון", נרשם משעור ב-4.2.1999:

"...אם תגדלו מאוד ותלמדו קבלה אז יש מחשבה שנושאת רצון. היא פעילה, היא משנה, אבל יש מחשבה דרצון מבינה. דרצון שאינו קטן מתנדנד אלא נח על מקומו נושא הבנה מאותה הבנה, הסתכלות של נוכחות מבצעת בזמן. עד כאן. יהי רצון."

תודות

לקדוש ברוך הוא על הבריאה, על החיים, על התורה;

לימימה אביטל זצ"ל על החשיבה ההכרתית, לחכמי ישראל לדורותיהם על העמקה בתורה;

לאיילת איה' בר לבב על הוראת והנחלת מורשת ימימה זצ"ל בחוכמה וברגישות;

לדב אלבוים על לימוד מעורר השראה של סודות הקבלה על דרך החסידות והאהבה;

לצבי חונה על הנסיקה והצלילה למקומות שבהם לא חלים חוקי הזמן והמרחב;

לאברהם לידר על לימוד קבלי נבואי בכתבי הקודש;

לרב זמיר כהן על לימוד התורה מלב אוהב;

לדב יששכר יונג, בעלי הישר והאהוב גיבור ישראל;

לילדיי האהובים היקרים לי יותר מחיי;

לאבי יוסף ז"ל, ולאמי פולט ציפורה הלוי בן שושן ז"ל;

לתלמידותיי האהובות.

84291026R00136

Made in the USA
Las Vegas, NV
12 January 2024